Le patrimoine communal et le développement économique et social au Maroc

Histoire et Perspectives méditerranéennes
Collection dirigée par Jean-Paul Chagnollaud

Dans le cadre de cette collection, créée en 1985, les Éditions L'Harmattan se proposent de publier un ensemble de travaux concernant le monde méditerranéen des origines à nos jours.

Dernières parutions

Sultan CETINKAYA TAHTACI, *Les récits des ghaza chez les Ottomans du XVe siècle*, 2024.
Frédéric MEDARD, *Fabriquer du consentement en guerre d'Algérie La politique sociale en faveur du contingent, 1954-1962, Tome 1, Assurances sociales, emplois, soldes et permissions*, 2024.
Frédéric MEDARD, *Fabriquer du consentement en guerre d'Algérie La politique sociale en faveur du contingent, 1954-1962, Tome 2, Exemptions, sursis, réformes et mesures diverses*, 2024.
Nacer KHELOUZ, *L'Algérie et la France ou la fracture identitaire, Du drame colonial à la « reconquête » territoriale*, 2024.
Salim CHENA, Abdennour BENANTAR et Louisa DRIS-AÏT HAMADOUCHE (dir.), *Le hirak algérien. Retour sur un mouvement contestataire inédit*, 2024.
Mohamed BENZEMRANE, *L'Islam des troubadours. Les origines arabo-musulmanes de l'amour courtois, XIe-XIIe siècles*, 2023.
Sofiane BOUHDIBA, *Le sida en Tunisie. Un mal méconnu*, 2023.
Rachid ALILLOUCH, *Les projets urbains au Maroc, Entre injonctions à la durabilité, circulation de modèles et greenwashing, Projets d'aménagement de la Vallée du Bouregreg à Rabat-Salé et de l'éco-cité de Zenata au Grand Casablanca*, 2023.
Moulay Abdallah ODGHIRI, *Les mutations sociospatiales dans le Maroc présaharien. Entre identité tribale et mondialisation*, 2023.
Borhane BELDJEZZAR, *Les parlers jeunes en Algérie. Stratégies d'enseignement et d'apprentissage à l'université*, 2023.
Dalila BERBAGUI, *Trajectoires de commerçants nord-africains dans le département du Rhône. 1945-1985*, 2023.
Samy DORLIAN, *Muḥsin Ibrāhīm à travers ses écrits. L'œuvre méconnue d'un dirigeant de la gauche libanaise*, 2023.
Catherine GABER, *La télé dans les bidonvilles. Réceptions des messages politiques télévisés dans le quartier marginalisé des chiffonniers du Caire*, 2023.

Nafie Abderrahim

Le patrimoine communal et le développement économique et social au Maroc

Préface de Mohamed Yahia

L'Harmattan

5-7, rue de l'École-Polytechnique, 75005 Paris
http://www.editions-harmattan.fr
ISBN : 978-2-336-45534-1
EAN : 9782336455341

À la lumière de ma vie : Ma mère,
À celui qui m'a éclairé le chemin : Mon père.
À ma femme,
À mon fils Anass,
À ma fille Aya,
À mon très cher frère Moncef.
À mes frères.
À tous mes professeurs...

Préface

C'est un travail consacré à l'étude, l'analyse du patrimoine communal et le développement économique et social, œuvre qui intervient dans un contexte de tensions financières, de pénurie des fonds publics dues essentiellement à la crise sanitaire mondiale (Pandémie covid19) ; à n'en point douter certaines collectivités territoriales au Maroc se sont engagées dans une gestion dynamique de leur patrimoine, pour des raisons liées à la bonne gouvernance des affaires locales, l'optimisation, la rationalisation aussi bien des locaux que des dépenses associés au patrimoine.

C'est à l'aune de ce constat de déterminisme financier et managérial que l'auteur de ce travail s'est attaché à décrypter, à répondre au gros besoins d'entretien ,de réhabilitation qui s'accroissent avec le développent du patrimoine des collectivités territoriales, dans un contexte d'obstacles à raison des limites qu'impose le degré de maitrise par ces collectivités de leur patrimoine, leur situation inégale, la complexité des statuts juridiques des biens, source d'anomalie à toute gestion sereine et saine.

Ce travail, a eu le mérite de dessiner une conception nouvelle du patrimoine communal,une approche rénovée fondée sur la dynamique d'aménagement et de développement des territoires, et au-delà de l'analyse des différents aspects encadrant le patrimoine communal, la conciliation entre les exigences de la protection des biens publics et les impératifs d'une bonne gestion économique fondement du tout développement local, ou encore comment pallier aux insuffisances des dispositions juridiques régissant le domaine public.

L'auteur s'est intéressé avec rigueur, aux besoins, aux nouveaux outils qui pourraient être mobilisés pour la mise en œuvre opérationnelle d'une nouvelle réforme du patrimoine communalau Maroc.

Eléments d'analyses attestant l'originalité de la pensée de l'auteur et de l'intérêt que présente ce qui constitue un véritable ouvrage, puisqu'à bien des égards, il s'agit de la présentationd'une vision nouvelle liée à la notion du patrimoine communal et le développement économique et social au Maroc, s'appuyant sur des investigations, des recherches approfondies, riches en substance quantitative et qualitative.

L'auteur a incontestablement fait progresser la réflexion sur les questions, problématiques liées au patrimoine communal, à travers notamment un traitement hors du commun, des éléments capables à apporter des réponses aux exigences de développement territorial, en particulier les réformes adoptées pour réduire les disparités territoriales les inégalités socio- économiques, sans oublier les prestations des services publics performants, les investissements utiles au développement humain, tout en prenant en considération les impératifs du développement territorial productif, inclusif socialement, durable du point de vue environnemental.

En complément des analyses générique, les approches thématiques ont été l'occasion d'explorer l'impact des différentes réformes sur la valorisation du patrimoine pour répondre à la demande des élus locaux, des populations ; mais également sur le thème très important du partagedes attributions, ses effets renforcent l'équité entre les territoires et l'ensemble des services publics de proximité.

Les conclusions nombreuses issues de ce travail sont à considérer en tant que précieuxtableau de bord d'analyse et de diagnostic pour évaluer la portée des réformes accomplies et en cours, leur degré d'efficacité et d'effectivité ou pour comprendre à l'inverse, les limites des effortsdéployés, l'inadaptation du cadre avec le contexte, de certaines normes face à la réalité du terrain.

Aspects largement confirmés par l'auteur qui a conclu son travail par un ensemble de recommandations utiles à la mise à niveau du patrimoine communal :

- La nécessité des communes de s'organiser autour d'une gestion par objectifs et moyens sur la base d'indicateurs prédéterminés pour rendre possible les évaluations et actes nécessairesà mettre en œuvre ;

- La rentabilité devant être maintenue au premier plan ;

- Mettre fin au poids de la dimension politique influençant l'action communale, et trouver des solutions et réponses aux rapports des cours régionales des comptes révélant des insuffisances de gestion, de bonne gouvernance de l'administration communale ;

- Renforcement des capacités de gestion des conseils communaux, de leurs services financiers à travers la mutualisation des moyens avec les services décentralisés et déconcentrés de l'Etat.

- La nécessité de réussir les lois organiques de la décentralisation du 15 juillet 2015, telle qu'elles étaient annoncées par la constitution de 2011, en tant que prélude d'une nouvelle ère de modernisation de la gestion locale : transparence et bonne gouvernance.

- Les porteurs des projets patrimoniaux (publics et privés) doivent démontrer la valeur ajoutée pour une vision optimale du patrimoine communal, essentiellement par le biais de la rénovation, la valorisation et la gestion optimale.

Ce travail, en définitive, reste valable pour tout ordonnancement qui consacre des principes, desvaleurs similaires quant à la notion du patrimoine communal, sa mise à niveau doit être comprise et interprétée dans le cadre des grandes réformes qui s'annoncent, et tout particulièrement, les réformes des collectivités.

Territoriales au royaume du Maroc, réformes qui sont menées dans le sens d'une nouvelle lecturedes apports du patrimoine communal au Maroc.

Reste, enfin, une question non traitée directement, mais implicitement dans certains passages de cet ouvrage : La question de la volonté politique de la réforme du patrimoine communal en particulier, et de l'Etat en général, dans le contexte d'éventuelles alternances politiques.

Tanger, le 18-08-2021
YAHIA MOHAMED
Professeur de l'enseignement supérieur
Doyen de la faculté de droit de Tanger 2009-2020

Sommaire

Acronymes

AOT	Autorisation d'occupation temporaire
AO	Appellation d'origine
ANETAPA	Agents de notification et d'exécution du trésor L'accès aux ressources génétiques et le partage juste et équitable des avantagesdécoulant de leur utilisation
BM	Banque mondiale
BP	Budget principal
BJCP	Bulletin juridique des contrats publics
CA	Cour d'appel
CAA	Cour administrative d'appel
CAR	Cour d'appel de Rabat
CAS	Compte d'affectation spéciale
CASS	Cour de cassation
CDB	Convention sur la diversité biologique
CE	Conseil d'État
CEDH	Cour européenne des droits de l'homme
CCR	Commission consultative sur la régionalisation
CMDT	Cadre de dépense à moyen terme
CERED	Centre d'études et de recherche démographique
CGCT	Code général des collectivités territoriales
CGPP	Code général de la propriété des personnes publiques

CMC	Centre marocain de conjoncture
CRC	Cour régionale des comptes
CT	Collectivité territoriale
DFLR	Division des finances locales et du recouvrement
DGCL	Direction générale des collectivités locales
DGI	Direction générale des impôts
EPIC	Établissement public industriel et commercial
FEC	Fonds d'équipement communal
FMI	Fonds monétaire international
FNAET	Fonds national pour l'achat et l'équipement de terrains
GA	Groupement d'agglomérations
GID	Gestion intégrée de la dépense
GIR	Gestion intégrée de la recette
IGAT	Inspection générale de l'administration territoriale
IG	Indication géographique
INDH	Initiative nationale pour le développement humain
OCDE	Organisation de coopération et de développement économique
OMD	Objectifs du millénaire pour le développement
PAD	Programme d'appui à la décentralisation
PAGER	Programme d'approvisionnement groupé en eau potable des populations rurales
PAS	Programme d'ajustement structurel
PAC	Plan d'action communal
PCD	Plan communal de développement
PDPP	Programme de développement provincial et préfectoral
PDR	Programme de développement régional
PERG	Programme d'électrification rurale globale

PIB	Produit intérieur brut
PNRR	Programme national des routes rurales
PNUD	Programme des Nations Unies pour le développement
PPP	Partenariat public-privé
PP	Partenariat public
PPI	Protection de la propriété intellectuelle
SGG	Secrétariat général du gouvernement
TGR	Trésorerie générale du Royaume
TNB	Taxe sur les terrains urbains non bâtis
UE	Union européenne

Introduction

La politique territoriale est considérée aujourd'hui comme l'un des piliers de la réalisation et de la pratique de la bonne gouvernance dans la gestion des affaires locales. Même si le développement territorial représente un concept évolué pour la réalisation de la régionalisation, il fait face à des problèmes complexes liés aux multiples niveaux d'intervention (national, régional ou local), dans lesquels interfèrent des considérations d'ordre conceptuel et pratique et aussi d'ordre institutionnel (politique de décentralisation, de déconcentration et de régionalisation) et des acteurs du développement (l'État, les collectivités territoriales, le privé et les segments de la société civile). Cette situation appelle à desperceptions nouvelles et à des approches de gestion novatrices, surtout en ce qui concerne la gestion des biens des collectivités rénovées.

Il est nécessaire de s'interroger sur la nature des formes d'intervention ainsi que sur les outils financiers, logistiques et institutionnels qui sont de nature à ancrer la décentralisation et encourager les convergences dans les interventions des pouvoirs publics et permettraient, par conséquent, de poser les fondements d'une politique rationnelle entre l'État et les collectivités territoriales sur la base du partenariat entre les divers acteurs territoriaux[1].

Depuis la fin des années 70, le patrimoine des collectivités territoriales et de leurs groupements s'est fortement développé et diversifié au gré des investissements nouveaux et des transferts d'équipements dans le cadre de la décentralisation.

Certaines collectivités sont engagées dans une gestion dynamique de leur patrimoine, fondée sur une connaissance précise et la définition d'une stratégie permettant de réaliser des arbitrages, d'optimiser l'occupation des locaux disponibles et, partant, de rationaliser les dépenses associées au patrimoine.

Cette démarche n'est toutefois pas généralisée. Le niveau de connaissance par les collectivités de leur patrimoine et de son état est inégal, et la diversité des statuts juridiques des biens peut en complexifier la gestion, en particulier au niveau intercommunal.

L'importance de ce patrimoine pose la question de la capacité financière des collectivités à l'entretenir. Les besoins de gros entretien et de

[1] Alphonse Lamartine, *Sur la politique rationnelle*, Paris, éditions Hachette Bnf, 2019, p. 62.

réhabilitation s'accroissent à mesure que le patrimoine des collectivités se développe. En France, le besoin théorique de réhabilitation évalué par l'INSEE représenterait en moyenne entre 2010 et 2014 près de 40 milliards d'euros par an, soit environ 80 % des dépenses d'investissement des administrations publiques locales sur la période.

Or, d'après ces évaluations, entre 40 % et 50 % des dépenses d'investissement des collectivités seraient consacrées à des équipements neufs. Dégager les ressources financières nécessaires à l'entretien du patrimoine existant suppose que les collectivités internalisent sa dépréciation. À cet égard, on considère qu'un renforcement des règles d'amortissement comptables pour les investissements nouveaux est souhaitable.

Qu'il s'agisse d'opérations de cession ou de la passation de conventions d'occupation domaniale, la mission propose un renforcement des obligations de publicité permettant une mise en concurrence, tant dans un souci de transparence que de meilleure valorisation. Par ailleurs, l'ouverture aux collectivités de la possibilité d'un déclassement anticipé serait de nature à leur donner plus de souplesse pour la conduite de leurs opérations de cession.

Par ailleurs, malgré la dynamique des réformes que connaît actuellement le Maroc à tous les niveaux (central, régional et local) et qui est concomitante avec l'émergence d'une nouvelle culture de la gestion visant la stimulation des biens collectifs sur le plan de la décentralisation, la gouvernance et la modernisation de l'administration, le pays souffre encore de l'inefficacité de ses institutions et de leur processus de gestion par manque d'aptitude à la bonne gouvernance à cause des dysfonctionnements multiples[2], de la mauvaise gestion, de la formation souvent inadaptée des élus, du découpage administratif inadéquat, ce qui a eu des effets négatifs sur de nombreuses collectivités rurales et urbaines. À cela, il faut ajouter le rôle résiduel des biens publics des collectivités, les acteurs n'ont pas encore une idée de l'intérêt à exploiter un bien.

Au niveau spatial, on note un intérêt grandissant pour le territoire dans le but de le structurer et d'y développer les institutions et les moyens essentiels à sa gestion, à commencerpar une bonne gestion des biens dont disposent ces institutions[3].

En ce sens, nous constatons que les collectivités territoriales se sont contentées d'une vision à court terme dans la mise en œuvre des plans de

---

[2] Bouabida Hamid, « La territorialisation de l'action publique au Maroc : questionnements critiques », Communication au colloque international organisé par l'Université Mohammed V., Faculté des sciences juridiques, économiques et sociales : « L'apport de l'approche territoriale à l'économie du développement », Rabat, 12 et 13 février 2007.

[3] Giraut F., Boujrouf S., « Des territoires qui s'ignorent ? Dichotomie entre territoires administratifs et espaces de mobilisation au Maroc », *Montagnes méditerranéennes*, n° 12, 2000, p. 61-68.

développement, en application de l'article 36 de la Charte des collectivités pour l'année 2009. Par ailleurs, les dispositions apportées par la loi organique relative aux communes n° 113-14[4], se rapportant au plan d'action communal qui s'est substitué au plan de développement communal (articles 78 à 82) ont octroyé plus de valeur à la planification stratégique des communes et l'ont reliée aux finances des collectivités territoriales. Il est certain qu'évaluer et faire l'inventaire de cette expérience pourrait démontrer clairement sa réussite ou son échec. Cette évaluation doit porter aussi bien sur la méthodologie adoptée dans la structuration des collectivités territoriales, le degré de leur intégration et leur compatibilité avec les plans de développement que sur la solidité de l'engagement pour une réelle concrétisation sur le terrain[5].

Il est à noter également que l'élaboration de ces plans nécessite la mise en place de dispositifs de développement, ce qui appelle à des questionnements sur certains aspects comme le contexte, la perception et les bases ayant servi à leur formulation. Les choses n'auraient-elles pas dû être faites dans le sens inverse pour une bonne gouvernance susceptible de bien gérer les biens et le patrimoine public et privé de la collectivité ?

Le paradoxe est plus marqué si l'on tient compte de l'importance de la gestion du patrimoine communal dans la concrétisation des politiques publiques et dans l'enchaînement des mécanismes de la gestion territoriale. Les conditions *sine qua non* pour la mise en place des plans de développement sont axées sur la gestion classique des biens publics communaux, taxée de lourdeur, de rigidité bureaucratique et de plusieurs lacunes juridiques.

À présent, il y a une prise de conscience devant l'avancée soutenue de la gestion privée réputée par son efficience et son efficacité. Depuis lors, le changement de la politique de gestion des biens publics s'impose à tous les niveaux, d'autant plus que les logiques traditionnelles sont surannées et ont fait l'objet de moult contestations.

La recherche de la performance est un incontestable impératif. Les biens publics envisagés sous l'angle de l'intérêt général, c'est une idée désormais doublée de considérations de rentabilité. En effet, à l'acte unilatéral vient s'adjoindre le procédé conventionnel etcontractuel.

---

[4] Dahir n° 1-15-85 du 20 ramadan 1436 (7 juillet 2015) portant promulgation de la loi organique n° 113-14 relative aux communes, *B.O.* n° 6440 du 9 joumada I 1437 (18 février 2016).

[5] Zair Tarik, « La contractualisation des rapports État-collectivités locales », *REMALD*, n° 96, janvier-février 2011, p. 43-52. Voir aussi Harsi Abdallah, « Décentralisation et déconcentration administrative : instruments de la proximité administrative », Colloque maghrébin sur l'administration de proximité : concept et implications organisés par la *REMALD* et l'École nationale d'administration, avec le concours de la Fondation Hanss-Seidel,le jeudi 24 et vendredi 25 novembre 2005 au siège de l'ENA, Rabat.

Par ailleurs, quelle est la place des biens publics dans l'implémentation et la gestion du développement territorial ? Et quel est le degré d'intégration et d'harmonie des plans de développement dans la sauvegarde de ces biens ? Enfin, quelle est la portée des schémas de développement locaux de rénovation du cadre juridique du partenariat privé-public dans le domaine de la gestion rationnelle du patrimoine communal[6] ?

En étayant les principales problématiques et contraintes qui entravent le développement territorial, nous attirons l'attention sur le fait que, finalement, tout ce qui a été évoqué précédemment ne représente que des idées et des questionnements proposés dans cette thèse. C'est en approfondissant la recherche que nous parviendrons à mieux définir les aspects de la politique de gestion que le Maroc doit adopter dans le court et le long terme, élargir les débats et y inclure, en plus des chercheurs, les différentes parties prenantes du développement et les évaluateurs de la propriété publique.

Cependant, pour les exigences du développement territorial, le Maroc a mis en place d'importantes réformes pour réduire les disparités territoriales et sociales en optant pour la diversification de l'économie, la prestation de services publics performants et un investissement important dans le développement humain[7]. Cette ambition s'associe à la volonté de porter un développement territorial productif économiquement, inclusif socialement et durable du point de vue environnemental.

La constitutionnalisation de la région est mise en œuvre en 2015, pour l'instauration de la « régionalisation avancée ». Cette évolution donne aux collectivités des prérogatives plus larges pour ce qui concerne le développement économique, ainsi que des ressources financières et humaines. Les régions deviennent des partenaires majeurs du gouvernement pour le développement et la promotion de l'attractivité des territoires aux niveaux national et international.

La déconcentration administrative, qui doit renforcer la régionalisation avancée, est possible grâce à l'adoption de la Charte de déconcentration. La volonté des pouvoirs publics est aujourd'hui de répondre aux attentes que la réforme a suscitées auprès des citoyens pour des politiques publiques mieux territorialisées, à même de répondre à leurs besoins sans cesse croissants et de faire fructifier les opportunités au niveau local[8]. La proximité des décideurs publics avec la réalité des territoires permet d'élaborer des

[6] Bennajah Younes, « Collectivités territoriales : la tutelle serre la vis », *Les Échos*, 12 janvier 2015, p. 18-32. Voir aussi Jean-Pierre Del Corso et Charilaos Kephaliacos, « Améliorer la gouvernance territoriale des biens publics environnementaux au moyen d'institutions discursives », in *Géographie, économie, société*, n° 14, 2012, p. 393-409.

[7] Nachoui Mostafa, « Aménagement et développement du territoire au Maroc : contexte et vision », revue *Espace géographique et Société marocaine*, n°s 20/21, janvier 2018.

[8] Benabdallah Mohammed Amine, « Propos sur la décentralisation territoriale au Maroc », *Mélanges offerts au professeur Jacques Moreau*, Éd. Economica, Paris, 2003.

stratégies adaptées pour renforcer le développement. La bonne gestion du patrimoine local concourt certes à atteindre lesobjectifs du développement.

Au niveau du contexte, le Maroc s'urbanise davantage, et la création de richesses est désormais concentrée dans les territoires urbains. La population marocaine actuelle compte près de 34 millions d'habitants (recensement de 2014, Haut-Commissariat au plan). Elle représente près de 3 fois ce qu'elle était en 1960, tandis que la population urbaine a été multipliée par 6 durant la même période, passant de plus de 3 à plus de 20 millions d'habitants.

Aujourd'hui, le Maroc compte huit zones urbaines de plus de 500 000 habitants (Casablanca, Rabat-Salé-Témara, Tanger, Fès, Marrakech, Agadir, Meknès et Oujda), correspondant à l'indicateur de densité retenu dans la définition UE-OCDE des aires métropolitaines fonctionnelles. Ces aires urbaines concentrent aujourd'hui près de 60 % de la population et 75 % du PIB. La croissance urbaine rapide engendre néanmoins plusieurs défis en termes de développement économique, d'inclusion sociale et de soutenabilité environnementale[9].

Quant au rural, les campagnes se vident de plus en plus suite à l'exode rural ; ce phénomène alarmant rend nos villages déserts, au point de se poser la question de l'intérêt socio-économique des communes rurales si elles ne parviennent pas à arrêter l'hémorragie[10].

Dans ce sens, il est difficile d'imaginer une collectivité territoriale sans ressources, il est tout aussi difficile de concevoir des collectivités décentralisées sans biens, autrement dit sans ressources matérielles. Comme les autres personnes publiques, les collectivités locales disposent de biens qui leur permettent d'assurer leur mission, mais ceux-ci semblent seréduire. C'est à travers l'importance des biens immobiliers et fonciers de la collectivité locale que l'on apprécie son degré d'évolution ; néanmoins, rentrent en considération également les mesures que cette collectivité préconise quant à la gestion, la prestation, le développement et la capacité de ce patrimoine à contribuer efficacement à son essor économique et social[11].

En adoptant ce point de vue, à savoir que le patrimoine reflète l'image de la santé économique de la collectivité locale, on ne peut en même temps que défendre l'idée selon laquelle le patrimoine constitue un facteur dynamisant de l'action économique des collectivités territoriales. On sait aussi que la

---

[9] Fadil Abderrahim, *La Région à l'heure de la décentralisation*, Casablanca, Publications de la *Revue marocaine d'administration locale et de développement*, coll. Manuels et travaux universitaires, 2000.

[10] [10] Chakor A., « Le Marketing territorial au service de la bonne gouvernance locale », in *Du gouvernement à la gouvernance : les leçons marocaines*, Actes du colloque national organisé par l'Université Abdelmalek Saâdi, Faculté des sciences juridiques, économiques et sociales, les 21 et 22 mars 2003 à Tanger, Rabat, Publications de la *Revue marocaine d'audit et de développement*, série Management stratégique, 2004, p. 163-173.

[11] [11] Zair Tarik, « Le principe de libre administration des collectivités territoriales », *REMALD* n° 107, novembre-décembre 2012, p. 9-23.

mise en place de la politique de décentralisation nécessite la mobilisation des ressources humaines et financières importantes. Les collectivités locales disposent de ce fait d'une batterie de ressources qu'elles mobilisent dans des proportions très variables d'une région à l'autre.

Il ressort de différents colloques que la valorisation du patrimoine des collectivités locales est une préoccupation majeure et légitime des élus locaux ; en effet, la composition du patrimoine dont disposent les collectivités locales obéit aux principes généraux du droit de la domanialité administrative. En effet, il faut vérifier les différentes définitions des domaines publics avant de nous interroger sur la problématique.

1. Méthodologie adoptée

Nous avons entamé cette recherche par un rappel historique de la domanialité communale, pour nous pencher ensuite sur une vision analytique et critique de la gestion communale du patrimoine et sur les différents textes de loi régissant le patrimoine communal, cette matière de droit assez complexe et mal appréhendée par la majorité des intervenants, en exposant les différentes recherches, les positions doctrinales et les illustrations jurisprudentielles.

Au niveau de la deuxième partie, nous avons recouru à l'analyse des procédés juridiques faisant accès à une nouvelle gestion, en particulier le partenariat public-privé (ppp) ; par ailleurs, nous avons procédé à des études sociologiques, notamment aux entretiens et études des cas, et en étudiant le projet de loi relatif au patrimoine immobilier des collectivitésterritoriales, en vue de mettre en lumière les bases d'un remaniement législatif et d'une gestion patrimoniale rénovée, efficace et stratégique au profit du développement territorial, enlançant une réflexion sur d'autres facettes d'une nouvelle gestion du patrimoine des collectivités territoriales.

2. Des définitions des biens publics locaux

La doctrine a défini les biens publics locaux comme des biens localement produits et utilisés, avec des effets géographiques plus ou moins limités, gérés et financés par des collectivités territoriales de niveau infra-étatique[1212]. Tiebout (1956) définit le bien public local uniquement par la nature institutionnelle du producteur. Un bien public local est produit par une collectivité locale, et donc sa consommation ne peut se réaliser que sur le territoire relevant de l'autorité de la collectivité territoriale.

---

[12] Pierre-Henri Derycke, Guy Gilbert, Henry G. Zoller, *Économie publique locale* (Bibliothèque de sciencerégionale), Economica, 1988, p. 245.

Il s'agit d'une définition institutionnelle qui ne prend pas en compte des caractéristiques souvent observées des biens publics locaux. D'autres auteurs complètent la définition de Tiebout en relevant l'intervention des préférences des consommateurs dans l'offre des biens publics locaux[13] et indiquent que les biens publics locaux sont spécifiques d'une localisation particulière, de telle sorte que les consommateurs, dans leurs décisions d'implantation, peuvent exercer un choix sur la quantité et la nature des biens collectifs fournis...

Les avantages découlant de ces biens sont confinés dans une seule collectivité, avec d'éventuels débordements sur les collectivités voisines[14].

Pour Scotchmer (1994), les biens publics locaux sont des biens dont la consommation peut être réservée aux agents économiques résidant sur le territoire de la collectivité locale qui les produit. Ces définitions sous-entendent que les biens publics locaux sont des biens mixtes.

3. La portée juridique et institutionnelle du sujet

Au Maroc, chaque collectivité est propriétaire de son domaine. À ce titre, on distingue le patrimoine des communes urbaines et celui des communes rurales. Les biens des communes urbaines sont régis par le dahir du 19 octobre 1921 et par l'arrêté viziriel du 31 décembre 1921 déterminant le mode de gestion du domaine municipal.

En effet, si le législateur s'abstient de toute définition générale, il répartit ce patrimoine en domaine public et en domaine privé. Le domaine des municipalités comprend tous les biens qui y sont formellement affectés. L'affectation formelle est exigée comme déterminant pour la constitution du domaine. Ladite affectation ne peut avoir lieu que par décret du Premier ministre, sur proposition du ministre de l'Intérieur et après délibération du conseil municipal et avis des ministres des Finances et des Travaux publics. Son importance s'exprime par les dispositions de la loi. Le domaine public municipal peut comprendre les catégories des biens suivants :

– les rues, chemins, places, jardins publics et leurs équipements, notamment lesinstallations d'échange ;

– les eaux destinées à l'alimentation de la ville ;

– les cimetières autres que les cimetières musulmans et israélites, dans la mesure oùces derniers restent la propriété des communautés de même religion[15].

---

[13] Atkinson Anthony B., Stiglitz Joseph E., "The Design of Tax Structure: direct versus Indirect Taxation", *Journal of Public Econom*, 1976.

[14] Suzanne Scotchmer, « Concurrence et biens publics », *Annals of Economics and Statistics*, 1994, p. 157.

Force est de constater que le législateur a procédé à énumérer les biens susceptibles de relever du domaine public municipal. Cette énumération n'est ni limitative ni exhaustive, laissant donc la porte ouverte à une extension éventuelle de ce domaine. Quant au domaine privé, le dahir de 1921 définit le domaine privé municipal de manière négative, c'est-à-dire tous les biens qui ne sont pas formellement affectés au domaine public. La loi opère une subdivision de deux catégories de biens composant le domaine privé :

– les immeubles ou bâtiments acquis ou construits aux frais des municipalités pour être attribués à des services d'intérêt municipal en vue d'en tirer des revenus ;

– les parcelles nécessaires à la création de lotissements urbains qui auront été cédées à titre onéreux aux municipalités par l'État sur son domaine privé.

Le pluralisme des communes rurales est régi par le dahir du 28 juin 1954 et par le décret du 4 février 1959 déterminant le mode de gestion du domaine des communes rurales. À l'instar du patrimoine des municipalités, la loi distingue dans les communes rurales le domaine public et le domaine privé.

En ce qui concerne le domaine public, on fait référence au dahir de 1921 relatif au domaine municipal : le domaine public des communes rurales se compose de tous les biens qui y ont été affectés, l'affectation est explicitée par les dispositions de l'article 3 du dahir de 1954 qui stipule : « [...] peuvent être incorporés dans ce domaine public à raison soit de leur affectation à l'usage public, soit de leur utilisation pour le fonctionnement des services publicslocaux. »

Cette affectation au domaine public s'effectue par décret du Premier ministre[16], pris après avis de ministre de l'Intérieur et des chefs d'administration intéressés sur proposition des communes concernées.

Ainsi la liste des biens faisant partie du domaine public des communes ruralescomporte trois catégories de biens :

– les pistes, chemins, rues, places, jardins ou parcs publics, installations d'éclairage, égouts ;

– les eaux destinées à l'alimentation humaine ou à l'abreuvement des troupeaux ainsique les ouvrages destinés à cette utilisation ;

– les immeubles tels que les souks et leurs dépendances, fondouks, abattoirs,monuments, bains parasiticides.

De même, le dahir de 1954 définit le domaine privé des communes rurales comme celui qui comprend tous les biens qui ne sont pas affectés au domaine public. Il ne donne pas même une énumération de quelques exemples relevant de ce domaine, opération déjà faite pour le domaine public. On constate qu'aucune énumération n'est effectuée à l'instar du

---

[15] Rousset Michel, « Le projet marocain de régionalisation : défis et perspectives. Quelle autonomie pour quellerégion ? », *REMALD* n°s 90-91, janvier-avril 2010, p. 9-16.

[16] En l'occurrence le chef du gouvernement après l'avènement de la Constitution de 2011.

domaine public, ce qui suscite beaucoup de difficultés au niveau du classement des biens affectés aux communes rurales.

La crise économique actuelle implique une gestion rationnelle des biens publics. La solution à cette crise passe, entre autres, par le renforcement des ressources financières fiscales et patrimoniales. En effet, l'évolution des besoins en services publics, l'impact de la mondialisation et l'ouverture du Maroc sur le marché international ont imposé un nouveau partage des rôles entre l'État et les collectivités territoriales[17].

Le développement territorial intègre désormais les dimensions sociale, économique, spatiale, financière. Par ailleurs, la Constitution du 29 juillet 2011 stipule que les collectivités territoriales jouent un rôle primordial dans le développement humain intégré et durable. Face à cet élargissement des compétences des collectivités territoriales et la faiblesse de leur capacité financière, il est important pour les collectivités de mobiliser d'autres ressources[18].

Ainsi, le patrimoine des collectivités, qui constitue une ressource financière, est appelé à contribuer aux projets du développement économique et social. Mais en dépit de son importance, le domaine des collectivités est toujours régi par des textes qui remontent au Protectorat et n'ont pas subi des rénovations pour être au diapason du contexte socio-spatial[19]. En effet, l'arsenal juridique régissant les biens des collectivités territoriales est constitué par le dahir du 1er juillet 1914 sur le domaine public dans la zone du Protectorat français au Maroc, le dahir du 12 mai 1937 modifiant et complétant l'arrêté viziriel du 31 décembre 1921 déterminant le modèle de gestion du domaine municipal, le dahir du 14 novembre 1949 relatif à certaines autorisations d'occupation du domaine municipal, le dahir du 28 juin 1954 relatif aux domaines des groupements dotés de jemâas administratives, le décret du 4 février 1959 déterminant le mode de gestion du domaine des communes rurales, le dahir du 7 septembre 1963 autorisant la cession à titre gratuit aux communes rurales de la parcelle de terrain nécessaire à l'édification des maisons communales…

Il s'agit de textes comportant une terminologie et une conception juridique révolues incompatibles avec l'évolution actuelle de la décentralisation et de la régionalisation avancée consacrées par la nouvelle

[17] Rousset Michel, *op. cit.* Voir aussi Bouabida H., *op. cit.*

[18] « Fidèle à son choix irréversible de construire un État de droit démocratique, le Royaume du Maroc poursuit résolument le processus de consolidation et de renforcement des institutions d'un État moderne, ayant pour fondements les principes de participation, de pluralisme et de bonne gouvernance. Il développe une société solidaire où tous jouissent de la sécurité, de la liberté, de l'égalité des chances, du respect de leur dignité et de la justice sociale, dans le cadre du principe de corrélation entre les droits et les devoirs de la citoyenneté. » Extrait du préambule de la Constitution de 2011.

[19] Hinti Said, *Gouvernance économique et développement des territoires au Maroc*, Rabat, 2005, p. 356.

Constitution et les lois organiques. Cette situation crée des carences qui entravent la gestion optimale du domaine des collectivités territoriales. De même, il existe une certaine incertitude et une complexité quant à la distinction entre le domaine public et le domaine privé des collectivités.

La théorie de la domanialité permet de classer les biens des collectivités soit dans le domaine privé soit dans le domaine public suivant leur fonction patrimoniale. Les premiers sont soumis au droit privé de la propriété alors que les seconds relèvent du régime juridiquede la domanialité publique.

Le cadre juridique régissant le domaine des collectivités territoriales s'inspire largement de la théorie domaniale. Les changements incarnés dans l'évolution du concept de l'intérêt général, l'élargissement des compétences des collectivités territoriales, la montée dans les besoins des administrés, l'évolution en matière de décentralisation et de déconcentration ont montré les limites de cette gestion classique des biens publics des collectivités territoriales. Celle-ci est caractérisée par la lourdeur, la rigidité, la bureaucratie et la stérilité.

En conséquence, sa révision est une priorité, pour deux raisons :

– la gestion classique des biens publics constitue une source de gaspillage et de dégradation de ces biens, elle néglige les potentialités que peut offrir une exploitation faisant appel au secteur privé et à la participation financière des usagers en contrepartie de l'utilisation des biens publics, elle a un impact négatif sur les finances publiques qui accusent un déficit grave ;

– le contexte international est caractérisé par un large mouvement de privatisation précarisé par les institutions financières internationales. En conséquence, le régime juridique et les méthodes de gestion du domaine doivent subir des modifications, soit au niveau de la logique traditionnelle, soit au niveau de la gestion.

Ainsi, sous l'effet de ces facteurs, il est nécessaire d'introduire de nouvelles techniques managériales empruntées au secteur privé. Dans chaque gestion, il faut rechercher l'efficacité et la rentabilité. La logique traditionnelle ne considère les biens publics que sous l'angle de l'intérêt qu'ils doivent servir. Cette appréhension n'est plus adaptée aux nouvelles évolutions[20].

Ainsi, la valorisation des biens publics est essentielle pour générer des ressources financières et répondre aux besoins de rénovation, de reconstruction et de financement des biens des collectivités territoriales et aux exigences du développement. Ainsi se pose la problématique suivante : comment concilier la protection des biens publics et la gestionéconomique en tant que facteur du développement territorial ?

Comment dépasser l'incohérence des dispositions juridiques régissant le domainepublic pour faire de lui un levier du développement territorial ?

---

[20] Daoudi Imane, « Les walis et gouverneurs et la réforme constitutionnelle au Maroc », *REMALD* n° 108,janvier-février 2013, p. 69-77.

Première partie
Le domaine public : les contours de l'imprécision et les carences d'une gestion

Suivant la théorie de la domanialité, les biens des collectivités publiques feront obligatoirement partie soit du domaine privé soit du domaine public. Les biens relevant du domaine privé, en raison de leur fonction patrimoniale, sont soumis au droit privé de la propriété, et les biens relevant du domaine public sont soumis à un régime juridique spécial appelé régime de la domanialité publique.

Le cadre juridique régissant le domaine communal s'inspire largement de cette théorie domaniale. En effet, le législateur marocain a consacré un domaine public communal et un domaine privé communal et a mis en place un ensemble de règles juridiques en vue de déterminer clairement les deux catégories de domaine. Il a également prévu deux textes juridiques en la matière. Le premier est consacré au domaine des communes urbaines, le second est consacré au domaine des communes rurales.

Ce cadre juridique, qui a transposé la conception française de la domanialité publique conçue au début du XIXe siècle, se caractérise par l'existence de plusieurs textes qui la régissentet qui remontent à la période du Protectorat. Or, on assiste aujourd'hui à une évolution des concepts : évolution des concepts de l'intérêt général, évolution dans les rôles de l'administration communale, évolution des besoins de l'administration et évolution des textes régissant la décentralisation.

D'où la question suivante : la législation et la réglementation mises en place ont-elles suivi cette évolution ? En d'autres termes, cet arsenal juridique peut-il constituer une référence quant à la détermination de la domanialité communale ?

Chapitre I
Imprécision de la détermination du domaine public

Comme nous l'avons déjà montré, la détermination de la domanialité communale au Maroc est l'œuvre du Protectorat. En effet, les textes de base qui régissent le domaine communal sont multiples et datent dans leur majorité de la période du Protectorat français.

Le dispositif juridique ainsi mis en place favorisait un environnement juridique propice dans lequel s'exerçaient toutes les activités se rapportant à la gestion du patrimoine communal. Il a permis, à l'époque, d'assouplir considérablement les procédures administratives régissant les opérations immobilières effectuées par les communes et de prévoir toutes les dispositions à même de contribuer à ladite gestion. Ce dispositif juridique avait été conçu, également, pour accompagner l'organisation administrative telle qu'elle existait sous le Protectorat.

Or, une lecture, même rapide, de ce cadre légal nous a permis de constater l'ampleur du déphasage de ces textes avec la réalité politique et administrative actuelle du pays. La terminologie qui y est utilisée n'est plus compatible avec les nouvelles attributions communales qui ont dépassé le cadre consultatif qui régnait sous le protectorat et lors des premières années de l'Indépendance. De plus, certains aspects concernant le domaine communal restent encore soumis à la réglementation applicable au domaine de l'État, ce qui porte atteinte aux principes de l'autonomie et de la gestion démocratique reconnus à ces entités.

Dans ce chapitre, il sera question de mettre l'accent sur ce cadre législatif et réglementaire régissant le patrimoine communal et de préciser dans quelle mesure ce cadre a permis une détermination claire de la domanialité communale.

La jurisprudence constitue toujours une source fondamentale pour la clarification et l'explication des différentes dispositions législatives. Quelle est donc la contribution de la jurisprudence marocaine dans cette détermination ? A-t-elle pu jouer le même rôle normatif que la jurisprudence française, ou est-elle restée en deçà des attentes ?

Section I. La gestion du patrimoine communal et les différents handicaps

Pour la détermination de la domanialité communale, le législateur s'est inspiré de la conception française de la domanialité publique conçue au début du XIXe siècle. Cette conception classique, rejetée aujourd'hui par la grande partie de la doctrine française, est encore en vigueur au Maroc. Elle a gardé, de ce fait, une structure comparable à celle qui a été dégagée par cette doctrine, tout en consacrant le principe de la distinction entre domaine public et domaine privé[21]. En plus de ce principe de distinction, le législateur a prévu une multitude de règles et de dispositions juridiques visant à déterminer les deux catégories de domaine, à savoir le domaine public et le domaine privé communal.

§1. Les incohérences définitionnelles du cadre normatif

Le principe de la distinction entre domaine public communal et domaine privé communal constitue le cadre juridique de référence pour la gestion des biens publics des collectivités territoriales[22]. Ce principe qui domine et marque le droit des biens des communes, en particulier, et des collectivités territoriales, en général, a été mis en place au cours de la période allant de 1914 à 1954 par un ensemble de dahirs qui se sont succédé pour mettre en place un régime domanial très proche de celui élaboré par la doctrine et la jurisprudence françaises de l'époque. Si de nombreux textes législatifs et réglementaires ont pu faire référence à ce principe de distinction, la question, pourtant essentielle, est la suivante : quels sont les critères préconisés dans ce cadre pour distinguer les deux catégories de domaine ?

A. Le principe de la distinction entre domaine public et domaine privé communal

Pour mieux comprendre le principe de la distinction entre domaine public et domaine privé, et puisque le législateur marocain s'est largement inspiré de la théorie domanialefrançaise telle qu'elle a été conçue par la doctrine et la jurisprudence du XIXe siècle, il serait opportun d'analyser l'origine et l'évolution de ce principe en France afin de pouvoir examiner son origine et son évolution au Maroc.

a. Genèse et évolution de la distinction en France

Dans l'ensemble des biens des personnes publiques, on distingue généralement le domaine public et le domaine privé. En droit français, le

[21] Lagrange Maurice, « L'évolution du droit de la domanialité publique », *RDP* n° 1, 1974, p. 5.

[22] Houem Maria, « La gestion des biens publics en droit marocain », *REMALD* n° 21, p. 10-13.

principe de la distinction n'a pas toujours existé. À l'origine, le principe était même inverse : c'était celui de l'unité du domaine royal. Le domaine de la Couronne comprenait un ensemble de biens matériels diversifiés. Mais tous ces biens relevaient d'un même régime juridique, ils étaient considérés comme la propriété du roi, et celui-ci ne pouvait pas les aliéner pour éviter leur dilapidation. Leurs revenus étaient affectés aux dépenses publiques[23].

La règle de l'inaliénabilité n'a cependant pas été respectée par le roi dans la mesure où ce dernier procédait à de nombreuses aliénations des dépendances du domaine jusqu'à l'ordonnance de Moulins de février 1566 qui confirmait le principe de l'inaliénabilité des biens,de la Couronne pour ceux d'entre eux qui faisaient partie du « grand domaine »[24].

Bien que, dès la première moitié du XVIIIe siècle, la distinction ait commencé à être affirmée en faveur du retour aux notions et principes du droit romain (distinction entre *res publicae* et *res in commercio*), elle n'a jamais été la doctrine officielle de la monarchie. Les révolutionnaires refusèrent dans un premier temps de consacrer la distinction entre domaine public et domaine privé. Les diverses dépendances du « domaine national » demeuraient soumises au même statut.

Mais au XIXe siècle, la doctrine allait y revenir pour la faire triompher en s'appuyant sur l'article 538 du Code civil qui déclare insusceptible de propriété privée certains biens : les chemins, routes et rues à la charge de l'État, les fleuves et rivières navigables ou flottables, les rivages, lais et relais de la mer, les ports, les havres, les rades et généralement toutes les portions du territoire français qui ne sont pas susceptibles d'être une propriété privée.

La doctrine en a déduit que le Code civil a voulu rendre ces biens inaliénables et, partant, a voulu les distinguer des autres biens de l'administration. Aujourd'hui, on admet que la distinction n'était pas dans les intentions des rédacteurs du Code civil[25]. La distinction entre domaine public et domaine privé ne sera véritablement établie que dans les premières années du XIXe siècle, elle sera adoptée par la doctrine (Proudhon) et consacrée par la jurisprudence et par le législateur.

La distinction étant établie, on pouvait concevoir la définition du domaine public de deux façons : la méthode énumérative et la définition conceptuelle. La méthode énumérative tient compte des différentes

---

[23] Dupeau Jean, *Le Domaine public*, édition le Moniteur, Paris, 2001, p. 13.

[24] L'ordonnance de Moulins (ordonnance sur la réforme de la justice) est un document signé à Moulins en février1566 par le roi de France Charles IX, lors du grand tour de France de 1564-1566. Elle doit être distinguée de l'édit de Moulins (Règlement général sur le domaine du roi de 1566) et de l'ordonnance de Moulins de Charles VIII qui demande, entre autres, que les dispositions soient rédigées en langue française ou maternelle. L'ordonnance de Charles IX de 1556 diminue notamment les pouvoirs des Parlements en limitant leur droit de remontrance et ceux des gouverneurs en supprimant leur droit de grâce.

[25] Victor Proudhon, *Traité du domaine public*, Éditions Lagier, 2e édition, Dijon, 1843, p. 149.

compositions de ce domaine sur la base d'une liste, alors que la définition conceptuelle fait du domaine public, soit un domaine affecté à l'usage de tous, soit un domaine affecté aux services publics.

Après que la première ait longtemps prévalu, la définition conceptuelle s'est imposée avec l'invention du droit administratif moderne et fut surtout établie en adéquation avec la notion de service public.

Jusqu'à la fin du XIXe siècle et au début du XXe, le domaine public était relativement restreint. Il se limitait aux biens affectés à l'usage de tous, car on estimait que ces biens étaient les seuls à mériter une protection particulière se traduisant par leur inaliénabilité et par leur imprescriptibilité. Compte tenu de cette conception, l'administration se bornait à exercer à l'égard du domaine public une mission de protection. Puis la conception du domaine public vaévoluer jusqu'à considérer que les biens affectés à l'usage de tous ne sont pas les seuls à mériter une protection particulière. Il en résulte que le domaine public s'est agrandi considérablement[26].

Cette définition conceptuelle et l'élargissement du périmètre du domaine public qui en résulte se sont immédiatement accompagnés d'une réflexion pour tenter de lui trouver des critères réducteurs à raison de l'hypertrophie de la domanialité publique qui lui était inhérente[27]. À cet égard, la discussion s'est beaucoup focalisée dès les années 20 sur les immeubles de bureaux.

Ce critère réducteur a été, on le développera ultérieurement, celui de l'aménagement spécial. Mais force est de constater que l'aménagement spécial n'a pu correctement remplir sa fonction, d'une part, et n'a pas empêché les immeubles de bureaux de basculer dans ladomanialité, d'autre part, alors que la logique du critère conceptuel aurait dû conduire à intégrer les forêts dans le domaine public, la jurisprudence s'y est toujours refusée. Les considérations économiques et patrimoniales dans la gestion du domaine public n'étaient pas conçues. Ce dernier mérite uniquement une protection *stricto sensu* du terme[28].

Or, pour une multitude de raisons, il est désormais admis que les personnes publiques doivent avoir une gestion patrimoniale optimale. Ces raisons sont : l'état des finances publiques, l'ouverture à la concurrence des principaux services publics industriels et commerciaux et l'influence des modes de gestion du patrimoine des entreprises privées et notamment le développement des techniques de financement comme le crédit-bail ou leleasing[29].

---

[26] Magnan Marion, « Le domaine portuaire, entre protection et valorisation : l'ambiguïté de la notion d'utilitépublique au prisme du droit domanial », in *Flux* n°s 1 et 2, 2016, p. 72-86.

[27] Fabrice Melleray, « La recherche d'un critère réducteur de la domanialité publique », *AJDA*, 2004, p. 90.

[28] Sur cette question, voir Jean-Pierre Duprat, « L'évolution des logiques de gestion du domaine de l'État », *AJDA*, mars 2005, p. 577.

[29] Le crédit-bail couramment appelé « leasing » est un contrat par lequel une personne, le crédit-bailleur de financement (banque) achète un bien et le met à la disposition d'une autre

Si telle est l'évolution du principe de la distinction en France, qu'en est-il au Maroc ?

b. L'origine et l'évolution de la distinction au Maroc

Le principe de la distinction entre domaine public et domaine privé constitue la pièce maîtresse dans notre droit positif marocain. Néanmoins, il n'est apparu au Maroc qu'au début du Protectorat.

Trois grandes périodes sont à distinguer, qui constituent des moments historiques fondamentaux ayant contribué à la constitution de ce régime : la période antérieure à 1912, la période du Protectorat et la période qui va de 1956 jusqu'à nos jours.

Avant 1912, le principe de la distinction entre domaine public affecté à l'intérêt général et domaine privé destiné à réaliser un intérêt patrimonial n'existait pas, bien que le statut des biens publics à l'époque comprît, d'une part, des biens destinés à l'utilité de l'ensemble de la collectivité ou donnés à des usages particuliers contre versement, de la part des profitables, d'une contribution au profit du Trésor (la terre de *kharaj* et terre de *dime*…), et d'autre part, des biens qui peuvent être assimilés au domaine public dans la mesure où ils étaient inaliénables, imprescriptibles et insaisissables (les biens *habous*).

Le régime foncier marocain antérieur au Protectorat revêt une double dimension : la dimension religieuse et la dimension traditionnelle. La dimension religieuse tirait ses fondements des principes de la religion (terres *kharaj*, terres de *dime* (*achour*), terres protégées, terres de l'*iqtaa*, terres mortes et terres *habous*), alors que la dimension traditionnelle tirait ses assises des traditions coutumières spécifiques au Maroc[30]. Elle se manifeste à travers les terres collectives des tribus, les terres *guich* et les terres *makhzen*. Les biens collectifs ou *bled jemaa* sont ceux qui appartiennent à des groupements ethniques (tribus, fractions, douars…). Ils sont gérés par l'ensemble des chefs de famille composant ces groupements par un ou plusieurs délégués : c'est la *jemaa*, assemblée locale et ses représentants[31].

---

personne, le preneur (locataire) moyennant un loyer ; le locataire n'est donc pas juridiquement propriétaire du bien mis à disposition. Cependant, dans une logique de comptes consolidés, les biens acquis en crédit-bail sont assimilés à des immobilisations. Ce contrat est assorti d'une promesse unilatérale de vente, selon laquelle le preneur a la possibilité, au terme de la période convenue, d'acheter le bien en question ou de le restituer, ou de négocier une prolongation du crédit-bail à l'expiration du contrat initial. Le crédit-bail au Maroc est encadré par la loi bancaire du 6 juillet 1993 et la loin° 15-95 du 1er août 1996 formant Code de commerce.

[30] Voir étude sur le statut juridique des terres collectives au Maroc et les institutions coutumières et locales, projet Transhumances et biodiversité, MADRPM, FEM, PNUD Maroc éditions, 2002.

[31] Eddahbi Abdelfattah, *Les Biens publics en droit marocain*, Éditions Afrique Orient, 1991, p. 42.

La principale caractéristique de ces biens est leur inaliénabilité découlant de l'aspect tribal et indivisible du sol. De surcroît, ces biens sont basés sur un démembrement du droit de propriété en un domaine éminent (*raqaba*) et un domaine utile (*intifad, tassarouf*)[32].

Le domaine éminent appartient à la communauté musulmane (*oumma*), en d'autres termes au sultan, donc au *makhzen*[33] lui donnant un pouvoir permanent sur toutes les terres. Il constituait l'instrument principal de la politique fiscale, de la politique agraire et de la politique tout court. En effet, la *raqaba* était la légitimation du prélèvement de l'impôt, de la constitution d'un domaine d'État et donc de la concession sur ce domaine d'*iqta*[34].

Cette situation est semblable à celle de l'ancien droit français dans le cadre du régime féodal[35]. Le domaine utile appartient aux occupants de la terre qui ne sont autres que les tribus bénéficiaires d'un droit réel de jouissance. Le régime *melk* était donc prohibé à cette époque. Ce régime foncier marocain avec ces principales caractéristiques ne concerne que le *bled makhzen* ou territoire soumis formé de tribus reconnaissant l'autorité temporelle du sultan.

L'évolution du droit des terres marocaines après la conquête arabe confirme l'importance de cette propriété éminente. En effet, le régime des terres conquises procède seulement d'une distinction entre musulmans et non-musulmans.

Les musulmans ne payaient que la *zakat*. Les non-musulmans payaient, en contrepartie du droit éminent à la *oumma*, la *jizia*, impôt par tête, et surtout le *kharaj*[36], très lourd impôt foncier. En revanche, une fois ces contributions acquittées, les anciens occupants du sol pouvaient, en toute liberté, conserver leur organisation et notamment leurs anciennes coutumes agraires.

Les *guichs* sont des colonies militaires qui forment l'armée permanente du sultan et bénéficient de concessions de terres. Ces terres appartiennent à l'État, mais l'usufruit est attribué à ces tribus qui ne paient pas d'impôt et

---

[32] C'est la principale caractéristique du régime foncier introduite par l'islam sur lequel se fonde le pouvoir makhzénien, voir sur le sujet, Decroux Paul, *Droit foncier marocain*, Éditions la Porte, Rabat, 2008.

[33] Bouderbala Négib, *Les systèmes de propriété foncière au Maghreb. Le cas du Maroc, in* Jouve A.-M. (éd.), Bouderbala N. (éd.). *Politiques foncières et aménagement des structures agricoles dans les pays méditerranéens : à la mémoire de Pierre Coulomb*, Montpellier, CIHEAM, 1999, p. 47-66.

[34] Milliot Louis, *Introduction étude du droit musulman*, éditions Dalloz-Sirey, 2001, p. 102.

[35] « L'histoire du Maroc marquée pendant des siècles par une distinction fondamentale entre *bled makhzen* et *bled siba* », voir à ce sujet Belbachir S., *L'Administration territoriale au Maroc*, Imprimerie royale de Casablanca, 1969.

[36] Les terres *kharaj* étaient toutes les terres appartenant à des non-musulmans à la date de la transformation du *kharaj* en statut définitif : essentiellement les terres de tribu que le Protectorat dénommera « terres collectives ».

bénéficient de la jouissance de ces terres inaliénables. Il s'agit là aussi, comme les biens collectifs, d'un démembrement du droit de propriété en un domaine éminent et un domaine utile. Les biens *makhzen* sont des biens qui appartiennent à l'État et sur lesquels les tribus n'ont aucun droit de regard. En pratique, il existait une confusion entre les biens du *makhzen*, c'est-à-dire l'empire chérifien, et ceux du sultan.

Cependant, le caractère domanial des biens du *makhzen* ne saurait être sérieusement mis en discussion. Les biens du *makhzen* ne font pas partie du domaine privé du sultan, celui-ci ne pourrait pas valablement en disposer comme il le ferait de ses propriétés privées. Toutefois, par l'étendue du droit d'administration qui appartient au sultan, en qualité de chef de la communauté musulmane, cette différence théorique n'existe pas en fait, et le sultan dispose en réalité, à son gré, des biens du *makhzen*[37].

Ce domaine *makhzen* composé en majeure partie de forêts, de terrains de parcours… correspond bien à la notion de domaine privé de l'État. Quant au domaine public, il n'existait pas dans la mesure où le pays à l'époque ne disposait pas de routes, de travaux, de rivières navigables comme il en existe actuellement. « La vie publique à l'époque n'a point de place[38]. » Ce domaine *makhzen* faisait l'objet de concessions de la part des sultans au profit decertains sujets : *iqtaa*, *azib*.

L'*iqtaa* est l'attribution à un individu à titre privatif d'une terre par le souverain en sa qualité d'imam de la communauté musulmane ; elle se présente sous deux formes : *iqtaa-intifaa* et *iqtaa-tamlik*. L'*azib* est la propriété que possède un notable, un chérif ou un citadin qui n'y réside pas ; c'est une sorte de ferme ou de métairie. La concession d'*azib* consistait à accorder à des *chorfas* un patrimoine foncier par dahir du sultan[39]. Ces concessions contribuaient à donner au patrimoine makhzenien une configuration spécifique traduisant le rapport de forces entre les notables, les *chorfas* et le pouvoir central. Ainsi, le principe de la distinction telle que prévue par la réglementation actuelle et empruntée au droit français n'existait pas.

En effet, avant 1912, le Maroc ne connaissait en réalité qu'un domaine privé du *makhzen* et non un domaine public, à l'exclusion des *habous*. Ce domaine était le fruit des conquêtes, d'une fiscalité lourde et donnait lieu à de nombreux types de concessions. Toutes les réformes et les textes adoptés pendant le Protectorat sont presque tous encore en vigueur aujourd'hui.

---

[37] Amar Émile, « Organisation de la propriété foncière au Maroc », *in* A. Eddahbi, *Les biens publics en droitmarocain*, *op. cit.*, p. 49.

[38] Jules Griguer, *Traité théorique et pratique de législation : doctrine administrative et jurisprudence marocaines en matière domaniale*, Paris, Librairie du Recueil Sirey, Casablanca, Imprimeries réunies, 1939.

[39] Lazarey Grigori, « Les concessions foncières au Maroc : contribution à l'étude de la formation des domaines personnels dans les campagnes marocaines », in *BESM* (*Bulletin économique et social du Maroc*), p. 43.

La première tâche à laquelle s'est consacré le Protectorat à l'époque fut de procéder à une réforme globale en matière foncière, suite aux irrégularités entourant l'appropriation privative des biens du *makhzen* doublée d'une grande anarchie foncière[40] dans laquelle plongeait le Maroc de l'époque. Le régime foncier qui régnait alors ne permettant ni une protection optimale des biens du *makhzen* ni une gestion performante de ces biens, les autorités du Protectorat commencèrent, vu l'urgence, par l'adoption de la circulaire de novembre 1912[41] adressée aux gouverneurs, caïds et cadis comme point de départ de la domanialité publique moderne au Maroc.

Cette circulaire instituait, entre autres, le principe de la distinction entre domaine public et domaine privé : elle déterminait dans sa première section les biens inaliénables et dans sa deuxième les biens aliénables. Dix mois plus tard était promulgué le dahir du 12 août 1913 relatif à l'immatriculation foncière. L'objectif était de mettre la propriété immobilière dans un état de sécurité et d'organiser les transactions immobilières afin de préserver les droits des particuliers et ceux du *makhzen*.

L'objectif du dahir du 1er juillet 1914 sur le domaine public dans la zone du Protectorat français de l'Empire chérifien était de réorganiser le domaine du *makhzen*. Le législateur du Protectorat introduisait pour une deuxième fois la distinction classique entre domaine public et domaine privé de l'État. La conception française de la domanialité était ainsi transposée au Maroc.

Un dahir relatif à l'occupation temporaire du domaine public de l'État a été adopté le 30 novembre 1918[42]. L'objectif était de permettre l'exploitation de ce domaine par les particuliers et de permettre ainsi à l'administration de gérer son patrimoine et d'aménager son utilisation.

Le dahir du 27 avril 1919 a été adopté pour organiser la tutelle administrative des collectivités indigènes et réglementer la gestion et l'aliénation des biens collectifs. Étant donné que le Protectorat, dès son avènement au Maroc, avait opté pour la décentralisation, les entités décentralisées ne restèrent pas en dehors de ces réformes. Ainsi, le dahir du 19 octobre 1921[43] créa le domaine municipal, et l'arrêté viziriel du 31 décembre 1921[44] détermina les modes de gestion de ce domaine. Le dahir du 14 novembre 1949[45] relatif à certaines autorisations d'occupation du domaine public municipal a également été adopté.

Pour ce qui est du domaine rural, il n'a attiré l'attention du législateur français qu'en 1954, date de l'adoption du dahir[46] du 28 juin 1954 relatif aux domaines des communes rurales. Ceci pousse à s'interroger sur les bases

---

40 Eddahbi Abdelfattah, *op. cit*, p. 55.
41 *B.O.* n° 1 du 1er novembre 1912, p. 6.
42 *B.O.* n° 326 du 20 janvier 1919, p. 37.
43 *Idem.*
44 *B.O.* n° 482 du 17 janvier 1922, p. 62.
45 *B.O.* du 20 novembre 1949, p. 1488.
46 *B.O.* n° 2177 du 16 juillet 1954, p. 1005.

légales de la gestion des domaines de cette collectivité tout au long de cette période qui, certainement, s'opérait en l'absence de toute règle procédurale. Ce vide juridique, qui n'a été comblé qu'en 1954, pourrait expliquer l'absence de toute information sur l'origine et l'historique de certains biens dont jouissent certaines communes rurales. La période du Protectorat appelle donc les observations suivantes :

- l'arsenal juridique régissant aussi bien le domaine de l'État que celui des communes urbaines et rurales a été mis en place par le Protectorat ; cet arsenal juridique est de base législative et réglementaire[47], le législateur du Protectorat « a joué un rôle décisif » dans l'adoption des textes y afférents ;
- cet arsenal juridique est d'inspiration française, la conception française, qui était dominante à la fin du XIXe siècle était le modèle de référence ;
- cet arsenal juridique retient le principe de la distinction, au sein des biens des différentes personnes publiques, entre domaine public et domaine privé comme principe de base et soumet ce dernier à un régime protecteur spécial.

Au lendemain de l'Indépendance, le Maroc se trouvait être l'héritier d'une double tradition juridique : une tradition juridique française héritée du Protectorat et celle, coutumière, héritée d'avant 1912. L'œuvre des autorités marocaines consistait à concilier ces deux traditions de manière à éviter qu'il n'existe des règles de droit en contradiction avec les principes modernes de la domanialité[48].

Deux objectifs majeurs étaient à réaliser : repenser le droit des biens et l'adapter aux données nouvelles. Or, à part quelques textes adoptés par le législateur de l'Indépendance[49], le régime de la domanialité publique et privée, tel qu'adopté par le Protectorat et emprunté de la conception française du XIXe siècle, est encore en vigueur jusqu'à nos jours, en dépit des changements et de l'évolution que connaît le pays actuellement. Ce qui veut dire en fin de compte que le principe de la distinction est toujours en vigueur.

La question importante est la détermination des critères de cette distinction. Dans quelle mesure les critères conçus, soit par la doctrine, soit par le législateur, soit encore par la jurisprudence ont permis de déterminer les deux catégories de domaine ?

B. Les critères de distinction de la domanialité

La question de la détermination des critères pour la distinction entre domaine public etdomaine privé a fait l'objet de plusieurs controverses. En

---

[47] El Yaagoubi Mohamed, L'évolution de la domanialité publique au Maroc, in *La Priorité publique*, actes ducolloque tenu à Tunis les 12 et 13 avril 2001, p. 79.

[48] Eddahbi Abdelfattah, *op. cit.*, p. 68.

[49] Il s'agit essentiellement du dahir n° 1-63-273 du 1er septembre 1963 relatif à l'organisation des préfectures, des provinces et de leurs assemblées, et la loi n° 10-95 sur l'eau, *B.O.* n° 4325 du 20 septembre 1995.

effet, plusieurs théories ont été avancées par la doctrine en vue d'élucider ces critères et permettre ainsi la distinction entre lesbiens du domaine public et ceux relevant du domaine privé[50]. Les critères adoptés par le législateur marocain trouvent leur origine dans ces théories.

Deux conditions doivent être simultanément réunies pour qu'un bien fasse partie du domaine public : il doit, en premier lieu, appartenir à une collectivité publique (a) et en second lieu, être affecté à certaines destinations (b) et, par conséquent, tous les biens qui ne réunissent pas ces deux conditions relèvent du domaine privé.

a. Le critère de l'appartenance à une personne publique

Dans ce point, il sera question d'analyser la nature du droit détenu par les personnes publiques sur leur domaine public et d'examiner les personnes titulaires de ce droit.

1. Les droits détenus par les personnes publiques sur leur domaine public

Le droit détenu par les personnes publiques sur leur domaine public a fait l'objet de plusieurs controverses, il s'agit tout d'abord de la doctrine française en la matière, puisqu'elle constitue le fondement et l'origine de notre droit positif, puis de l'attitude adoptée par le législateur marocain en la matière[51]. L'idée dominante du XIXe siècle considérait que le domaine public ne pouvait être l'objet de propriété.

Ainsi, Proudhon estimait que le domaine public étant affecté à l'usage du public, il ne pouvait appartenir à personne. Seuls les biens du domaine privé des collectivités publiquesqui n'étaient pas affectées à l'usage de tous appartenaient à ces collectivités[52].

Les idées de Proudhon ont été reprises plus tard par Ducroq et Berthelemy, quisoutenaient que les trois éléments de la propriété du Code civil : l'*usus*, le *fructus* et l'*abusus*[53],ne se retrouvaient pas dans la notion de domaine public, en revanche, la propriété détient les deux prérogatives : l'*usus* et le *fructus*. L'État n'avait sur le domaine public qu'un droit d'administration, pour Proudhon, ou de garde, pour Berthelemy, ou de surintendance pour Ducroq[54]. Duguit et Jeze refusaient également de considérer les collectivités publiques comme titulaires d'un droit de propriété sur le domaine public[55].

---

[50] Calmette Jean-François, *La Rareté en droit public*, L'Harmattan, 2004, p. 186.

[51] Tarik Zair, *La Gestion décentralisée du développement économique au Maroc*, L'Harmattan, 2007.

[52] Proudhon Victor, *Traité du domaine public*, *op. cit.*, p. 38.

[53] Voir le glossaire contenu en annexe de cette étude.

[54] Auby Jean-Marie et Bon Pierre, *Droit administratif des biens*, Paris, Dalloz, 1991, p. 101.

[55] *Ibid.*, p. 102.

Cette conception anti-propriétariste a été rejetée dès la fin du XIXe siècle. « Elle n'a jamais correspondu au fond qu'à une abstraction et à une vue approximative des choses, car jamais le domaine public n'a été soustrait et n'a pu être soustrait à la totalité du régime normal des biens[56]. »

La conception anti-propriétariste se fonde sur la conception ancienne du domaine public constitué par les choses affectées à l'usage direct du public. Elle est influencée par les deux traits principaux du régime de la domanialité : d'une part, c'est le public qui utilise la dépendance domaniale et non la personne publique elle-même ; on serait donc en présence d'un propriétaire qui n'aurait pas l'*usus* ; d'autre part, les biens sont inaliénables.

Or, cette manière de voir les choses est critiquable : d'abord, le public n'a pas l'utilisation directe de toutes les dépendances du domaine public qui sont directement affectées aux services publics et pour lesquelles l'objection n'apparaît pas. Et même pour celles qui sont affectées à l'usage direct du public, on peut soutenir que la personne administrative, c'est le public juridiquement organisé. Quant au deuxième principe de la domanialité publique, à savoir l'inaliénabilité, cette règle n'a pas une portée absolue ; l'aliénation des biens est toujours possible par un simple acte de déclassement ou de désaffectation. De plus, les biens relevant du domaine public peuvent être acquis par les personnes administratives par les différents modes habituels d'acquisition.

À l'heure actuelle, la plupart de la doctrine s'accorde sur le fait que les personnes publiques détiennent un droit de propriété sur leur domaine public ; les seules divergences qui subsistent entre les membres de cette doctrine portent essentiellement sur les caractéristiques et la nature de ce droit de propriété.

Ainsi, pour certains, la propriété du domaine public, compte tenu des éléments qu'elle comporte, est assimilée à une propriété privée puisque l'administration propriétaire du domaine public jouit des prérogatives et est soumise à des charges identiques à celles appliquées dans la propriété du droit commun[57].

Pour d'autres, il s'agit d'une propriété privée soumise à une servitude d'affectation dans l'intérêt général, ce qui implique, par conséquent, selon cette doctrine, l'application des règles de droit public sur la domanialité publique[58].

De ce fait, le régime exorbitant qui caractérise la domanialité publique s'appliquerait non pas à la propriété du domaine, mais à l'affectation qui la frappe. D'autres encore, puisque la propriété domaniale recèle des

---

56 Lucien Jansse, *Les traits principaux du régime des biens du domaine public*, Domat-Montchrestien, 1938,p. 97.

57 Auby Jean-Marie et Bon Pierre, *op. cit.*, p. 103.

58 Capitant René, Note sous CE, 17 février 1932, commune Debatan D., 1933, III, 49, G. Maroger, *L'affectation à l'usage public des biens des patrimoines administratifs*, Paris, Sirey, 1942.

particularismes qui la distinguent de la propriété privée, considèrent que la propriété du domaine public est assimilée à une propriété administrative[59]. Ces particularismes sont liés à la propriété administrative elle-même et à la domanialité publique.

Pour ce qui est des particularismes liés à la propriété administrative, on peut dire à ce sujet, par exemple, que la personne publique ne peut aliéner à titre gratuit ses biens relevant du domaine public, comme c'est le cas des biens des personnes physiques. Elle ne peut non plus les aliéner à titre onéreux sans l'autorisation des autorités compétentes en la matière. S'agissant des particularismes liés à la domanialité publique, ils consistent à la fois en des prérogatives et en des sujétions exorbitantes au droit commun[60].

Parmi ces prérogatives, on cite essentiellement le droit de déterminer unilatéralement le domaine public, le droit d'utiliser des procédés spéciaux de droit public pour l'acquisition des biens publics (la procédure d'alignement comme exemple), la possibilité d'imposer des servitudes administratives aux propriétés riveraines du domaine public et l'imprescriptibilité des biens domaniaux.

Quant aux sujétions exorbitantes au droit commun, on cite notamment la règle de l'inaliénabilité du domaine public, l'obligation de l'administration de tenir compte de l'intérêt général lors de l'octroi ou du refus des autorisations d'occuper le domaine public et l'existence de droits particuliers des riverains des voies publiques. Telles sont les controverses doctrinales autour du critère de l'appartenance du bien à une personne publique.

Le critère adopté par le législateur marocain trouve ses origines dans ces controverses. En effet, sous l'influence de la doctrine française classique, le législateur marocain a fait du domaine public plutôt un droit de protection et de garde. Il ne reconnaît, explicitement, le droit de propriété que sur les biens relevant du domaine privé.

Le dahir du 1er juillet 1914 sur le domaine public dans la zone du Protectorat français de l'Empire chérifien[61] prévoit qu'il existe « une catégorie de biens qui ne peuvent être possédés privativement parce qu'ils sont à l'usage de tous et dont l'administration appartient à l'État tuteur de la communauté ». D'après les considérants de ce dahir, le législateur ne reconnaît donc que le droit d'administration à l'État en tant qu'attribution et non pas un droit de propriété. De ce fait, le droit de propriété reconnu à l'État sur son domaine public est expressément exclu par le dahir de 1914.

---

[59] Hauriou Maurice, *Précis de droit administratif et de droit public*, 12e édition, Sirey, 1933, p. 169.

[60] Sorbara Jean-Gabriel, « Le domaine public mobilier au regard du Code général de la propriété des personnespubliques », *AJDA*, 2007, p. 619.

[61] *B.O.* n° 89, p. 529.

Ce dernier semble exclure toute possibilité d'appropriation privative des dépendances domaniales.

Par contre, le dahir du 19 octobre 1921 sur le domaine municipal[62] et le dahir du 28 juin 1954 relatif au domaine des communes rurales[63] ont admis implicitement le droit de propriété administrative au profit des communes sur leur domaine public.

L'arrêté viziriel du 31 décembre 1921 déterminant le mode de gestion du domaine municipal[64] affirme que le sommier de consistance du domaine public et du domaine privé municipaux doit mentionner pour chacun de ces biens un certain nombre de renseignements et notamment le titre de propriété.

Plus encore, l'article 72 du dahir n° 1-02-269 du 3 octobre 2002 portant promulgation de la loi n° 79-00 relative à l'organisation des collectivités préfectorales et provinciales[6565] dispose : « font partie du domaine public tous les biens qui sont la propriété à l'usage du public ».

Les termes utilisés par le législateur (appartient, titre de propriété, propriété) sont significatifs de l'existence d'un droit de propriété des personnes publiques sur leur domaine public.

Quant à la jurisprudence marocaine, on peut citer un arrêt où l'on rapproche, implicitement, le droit de propriété des personnes publiques sur leurs biens publics à un droit de propriété ordinaire. En décidant que les recours engagés contre l'État et les collectivités territoriales et concernant les litiges liés à la propriété relèvent de la compétence des tribunauxjudiciaires, le tribunal administratif de Fès opère ce rapprochement. Il décide que la preuve du droit de propriété doit être apportée selon les règles de droit commun. Un autre arrêt de la Cour d'appel du 21 mars 1934, qui décidait qu'« ... à défaut de preuves contraires, le droit de propriété du domaine est suffisamment établi...[66] ».

Cependant, les décisions de justice qui ont eu à se prononcer sur la nature du droit de propriété demeurent peu nombreuses au Maroc. Quels que soient les arguments pour admettreou rejeter l'idée de propriété du domaine public, cette idée est bien établie dans le droit de la domanialité publique. Qu'en est-il des personnes publiques titulaires de ce droit ?

2. Les titulaires du droit domanial

D'après les textes juridiques régissant le patrimoine des collectivités publiques actuellement en vigueur, toutes les personnes publiques sont titulaires de ce droit de propriété, à savoir l'État et les collectivités

[62] *B.O.* du 20 janvier 1919, p. 37.
[63] *B.O.* du 16 juillet 1954, p. 1005.
[64] *B.O.* du 17 janvier 1922, p. 63.
[65] *B.O.* n° 5058 du novembre 2002.
[66] CA. Rabat du 21 mars 1934, p. 568 cité par Driss Basri *et al.*, *Droit administratif marocain*, 5e édition, Imprimerie royale, Rabat, 1992, p. 487.

territoriales. La loi a d'abord institué implicitement l'État propriétaire du domaine public, à travers le dahir de 1914 sur le domaine de l'État. Ensuite, elle a érigé les municipalités et les communes rurales en propriétaires des biens publics relevant de leur ressort territorial. En 1963, date de l'adoption de la loi sur l'organisation préfectorale et provinciale, la province est également titulaire de ce droit de propriété. La région n'est devenue titulaire de ce droit qu'à partir de 1997, date de l'adoption de la loi n° 47-96 relative à l'organisation de la région. Cependant, la loi organique n° 112-14[67] relative aux provinces et préfectures, hormis qu'elle a fait allusion aux domaines privé et public, manque aussi de précision quant aux deux domaines et marque à cet effet une régression vis-à-vis de la loi suscitée.

Or, une partie de la doctrine marocaine a considéré que les collectivités locales ne jouissent pas du droit de propriété. Selon cette doctrine, le domaine public est unique, c'est-à-dire qu'il n'existe qu'un seul propriétaire, l'État [...], et, par conséquent, les communes n'ont sur ce domaine qu'un droit d'usage régi par les nécessités propres à la vie administrative[68].

Cette conception est contestable pour plusieurs raisons. Tout d'abord, elle se heurte au fait que les communes, en vertu de la Constitution, sont des personnes morales dotées de l'autonomie administrative et financière des propriétés immobilières afin de leur permettre d'exercer leurs compétences.

Certes, l'État exerce un pouvoir de tutelle sur les collectivités territoriales, mais il ne leur accorde pas le droit d'absorber le pouvoir de propriété des communes sur leurs biens publics. En fait, si on a pu constater que l'État détenait, à une époque déjà lointaine, un certaindroit de propriété sur le domaine public municipal, cela s'explique uniquement pour des raisons historiques.

En effet, il sembla plus opportun, en 1917, de laisser le domaine municipal se constituer, en fait, entre les mains de l'État, quitte à en opérer plus tard la remise aux municipalités. Le moment propice apparut dès 1919. À cette époque [...], la reconnaissance des biens domaniaux urbains était presque terminée. L'autonomie du budget par rapport au budget de l'État était définitivement établie, et les villes devaient désormais poursuivre leur développement uniquement sur leurs ressources propres[69].

C'est dans cet environnement que le législateur a posé, avec l'article 9 du dahir de 1921, le principe selon lequel l'État transfère aux municipalités, en pleine propriété, les biens du domaine public de l'État affectés aux services publics d'intérêt municipal.

---

[67] Dahir n° 1-15-84 du 20 ramadan 1436 (7 juillet 2015) portant promulgation de la loi organique n° 112-14 relative aux préfectures et provinces, *Bulletin officiel* n° 6440 du 9 joumada I 1437 (18 février 2016).

[68] Eddahbi Abdelfattah, *op. cit.*, p. 143.

[69] Houem Maria, « *La gestion des biens publics en droit marocain* », *REMALD*, coll. Manuels et travauxuniversitaires, n° 21, 2001, p. 139.

Ensuite, les communes peuvent acquérir, à titre onéreux, les biens affectés par le plan d'aménagement aux espaces verts, aux places et voies publiques, ainsi qu'aux équipements collectifs pour les services relevant de leur compétence.

Toutes les Chartes communales adoptées depuis le 23 juin 1960 reconnaissent à ces entités le pouvoir de prendre toutes les mesures pour assurer leur développement économique et social. De ce fait, elles doivent disposer de tous les moyens leur permettant de réaliser ce développement. De surcroît, ces communes disposent d'un pouvoir de police leur permettant de protéger et de conserver les biens du domaine public, et si ces communes décident de se constituer en groupement, elles pourront également se réclamer de l'article 71 de la Constitution qui stipule que le régime et les règles des biens immobiliers de la commune sont déterminés par la loi. D'où il découle que le législateur continue à retenir le critère de l'affectation à l'usage de tous[70].

Pour les provinces et les préfectures, depuis l'adoption de la Charte de 1963, le législateur leur a reconnu un domaine public englobant les biens affectés à l'usage public. Il découle de ce qui précède que les collectivités territoriales (régions, provinces, préfectures et communes) sont des personnes publiques titulaires du droit de propriété au même titre que l'État.

Malgré la diversité des personnes publiques propriétaires, le régime juridique de la domanialité publique est un principe unitaire en ce sens qu'il s'applique sans aucune distinction au domaine public national et au domaine public local[71].

Qu'en est-il maintenant du 2e critère qu'est l'affectation à certaines destinations ?

b. Le critère de l'affectation des biens et leurs destinations

À travers une lecture des dispositions des textes régissant les biens publics, on remarque que le législateur marocain fait référence au critère de l'affectation à l'usage de tous comme élément déterminant de l'entrée des biens dans le domaine public. En effet, les considérants du dahir du 1er juillet 1914 sur le domaine public de l'État disposent qu'il y a « ...une catégorie de biens qui ne peuvent être possédés privativement parce qu'ils sont à l'usage de tous... »

L'adoption de ce critère et la nature des composantes du domaine public prévues sur les listes indicatives semblent exclure de la domanialité publique les biens affectés aux services publics. De ce fait, le législateur marocain

[70] Article 209 de la loi organique n° 113-14. *B.O.* n° 6380 du 23 juillet 2015.

[71] Rapp Lucien, « De la domanialité publique à l'appartenance publique », in *Propriété et révolution*, Actes ducolloque organisé par l'Université des sciences sociales de Toulouse en 1989, éditions du CNRS 1990, p. 165.

semble opter pour une conception restrictive[72] et non exhaustive qui inclut dans le domaine public les biens affectés aux servicespublics.

Cette conception trouve ses origines dans la théorie avancée par Hauriou, qui considérait que « sont dépendantes du domaine public toutes les choses qui ont été l'objet d'une affectation formelle à l'utilité publique ».

La concrétisation du critère du service public comme critère de la domanialité publique n'est apparue qu'avec le dahir du 28 juin 1954 relatif aux domaines des communes rurales. L'article 3 dudit dahir dispose : « peuvent être incorporés dans ce domaine public à raison soit de leur affectation à l'usage du public, soit de leur utilisation pour le fonctionnement des services publics locaux… ». Il s'agit là d'une affectation indirecte des biens.

Ce critère trouve ses origines chez les partisans de l'école de Bordeaux qui a considéré que l'affectation à un service public constitue le critère essentiel de la domanialité publique. Duguit considérait qu'« il ne faut jamais oublier que le fondement même de la domanialité publique est l'idée d'affectation à un service public ». Il faut, selon Duguit, distinguer les dépendances domaniales qui sont affectées directement à un service public et celles qui ne le sont pas »[73].

Or, l'affectation à elle seule ne suffit pas à imprimer le caractère public domanial aux biens en question. Le législateur exige qu'elle soit formelle, sous forme d'une décision administrative prise par l'autorité compétente. Le législateur ne reconnaît donc pas l'affectation de fait qui consiste en la réalisation matérielle de l'acte d'affectation. Il en découleque les rédacteurs des textes juridiques régissant le patrimoine communal sont largement influencés par la théorie d'Hauriou relative à l'affectation.

Ceci explique, d'ailleurs, que ces dahirs se soient abstenus de toute définition générale du domaine public qui exige que l'affectation soit faite par un acte administratif. Ainsi, le législateur marocain, en déterminant la domanialité communale, a opté pour le principe de la distinction entre domaine public communal et domaine privé communal, et il a prévu deux critères pour réussir cette distinction : l'appartenance du bien à une personne publique et l'affectation de ce bien à l'utilité publique. Quelle est la consistance de ce domaine ?

§2. De la consistance du domaine communal

L'ensemble des biens des collectivités territoriales formant le domaine communal obéità des règles qui lui sont propres quant à sa formation, sa composition (A) et sa délimitation (B). Il importe alors de savoir dans

---

[72] El Yaagoubi Mohammed, « L'évolution de la domanialité publique au Maroc », *op. cit.*, p. 82.

[73] Duguit Léon, *Traité de droit constitutionnel*, 3e édition, t. III, 2018, p. 385, *in* Abdelfettah Eddahbi, *Les Bienspublics en droit marocain*, *op. cit.*, p. 39.

quelles conditions ce domaine est constitué. En d'autres termes, quelles sont les règles qui commandent sa formation, sa composition et sa délimitation ?

A. La construction et la composition du domaine communal

La composition et la formation du domaine communal diffèrent selon qu'il s'agit du domaine public communal ou du domaine privé communal.

a. Domaine public communal

Conformément à l'article 2 du dahir du 19 octobre 1921 sur le domaine municipal, le domaine public communal comprend tous les biens qui y ont été formellement affectés. De cefait, il peut comprendre :

1. les rues, chemins, places, jardins publics ainsi que les monuments, fontaines, installations et les ouvrages qui en sont les accessoires ;

2. les eaux destinées à l'alimentation de la ville, ainsi que les canalisations, aqueducs, châteaux d'eau et autres installations faisant partie du domaine public au Maroc dans les conditions déterminées par le dahir du 1er juillet 1914 et sous la réserve, maintenue par le dahir, des droits légalement acquis par des tiers, notamment par l'administration des habous ;

3. les cimetières autres que les cimetières des musulmans et des israélites.

Quant au dahir du 28 juin 1954 relatif au domaine des communes rurales, il prévoit dans son article 3 que « peuvent être incorporés dans ce domaine public en raison soit de leur affectation à l'usage du public soit de leur utilisation pour le fonctionnement des services publics locaux dépendant de la *jemâa* administrative notamment :

1. les pistes, chemins, rues, places, jardins ou parcs publics, installations d'éclairage, égouts ;

2. les eaux destinées à l'alimentation humaine ou à l'abreuvement des troupeaux ainsique les ouvrages destinés à cette utilisation ;

3. les immeubles tels que les souks et leurs dépendances, fondouks, abattoirs,monuments, baies parasiticides.

Le législateur marocain n'a pas donné une liste exhaustive des biens relevant du domaine public. Il s'est contenté de donner des exemples des biens qui peuvent être incorporés dans le domaine public. Ainsi, le domaine public communal peut comprendre tous les biens meubles et immeubles d'intérêt communal, soit en raison de leur affectation à l'usagedu public, soit en raison de leur utilisation pour le fonctionnement des services publics locaux, à condition, bien entendu, qu'ils aient fait l'objet d'une affectation formelle[74].

S'agissant de la formation du domaine public communal, elle diffère selon la nature dudomaine. Ainsi, si la formation du domaine public naturel résulte de phénomènes naturels, la formation du domaine public artificiel résulte de la volonté de l'administration.

De ce fait, l'incorporation du bien au domaine public communal implique la réunion dedeux conditions : le bien à incorporer dans le domaine public doit être la propriété de l'administration et il doit faire l'objet d'une affectation formelle et d'un classement.

L'acte d'affectation fixe la destination particulière qui est assignée au bien en question.Toute incorporation des biens appartenant à la commune au domaine public nécessite une décision d'affectation. Cette décision d'affectation, qui va livrer le bien acquis à l'usage du public ou à un service public, doit être constatée par un acte de classement pris sous forme d'une décision administrative prise par l'autorité compétente. En vertu de l'article 2 du dahir du 19 octobre 1921 sur le domaine municipal, le législateur a subordonné de manière claire l'appartenance des biens au domaine public municipal à une affectation formelle.

Selon l'article 4 du même dahir, « cette affectation est faite par arrêté de notre grand vizir, pris sur la proposition de notre directeur des affaires civiles, après délibération de la commission municipale et avis de nos directeurs généraux des travaux publics et des finances »[75].

Les articles 2 et 4 du dahir du 28 juin 1954 relatifs aux domaines des communes rurales reprennent presque les mêmes dispositions. Le pouvoir d'affecter est dans une large mesure une compétence discrétionnaire de l'autorité administrative ; celle-ci est parfaitement libre d'apprécier l'opportunité d'affecter un bien à un tel usage public ou à un tel service public. Le législateur marocain ne reconnaît donc que l'affectation formelle.

Qu'en est-il de la composition et de la formation du domaine privé communal ?

b. Domaine privé communal

Conformément à l'article 5 du dahir du 19 octobre 1921 sur le domaine municipal et l'article 9 du dahir du 28 juin 1954 relatif aux domaines des communes rurales, le domaine privé des communes peut être défini comme l'ensemble des biens immeubles possédés par la commune et qui n'ont pas été formellement affectés à son domaine public.

---

[74] Sabine Planel, « Transformations de l'État et politiques territoriales dans le Maroc contemporain », in *Espacepolitique*, n° 7, 2009, p. 10-14.

[75] Actuellement, cet acte est pris par un décret sur proposition du ministre de l'Intérieur après délibération duconseil municipal et avis du ministre de l'Équipement et des Finances.

La composition de ce domaine peut donc être très variable. L'article 6 du dahir 19 octobre de 1921 sur le domaine municipal énonce que ce dernier peut comprendre : « les immeubles ou bâtiments acquis ou construits aux frais des municipalités pour être affectés à des services d'intérêt municipal ou exploités par elles en vue d'en tirer des revenus, et les parcelles nécessaires à la création de lotissements urbains qui auront été cédés à titre onéreux aux municipalités par l'État sur son domaine privé »[76].

« Ces parcelles ne peuvent être vendues par les municipalités qu'à charge pour elles d'en employer le prix soit à l'achat d'autres immeubles, soit à des dépenses extraordinaires et d'utilité publique productive de revenus. »

Quant au texte juridique sur le domaine privé des communes rurales, ce dernier ne donne aucune liste des dépendances qui composent le domaine privé des communes rurales. Aussi, le domaine privé communal peut-il comprendre des maisons, des appartements, des terrains agricoles, des terrains à bâtir… et il peut se développer et se constituer en fonction des ressources financières dont dispose la commune et de sa volonté d'acquérir davantage de propriétés afin d'accroître son patrimoine privé.

S'agissant de la constitution du domaine privé communal, elle peut résulter soit des opérations d'acquisition effectuées par la commune concernée, soit des actes de désaffectation ainsi que des actes de déclassement opérés par la commune.

En effet, le bien sort du domaine public communal lorsqu'il n'est plus affecté à l'utilité publique. Cela doit être constaté par une décision de désaffectation puis de déclassement. Conformément à la législation en vigueur, la désaffectation ne peut avoir lieu que par un acte administratif. L'article 4 du dahir du 19 octobre 1921 sus-indiqué prévoit que « […] le déclassement est prononcé par la même autorité et dans les mêmes conditions […] » que celles prévues pour le classement des biens communaux.

L'article 4 du dahir du 28 juin 1954 susmentionné dispose également que « […] la désaffectation sera effectuée dans les mêmes conditions […] » que celles prévues pour l'affectation des biens communaux.

La sortie du domaine public résulte donc, sauf pour le domaine public naturel qui,dans la majorité des cas, obéit à des phénomènes naturels, de la volonté de l'administration.

---

[76] Faisant référence au dahir de 1921 relatif au domaine municipal, le domaine public des communes rurales se compose de tous les biens qui y ont été affectés, l'affectation est explicitée par les dispositions de l'article 3 du dahir de 1954 qui stipule : « peuvent être incorporés dans ce domaine public à raison soit de leur affectation à l'usage public, soit de leur utilisation pour le fonctionnement des services publics locaux ». Cette affectation au domaine public s'effectue par décret du Premier ministre, pris après avis de ministre de l'Intérieur et des chefs d'administration intéressés sur proposition des communes concernées. Ainsi, la liste des biens faisant partie du domaine public des communes rurales comporte trois catégories de biens.

Par conséquent, les biens désaffectés restent en fait classés dans le domaine public tant qu'un acte administratif n'a pas constaté leur déclassement[77].

Les biens déclassés du domaine public tombent dans le domaine privé non affecté et perdent de ce fait leur statut protecteur. Telles sont les règles concernant la composition et la formation du domaine communal. Les règles et les procédures régissant sa délimitation demeurent trop nombreuses et diversifiées, comme on va le constater ci-dessous.

B. La délimitation du domaine communal

La délimitation est une opération importante en matière domaniale. Elle vise à limiter le domaine communal par rapport aux propriétés privées riveraines. Selon l'article 5 du dahir du 25 juin 1954 cité ci-dessus, la délimitation du domaine public communal peut être effectuée conformément aux règles prévues par l'article 7 du dahir du 1er juillet 1914 sur le domaine public de l'État ou par l'article 2 du dahir du 30 juillet 1952 relatif à l'urbanisme ou par l'article 10 du dahir du 1er août 1925 sur le régime des eaux. De ce fait, la délimitation du domaine public communal est soumise aux mêmes règles que celles applicables à la délimitation du domaine public de l'État (a). Quant au domaine privé, il est également délimité, mais conformément à une procédure bien déterminée (b).

a. La délimitation du domaine public communal

La délimitation du domaine public communal diffère selon qu'il s'agit d'un domaine public naturel ou d'un domaine public artificiel ; d'ailleurs, la distinction traditionnelle en domaine public naturel et domaine public artificiel n'a vraiment de l'intérêt qu'en matière de délimitation[78]. Aussi convient-il d'examiner chaque catégorie séparément.

1. Le domaine public naturel

Contrairement à la délimitation du domaine public artificiel qui résulte de la seule volonté de l'administration, la délimitation du domaine naturel résulte de phénomènes naturels. Elle s'effectue, en effet, à partir de la constatation d'un phénomène physique indépendant de la volonté de l'administration.

Cette délimitation n'a qu'un caractère déclaratif ou recognitif, dans la mesure où l'administration n'interviendra que pour fixer les parties du

---

[77] Jaidi Larabi, « Potentiel et contraintes des finances publiques locales », Communication au colloque international organisé par l'Université Mohammed V, Faculté des sciences juridiques, économiques et sociales, « L'apport de l'approche territoriale à l'économie du développement », Rabat les 12 et 13 février 2007.

[78] Ragimbeau Laure, « Le caractère personnel des autorisations d'occupation domaniale : de l'incessibilité à la patrimonialisation », *in RDP*, n° 2, 2016.

littoral et les limites des berges par rapport aux propriétés privées au moment où la mer, les fleuves et les rivières connaissent leur débit maximum. L'administration peut, ainsi, décider à tout moment d'entreprendre une procédure de délimitation s'il lui apparaît que des changements sont intervenus.

La loi a déterminé la procédure de délimitation du domaine maritime et du domaine fluvial. D'après l'article 5 du dahir de 1954, le domaine aquatique est délimité conformément aux dispositions de l'article 10 du dahir de 1925 sur le régime des eaux, tel qu'il a été remplacé par la nouvelle loi n° 95-10 sur l'eau. Cette procédure consiste en la prise par le ministre de l'Équipement d'un arrêté de délimitation qui est porté à la connaissance du public par publication au *Bulletin officiel* et affichage au siège de l'administration locale des lieux.

Ces formalités doivent avoir lieu un mois avant l'ouverture d'une enquête administrative confiée à une commission[79] qui se rend sur les lieux afin d'effectuer des constatations matérielles et recevoir les observations des opposants et les contestations des limites proposées qui pourraient être formulées à l'occasion du déroulement de la procédure.

Après son enquête, ladite commission dresse un procès-verbal des opérations et y mentionne les observations reçues. Elle désigne, en outre, un commissaire-enquêteur chargé de recevoir les réclamations des tiers concernés pendant un délai de dix jours.

Quand il s'agit du forage d'un puits, l'enquête est réduite à huit jours, et la commission ne comprend que le représentant de l'autorité de tutelle et le représentant de l'équipement. Les réclamations sont consignées dans un registre auquel sont jointes les réclamations écrites. À l'expiration du délai de dix jours, le registre est envoyé au président de la commission. Celle-ci prend connaissance des réclamations consignées dans le registre, et elle se déplacera de nouveau sur les lieux pour modifier, éventuellement, les conclusions de son enquête. À la clôture de l'enquête, le procès-verbal établi par la commission est porté à la connaissance du public pendant dix jours. Un acte administratif de délimitation, pris sous forme de décret, viendra par la suite pour homologuer les conclusions de la commission.

Enfin, il y a lieu de signaler que la délimitation du domaine naturel n'est jamais définitive. Elle peut être remise en cause constamment par des phénomènes naturels. C'est pour cela que cette opération ne donne lieu à aucune indemnité, à moins que l'administration n'ait accompli des travaux entraînant des modifications de la consistance du domaine public naturel.

---

[79] Cette commission se compose obligatoirement d'un représentant de l'autorité de contrôle (autorité de tutelle) représentant de la direction générale des travaux publics (ministre de l'Équipement) et, facultativement, selon lescas et la nature de l'enquête, d'un représentant des Domaines, d'un représentant des Eaux et Forêts et d'un représentant de la Conservation foncière.

Qu'en est-il de la délimitation du domaine public artificiel ?

2. Le domaine public artificiel

Il n'y a pas une procédure unique de délimitation du domaine public artificiel, mais des procédures adaptées à chaque dépendance. On peut donc distinguer la délimitation du domaine public artificiel autre que la voie publique et la délimitation des voies publiques.

b. La délimitation du domaine public artificiel autre que la voie publique

La procédure de délimitation du domaine public artificiel autre que la voie publique est prévue à l'article 7 du dahir du 1er juillet 1914 précité qui stipule que les limites de cette catégorie de domaine « sont fixées par arrêté viziriel rendu après enquête publique sur la proposition du directeur général des Travaux publics ». Cette enquête est entourée d'une grande publicité afin de permettre aux tiers de présenter, le cas échéant, leurs observations et de faire prévaloir leurs droits.

Les réclamations sont recevables dans un délai de six mois à compter de la date de la publication du décret de délimitation. Passé ce délai, lesdites réclamations ne sont plusrecevables et les tiers sont déchus de leurs droits. Durant ce délai, l'administration consigne dans un sommier tous les droits revendiqués et qu'elle a acceptés ainsi que les droits reconnus par l'autorité judiciaire et signalés dans le délai imparti. Enfin, le contentieux de ladite délimitation est « très épineux et très diversifié »[80].

En effet, lorsque le droit de propriété de l'administration est contesté par un particulier, qui se prétend propriétaire, c'est le juge judiciaire qui tranche le litige à travers l'examen des titres de propriété. Ce litige constitue pour le tribunal administratif une question préjudicielle. Lorsque la propriété privée n'est pas contestée mais l'appartenance au domaine public mise en doute, il revient au juge administratif d'élucider le problème. Ce litige constitue, cette fois-ci, pour le juge civil, une question préjudicielle.

c.La délimitation des voies publiques

Deux techniques sont prévues pour la délimitation des voies publiques, il s'agit notamment de la reconnaissance et de l'alignement.

Conformément à l'article 81 de la loi n° 12-90[81] relative à l'urbanisme, la reconnaissance constitue une procédure qui permet à l'administration de porter confirmationdu domaine public et fixation de ses limites.

La reconnaissance vise, par conséquent, à consacrer le caractère préexistant de la domanialité que présentent des voies ressortissantes d'ores

---

[80] Zejjari Ahmed, « Le contentieux du domaine public », in *REMALD* n° 6, 1994, p. 29.
[81] *B.O.* n° 1159 du 1er juillet 1992, p. 313.

et déjà du domaine public[82]. Cette procédure est prise par arrêté du président du conseil communal soumis au contrôle de l'autorité de tutelle, et ce, pour reconnaître les rues, les routes ou les chemins déjà ouverts à l'usage public, et relève du ressort territorial de la commune.

Cette technique n'est pas attributive de propriété, elle aboutit seulement à la déclaration de ce droit et ne conduit nullement à la dépossession forcée du propriétaire qui a présenté ses oppositions dans les délais impartis. En effet, ce dernier est tenu de déposer sa réclamation et de faire prévaloir ses droits dans un délai d'un an à partir de la publication au *Bulletin officiel* des décisions de reconnaissance. À l'expiration de ce délai, les propriétaires sont forclos et déchus de leurs droits.

La jurisprudence admet que le riverain d'une voie, objet de reconnaissance, qui intervient pendant les délais, peut apporter la preuve pour mettre en échec la domanialité publique[83]. De ce fait, si la reconnaissance peut être conçue comme un acte déclaratif des droits, elle pourrait aussi entraîner l'expropriation indirecte des propriétaires déchus.

De surcroît, la reconnaissance peut apparaître comme le moyen d'apurement et d'appropriation pour les communes ne disposant d'aucun titre juridique de propriété, d'autant plus que la plupart des communes se trouvent, jusqu'à maintenant, gestionnaires de biens qui n'ont pas de titre de propriété[84].

S'agissant de l'alignement, il signifie la fixation par l'administration des limites latérales des voies publiques par rapport aux propriétés riveraines. L'alignement, faut-il le souligner, n'a pas uniquement pour finalité la constatation des limites préexistantes d'une voie publique, il permet aussi de modifier ses limites[85].

En effet, l'article 32 de la loi n° 12-90 relative à l'urbanisme stipule que l'alignement est une procédure qui permet à la commune de décider la création de voies communales, places et parkings publics communaux, la modification de leur tracé ou de leur largeur ou leur suppression totale ou partielle. Le législateur a en fait, ainsi, « un outil d'urbanisme important. Il occupe une place de choix parmi les instruments de gestion détenus par les communes ; il permet de privilégier l'aspect esthétique des villes tout en fixant de manière précise les dimensions des voies et places publiques

---

[82] Tribunal d'instance de Marrakech, arrêt du 24/11/1938, ROSAT C/ville de Marrakech, G.T.M. 1939, n° 811, cité par Abdelaziz Benjelloun, *Les limitations de la propriété foncière en droit public marocain*, Éditions Techniques Nord-Africaines, Rabat, 1971, p. 142.

[83] C. A. Rabat, 1er mars 1921, Rec. p. 130, cité par Maria Houem, *La gestion des biens publics en droit marocain*, *op. cit.*, p. 142.

[84] Grillet Albert, *Les Alignements en droit marocain*, Paris, Librairie générale de droit et de jurisprudence, 1937, p. 78.

[85] M'hamed Alaoui Yazidi, « Les arrêtés d'alignement : levier de gestion de la voirie communale », *REMALD* n° 9, 1994, p. 65.

communales[86]. » Ces arrêtés sont pris par le président du conseil communal après délibération desdits conseils. Ils sont soumis à l'approbation de l'autorité de tutelle et à l'avis de l'autorité gouvernementale chargée de l'urbanisme.

Conformément à l'article 19 de la loi n° 12-90 sus-indiquée, la réalisation de la voirie peut également être prévue par un plan d'aménagement. Dans ce cas, la commune est tenue de prendre un arrêté de cessibilité ; à défaut, la commune doit prendre également un arrêté d'alignement. Ce dernier peut être pris indépendamment de tout document d'urbanisme. L'existence de ces documents n'interdit nullement à la commune de procéder à la création ou à la modification des voies ou places publiques.

Quand l'acte d'alignement n'intervient pas sur la base d'un plan d'aménagement, il est, en plus de son approbation par l'autorité de tutelle, soumis à certains visas pour sa régularité[87] et à l'avis de l'autorité gouvernementale chargée de l'urbanisme, en application de l'article 28 du décret n° 2-92-832 du 14 octobre 1993[88] pris pour application de la loi sur l'urbanisme.

La commune doit soumettre cette opération à une enquête publique qui dure un mois. À partir de l'ouverture de l'enquête et jusqu'à la publication de l'arrêté d'alignement, le législateur a prévu qu'aucune autorisation de permis de construire sur les terrains frappés d'alignement ne pourra être accordée. La délimitation du domaine privé communal implique une autre procédure qui fera l'objet du point ci-après.

§3. L'importance du patrimoine des collectivités territoriales concentré au sein du bloccommunal

La comptabilité générale ne retrace pas la valeur de marché du patrimoine mais permet d'appréhender plus finement la composition et la répartition du patrimoine des collectivités territoriales.

Pour compléter l'approche à partir de la comptabilité nationale, on a analysé des données sur les immobilisations gérées par les collectivités, qui ont été tirées de l'agrégation des comptes de gestion des collectivités territoriales établis par les comptables publics.

En France, compte tenu des différences dans le champ des biens amortissables selon les niveaux de collectivité, une mission chargée de l'évaluation du patrimoine a analysé les valeurs brutes comptables des actifs et non les valeurs nettes de l'amortissement.

---

[86] Houem Maria, *La Gestion des biens publics en droit marocain*, *op. cit.*, p. 141.

[87] Le visa du ministère de l'Équipement si une parcelle appartenant à l'État est englobée dans l'alignement, le visa du ministre des Affaires culturelles si l'alignement touche des sites classés, le visa du ministre des Transports si l'alignement à réaliser s'intéresse à des biens situés le long des voies ferrées.

[88] *B.O.* n° 4225 du 20 octobre 1993, p. 576.

Les données utilisées consolident les immobilisations des budgets principaux et des budgets annexes des collectivités et de leurs groupements.

Alors que la comptabilité nationale évalue une valeur marchande des biens grâce au mécanisme de réévaluation présenté *supra* et prend en compte la détérioration annuelle du patrimoine, l'actif brut des comptes de gestion retrace des valeurs historiques et l'agrégation de flux annuels d'investissement sans prendre en compte la détérioration du capital.

L'évaluation du patrimoine des collectivités à partir des comptes de gestion diffère donc de l'évaluation de la comptabilité nationale. Cette valeur comptable qui dépasse le juridique n'est pas sérieusement effectuée au Maroc.

Toujours sur le plan quantitatif, la répartition par niveau de collectivité fait apparaître une forte concentration du patrimoine au niveau du bloc communal : les communes et leurs groupements à fiscalité propre ou syndicats de communes détiennent 72 % de la valeur brute totale du patrimoine immobilisé dans les comptes des collectivités. Les seules communes gèrent près de 50 % du patrimoine local total.

A. La diversité du patrimoine

Le patrimoine non financier des collectivités territoriales se caractérise par sa diversité. Compte tenu du large champ d'intervention des collectivités, le patrimoine local ne se limite pas à du patrimoine immobilier et aux réserves foncières mais comprend également la voirie, des réseaux divers, des installations de traitement en matière d'environnement, etc.[89] Il n'est pas aisé de dénombrer ces équipements au niveau national : les sources de données sont éparses et n'ont pas toutes le même degré de fiabilité. Les fournières donnent un premier aperçu, non exhaustif, de la diversité des équipements constitutifs du patrimoine des collectivités territoriales et de leurs groupements.

Les comptes de gestion permettent également d'appréhender cette diversité. Au sein des immobilisations gérées par les collectivités, les voiries et réseaux constituent 44 % des immobilisations. Les constructions constituent le deuxième poste et représentent près de 40 %de la valeur brute comptable totale. À l'actif des collectivités, le matériel, qui inclut le mobilier des collectivités, est le troisième poste des immobilisations gérées par les collectivités et leurs groupements.

En France, la répartition est par ailleurs très variable selon les collectivités et les compétences qu'elles exercent. Les voiries et réseaux représentent plus des deux tiers de la valeur brute comptable des immobilisations gérées par les départements, et les bâtiments scolaires environ 15 %. Près de 80 % de la valeur brute comptable du patrimoine des

[89] Vernières Michel, « Le patrimoine : une ressource pour le développement », in *Techniques financières etdéveloppement*, n° 118, 2015, p. 7-20.

régions est constituée de bâtiments scolaires (lycées d'enseignement général et technique, lycées professionnels, lycées agricoles, établissements régionaux d'enseignement adapté, etc.)[90].

1. L'absence d'information suffisante

S'ils sont généralement réalisés, les inventaires n'en sont pas moins hétérogènes. En premier lieu, il ne s'agit pas nécessairement d'un document unique permettant une vision d'ensemble du patrimoine existant. Dans le questionnaire diffusé par la mission sus-citée, 32 % des communes, 42 % des EPCI, 53 % des départements et la moitié des régions indiquent ainsi que le recensement du patrimoine fait l'objet de plusieurs inventaires thématiques gérés de façon indépendante, éventuellement par différents services.

Les inventaires des collectivités peuvent également être partiels tant dans le champ des biens recensés que dans les données qu'ils contiennent. Par exemple, 12 % des communes déclarant disposer d'un inventaire précisent que le foncier qu'elles détiennent n'y est pas répertorié. Ce chiffre est de 28 % pour les biens mobiliers.

Comme l'indiquent certaines communes rurales et urbaines, les inventaires contiennent parfois des informations précises sur l'ensemble des bâtiments gérés : localisation géographique, références cadastrales, nature de l'occupation, superficie, évaluation de la valeur du bien, niveau de vétusté, etc.

Tous les inventaires ne sont toutefois pas de ce niveau de finesse. Si le nombre de bâtiments est bien identifié dans les inventaires, leur superficie n'est pas systématiquement renseignée. Plus rares encore sont les collectivités qui disposent d'une vision d'ensemble de l'état de leur parc immobilier et de ses éventuels besoins de réhabilitation.

2. La complexité de la connaissance juridique du patrimoine

Le droit de la propriété publique distingue dans le patrimoine des personnes publiques les biens qui relèvent du domaine public, soumis à un régime juridique exorbitant de droit public, et ceux qui dépendent du domaine privé qui relève du droit commun de la propriété.

L'identification du statut juridique applicable aux différents biens revêt une importance particulière, compte tenu des différences concrètes de gestion induites par cette qualification juridique, tant en termes de possibilités de valorisation que de cession. Selon des études toujours réalisées en France, le statut juridique des biens est considéré comme relativement bien connu par les départements (84 % déclarent en avoir connaissance) et moins connu par les autres niveaux de collectivité (62 % pour les communes, 58 % pour les EPCI et 57 % pour les régions).

---

[90] Vernières Michel, *op. cit.*, p. 21.

3. Genèse et évolution de la distinction en France

Le patrimoine des collectivités, entre domaine public et domaine privé. Depuis 2006, le Code général de la propriété des personnes publiques (CGPP) donne un fondement législatif à la définition, jusqu'alors jurisprudentielle, du domaine public immobilier.

En application des dispositions de l'article L. 2111-1 du CGPP, font ainsi partie du domaine public les biens appartenant à une personne publique et qui sont soit affectés à l'usage direct du public, soit affectés à un service public pourvu qu'en ce cas, ils fassent l'objet d'un aménagement indispensable à l'exécution des missions de ce service public.

Concrètement, les biens du domaine public des collectivités territoriales recouvrent la voirie communale ou départementale, les églises et les cimetières, les locaux ouverts au public ou aux usagers des services publics (mairie, stade, collège, lycée, etc.). Les biens du domaine public sont inaliénables (impossibilité de vendre les biens) et imprescriptibles (le bien ne perd pas sa qualité publique du fait d'une absence d'utilisation)[91]. Toute occupation privative du domaine public est soumise à un régime d'autorisation temporaire, précaire et révocable et donnant lieu au paiement d'une redevance.

La loi donne une définition *a contrario* du domaine privé des personnes publiques, à savoir que les biens n'appartenant pas au domaine public relèvent du domaine privé (article L. 2211-1 du CGPP).

De plus, quatre catégories de biens relèvent de ce domaine par détermination de la loi : les réserves foncières, les biens immobiliers à usage de bureau qui ne forment pas un bien indivisible avec ceux relevant du domaine public, les chemins ruraux, les bois et forêts soumis au régime forestier.

4. La question du transfert du patrimoine

Par ailleurs, les transferts successifs de compétences liés à la décentralisation et au développement de l'intercommunalité se sont accompagnés de mouvements immobiliers qui ont contribué à complexifier le paysage patrimonial. Il peut s'ensuivre des incertitudes sur la propriété des biens ou des croisements de propriété qui rendent plus difficile la connaissance et, partant, la gestion du patrimoine des collectivités.

En premier lieu, la formalisation des transferts en pleine propriété des équipements de l'État aux collectivités dans le cadre de la décentralisation n'est pas entièrement achevée. Les premières lois de décentralisation ne prévoyaient pas un transfert de propriété mais une simple mise à disposition constatée par procès-verbal des équipements nécessaires à l'exercice des compétences nouvellement transférées.

---

[91] Di Méo Guy, « Patrimoine et territoire, une parenté conceptuelle », in *Espaces et sociétés*, n° 78, 1994, p. 16-34.

Depuis la loi du 13 août 2004 s'est engagée une démarche de simplification conjointe entre l'État et les collectivités territoriales qui vise à faire de l'utilisateur des équipements le propriétaire. Cette démarche, qui doit se faire à titre gratuit et nécessite l'établissement d'actesde cession par le service des domaines, concerne notamment les ports, les aérodromes, les routes et les immeubles des collèges et lycées.

La Cour des comptes relevait, dans son rapport public de 2013, que cette démarche, complexe du fait de l'existence de multiples problèmes administratifs et du coût des actes – et qui n'a été engagée qu'en 2008 – n'a pas encore été menée partout à son terme.

Quand bien même le transfert aurait été opéré de l'État aux collectivités, il peut subsister une multiplicité de propriétaires sur un même site, comme un collège, propriété du département, mais dont le gymnase est la propriété de la commune[92]. En effet, le code de l'éducation ne rend pas obligatoire le transfert de propriété au département ou à la région des biens immobiliers d'un collège ou d'un lycée détenus par une commune. Les transferts d'équipements des communes aux intercommunalités suite aux transferts de compétence sont également source de complexité.

En effet, à l'exception des communautés urbaines pour lesquelles le transfert decompétence se traduit par un transfert de propriété du patrimoine nécessaire à l'exercice des compétences transférées, le régime de droit commun applicable aux transferts des équipements dans le cadre de l'intercommunalité est la mise à disposition. Or, la mise à disposition consiste en la transmission des droits et obligations du propriétaire sans que le bénéficiaire ne dispose du droit d'aliéner le bien ni de droits réels sur les constructions qu'il édifie sur ce bien.

Outre le fait que les mises à disposition ne sont pas systématiquement formalisées, ce régime peut constituer une contrainte pour une gestion dynamique du patrimoine des EPCI. Alors que la carte intercommunale est en cours de rationalisation dans le cadre de la loi, il pourrait être envisagé de prévoir des transferts de propriété plus systématiques des communes aux intercommunalités. Alors qu'il est aujourd'hui l'exception, le transfert en pleine propriété pourrait ainsi devenir la règle.

B. La problématique du pilotage du patrimoine

La gestion patrimoniale est souvent éclatée en plusieurs directions. Lorsqu'il existe une direction des bâtiments, il s'agit en général d'un service-ressources, en charge du suivi physique des biens, de l'entretien courant et des travaux. Trois autres directions transversales interviennent généralement, en sus des directions sectorielles, en matière patrimoniale : la direction en charge de l'urbanisme ou de l'aménagement (qui gère les acquisitions et cessions ainsi que les questions de maîtrise d'ouvrage et

[92] *Idem*, p. 35.

d'infrastructures) ; la direction des finances encharge des aspects comptables et budgétaires ; la direction des affaires juridiques chargée du suivi des conditions d'occupation.

Certaines collectivités se sont dotées d'un service dédié à la fonction immobilière, permettant d'inscrire ces trois fonctions dans un cadre coordonné, voire de les fusionner au sein d'un même service. Néanmoins, l'existence d'une entité spécifiquement chargée de porter la fonction immobilière est loin d'être généralisée. Selon les résultats de l'enquête réalisée par la mission, une telle entité existe dans deux départements sur trois, mais dans un EPCI sur cinq et une commune sur six.

En pratique, les configurations sont très diverses : recentrage des procédures immobilières au sein d'un pôle « ressources et ingénierie » (Grand Nancy), petite cellule de quelques agents positionnée auprès du directeur général des services (Grand Besançon), service intégré constitué sous la forme d'une direction du patrimoine et de l'immobilier, qui gère l'ensemble des aspects et dispose à cette fin de l'ensemble des leviers (juridiques, administratifs, budgétaires, opérationnels, etc.), comme c'est le cas dans le Grand Montauban. Dans les plus petites communes, le manque d'expertise peut les conduire également à rechercher la rationalisation de la fonction patrimoniale en la mutualisant au sein de l'échelon intercommunal. Cette mutualisation au niveau intercommunal demeure toutefois timide : 18 % des EPCI indiquent avoir mutualisé la gestion immobilière avec tout ou partie de leurs communes-membres.

L'agglomération d'Orléans fournit un exemple de cette mutualisation qui semble donner satisfaction à la ville-centre, offre une palette de services plus étendue aux communes-membres et permet de traiter la question foncière à l'échelle de l'agglomération.

Certaines collectivités se sont dotées d'outils de pilotage et d'un document de programmation patrimoniale, à l'origine d'une véritable stratégie, selon une démarche loin d'être généralisée. Une stratégie immobilière et patrimoniale vise à fournir une vision d'ensemble claire à moyen terme en faisant le lien entre les différentes politiques qui affectentle patrimoine immobilier. S'appuyant sur un recensement des biens et une analyse des coûts, il s'agit d'optimiser l'occupation des locaux disponibles en identifiant les regroupements rationnels de services, les biens devant être réhabilités ou encore ceux qu'il apparaît plus pertinent de vendre.

Une majorité de collectivités, en particulier les plus importantes, est aujourd'hui dotée de plans pluriannuels d'investissement qui définissent la programmation des investissements à la fois pour les équipements nouveaux et pour la réhabilitation de l'existant. S'il permet un pilotage des flux d'investissement, ce document ne permet pas d'appréhender la question patrimoniale dans sa globalité et de définir des arbitrages immobiliers sur le parc existant.

L'élaboration d'un document de programmation en matière patrimoniale demeure l'exception, même si un nombre croissant de collectivités semble s'en doter. Selon l'enquête réalisée par la mission précédemment citée, moins de 10 % des communes et EPCI ont conçu un tel schéma, les régions et les départements étant plus nombreux à élaborer ce type de document (respectivement 17 % et 40 %), sans que cette pratique ne soit systématique.

Encore faut-il relever que ces schémas patrimoniaux sont centrés sur les bâtiments et les terrains, sans inclure la voirie et les réseaux ; une vision précise de ces éléments de patrimoine est pourtant nécessaire à une gestion prévisionnelle des coûts de maintenance et derenouvellement, même lorsque leur gestion est déléguée selon diverses modalités.

Le développement d'une stratégie patrimoniale s'appuie généralement sur des systèmes d'information permettant une connaissance fine du patrimoine, en complément de l'inventaire physique. Les fonctionnalités développées par ces outils répondent à des attentes variées.

Certains permettent de mieux mesurer les charges et coûts induits, voire de développerune comptabilité analytique : c'est le cas du logiciel développé par la commune de Châteauroux qui permet d'avoir une vision globale sur les coûts énergétiques par bâtiment, avec un système d'alerte en cas de surconsommation, permettant ainsi de réguler les dépenses qui y sont liées. D'autres visent à maximiser les recettes tirées du patrimoine par un suivi des conventions de mise à disposition des locaux, notamment au bénéfice d'associations. Ces outils connaissent toutefois un déploiement inégal entre les niveaux de collectivité.

Pour réaliser et financer de nouveaux projets, les collectivités territoriales ont parfois recours à des partenariats public-privé (PPP). Les PPP utilisés par les collectivités territorialesne se résument pas aux contrats de partenariat mais concernent également les montages fondés sur une convention d'occupation domaniale (bail emphytéotique administratif ou autorisation d'occupation temporaire). Ces montages, communément qualifiés d'« aller-retour », reposent sur le schéma suivant :

– la collectivité met à la disposition, en échange d'une redevance, un terrain pour une durée donnée (respectivement 99 et 70 ans maximum) et sélectionne un groupement d'opérateurs pour réaliser un ouvrage ;

– le preneur met à disposition de la collectivité l'ouvrage avant la fin du contrat par une convention non détachable de mise à disposition contre le versement d'un loyer par la collectivité.

Le recours à des contrats de partenariat est encadré par la loi et la jurisprudence constitutionnelle qui définissent trois critères d'éligibilité des projets, à savoir la complexité, l'urgence ou l'efficience économique. Avant le recours à un tel contrat, une évaluationpréalable est en outre obligatoire.

Section II. Distinction de la domanialité publique et la domanialité privée

La distinction entre domaine public communal visant la réalisation de l'intérêt général et domaine privé communal visant la réalisation de l'intérêt patrimonial n'est que relative.

Tout d'abord, la réalisation de l'intérêt général se trouve, également, parmi les finalités du domaine privé communal.

Ensuite, l'exigence de l'appartenance du bien à une personne publique n'est plus confirmée ; la définition classique du domaine public associant traditionnellement la domanialité publique et la propriété publique est sans efficacité, voire inopérante, car nous verrons qu'il existe même dans le patrimoine des personnes privées des biens voués à l'utilité publique[93].

§1. La remise en cause du rapport traditionnel entre domanialité publique et intérêt général

La distinction a pour principe une différenciation entre les biens publics en fonction de leur destination. Le domaine public regroupe les biens comportant une destination d'intérêt général et appelle, de ce fait, une protection particulière résultant d'un régime juridique exorbitant du droit commun[94]. Les autres biens publics comportent, simplement, une destination patrimoniale et financière et peuvent être soumis au droit commun. Or, cette opposition de deux masses de biens publics fondée sur leur finalité est discutable à notre sens pour plusieurs raisons.

A. Le rapport établi entre domanialité privée et intérêt général

La conception classique attribuant à la domanialité publique le rôle de protection de l'intérêt général est dépassée. La gestion du domaine privé communal vise également la réalisation de l'intérêt général (a). De plus, on assiste aujourd'hui à un rapprochement entre la gestion du domaine public et celle du domaine privé (b).

a. Le domaine privé et l'intérêt général

Dès lors qu'un bien appartient à une personne publique, il ne peut être considéré comme étranger à l'intérêt général[95], et sa gestion n'est pas

---

[93] Allinne Pierre, « Domanialité publique et ouvrages complexes », *AJDA*, 1977, p. 523. Voir aussi Latournerie Marie-Aimée, « Les critères de la domanialité publique », *Domaine public et activités économiques*, CJEG,1991, n° hors-série, p. 16.

[94] Melleray Fabrice, « La recherche d'un critère réducteur de la domanialité publique. Remarques sur la modernisation annoncée de la notion de domaine public », *AJDA*, 2004, p. 490. Voir aussi Lavialle Christian,
« Le domaine public, une catégorie juridique menacée ? », *RFDA*, 1999, p. 578.

[95] La vision classique du domaine public, unie, gérée entre les seules mains de l'État et destinée à assurer la protection des biens domaniaux a donc suivi les évolutions étatiques, en

exactement assimilable à celle des biens des particuliers. Le domaine privé comporte dans une large mesure une fonction d'intérêt général[96].

En effet, il peut être le siège d'activités administratives d'intérêt général et de travaux publics. Il peut constituer, également, une assiette à l'exécution de services publics qui se confondent avec la gestion domaniale, c'est le cas, par exemple, des activités d'aménagement ou d'urbanisme telles que les opérations de morcellement ou de lotissement réalisées par les collectivités territoriales ou par l'État.

Le domaine privé peut même faire l'objet d'une affectation d'intérêt général ; c'est le cas, par exemple, du domaine forestier ou des bâtiments destinés à accueillir certaines activités à caractère social ou culturel. La jurisprudence de la Cour d'appel de Rabat, dans l'arrêt du 7 mars 1942[97], reconnaît indirectement le caractère de service public de l'activité de l'administration liée à la gestion du domaine forestier, même si ce dernier relève du domaine privé.

De plus, le domaine privé, à travers les recettes provenant de sa gestion, contribue également à la satisfaction de l'intérêt général. L'ensemble de ces ressources, qui seront mêlées aux autres recettes, servira à la réalisation de projets d'intérêt public. Il n'existe donc pas entre les deux domaines une opposition fonctionnelle extrêmement tranchée[98].

De surcroît, la soumission du domaine privé aux règles du droit privé n'est pas intégrale. Elle revêt un certain particularisme résultant de l'application de certaines règles de droit public. Cela se manifeste à divers niveaux : d'abord, au niveau des prérogatives dc puissance publique qui permettent à l'administration de s'approprier les biens sans maîtres ainsi que les successions en déshérence ; d'autre part, au niveau des procédés spéciaux qui sont applicables au domaine privé, tels que la délimitation des biens relevant de ce domaine,l'expropriation pour cause d'utilité publique, la délégation de service public ou de travail public[99]. De plus, l'utilisation des biens du domaine forestier est opérée par l'occupation temporaire qui est précaire et révocable. Enfin, le législateur exige l'adoption de délibérations par le conseil communal pour l'accomplissement des opérations

---

particulier celles issues de la décentralisation. Mise à l'épreuve, elle a permis de consacrer l'existence d'un lien non plus entre l'État et son domaine, mais entre l'État et la décentralisation ; elle amorce, en outre, une connexion entre le domaine public et la décentralisation.

96 Yolka Philippe, « Les droits réels sur le domaine public, survol d'une décennie », *AJDA*, 2016, p. 1797.

97 CAR, 7 mars 1942, « Affaire société marocaine des cultures et de l'élevage contre l'administration des eaux et forêts », *GTM* n° 900, p. 62-63, *in* M. Houem, *La Gestion des biens publics en droit marocain, op. cit.*, p. 45.

98 Auby Jean-Bernard, Pierre Bon, *Droit administratif des biens*, 7e édition Dalloz, 2016, p. 11.

99 *Ibid.*, p. 14.

immobilières portant sur les acquisitions, les aliénations, les échanges et l'approbation des actes y afférents.

Le régime de la domanialité communale n'a pas un caractère homogène[100], et les règles qui le composent ne s'appliquent pas en bloc à tous les biens domaniaux. « Les différentes catégories de biens sont soumises en quelque sorte à des régimes domaniaux particuliers dans lesquels les règles exorbitantes du droit commun occupent une place plus ou moins grande[101]. »

b. Le rapprochement des régimes du domaine public et du domaine privé

Au-delà des attributs et des particularités de la domanialité publique qui sont étendus au domaine privé, et vice versa, on peut s'apercevoir qu'il existe une grande proximité entre les deux régimes.

Quant à la protection des biens, les règles exorbitantes du droit commun d'inaliénabilité et d'imprescriptibilité ne sont pas inconnues en matière de domanialité privée. Il existe, en effet, des biens relevant du domaine privé qui sont inaliénables, tel le domaine forestier. Celui-ci ne peut être vendu qu'en respectant une procédure spéciale qui est encore plus rigide que celle prévue pour la vente d'un bien relevant du domaine public[102].

Certains auteurs ont soutenu que les immeubles du domaine privé affectés à un servicepublic étaient inaliénables : « L'aliénation serait nulle si elle était faite alors que l'affectation subsistait[103]. »

Il existe dans la catégorie des biens du domaine privé certaines formes d'aliénation qui sont interdites comme celles, d'ailleurs, prévues pour le domaine public : l'aliénation à titre gratuit qui se rattache au principe selon lequel il est interdit aux personnes publiques de faire des libéralités. De plus, les biens du domaine privé ne peuvent faire l'objet d'aliénation forcée, ils jouissent d'un privilège d'insaisissabilité.

Par contre, pour les biens relevant du domaine public et qui sont inaliénables, un simple acte de déclassement permet de les rendre aliénables[104]. Nous constatons, également, au Maroc le recours aux techniques de la domanialité publique pour la gestion du domaine privé de l'État et des collectivités territoriales.

C'est ainsi que des concessions à des personnes privées ont été accordées sur des dépendances du domaine privé de ces entités pour une durée de plus de trente ans avec retour en pleine propriété à l'État à la fin de la concession

---

[100] *Ibid.*, p. 15.

[101] *Ibid.*, p. 16.

[102] Auby Jean-Bernard, Pierre Bon, *op. cit.*, p. 176.

[103] Duverger Maurice, « L'Affectation des immeubles domaniaux aux services publics : traité théorique et pratique », Thèse de doctorat, Faculté de droit de Bordeaux, le 9 août 1940, *in* Auby Jean-Bernard, Pierre Bon, *op. cit.*, p. 177.

[104] Houem Maria, *op. cit.*, p. 57.

des constructions qui y sont édifiées. Ce qui rappelle les biens de retour dans les concessions du domaine public.

Dans d'autres pays voisins, comme la Tunisie, certaines réformes ont été adoptées visant à assurer une protection renforcée du domaine de l'État aussi bien public que privé[105]. Ainsi, et en vertu des articles 86 et 98 du code de la comptabilité publique de la Tunisie qui ont été modifiés par la loi n° 89-115 du 30 décembre 1989 portant loi de finances pour l'année 1990, certains biens du domaine privé de l'État sont inaliénables et insaisissables, tels les biens immobiliers agricoles.

Pour les autres biens relevant du domaine privé, la règle est la vente aux enchères publiques avec des exceptions tirées de l'intérêt général pour la réalisation de projets à caractère économique, social, culturel et sportif. Quant à la règle de l'insaisissabilité, il faut préciser qu'il n'y a jamais eu d'exécution forcée contre l'administration[106].

La doctrine est unanime sur « l'impossibilité de mettre en œuvre des procédures de contrainte à l'encontre des collectivités publiques détentrices de la force publique[107] ». La Cour de cassation a réaffirmé les principes de l'insaisissabilité et de l'interdiction du recours aux voies d'exécution de droit privé contre les établissements publics industriels et commerciaux[108].

Dans d'autres pays comme le Liban et le Koweït[109], la règle de l'imprescriptibilité est également applicable au domaine privé. Compte tenu de ce qui précède, on peut se demander si la distinction entre domaine public et domaine privé est aujourd'hui valable puisqu'on constate que le régime applicable au domaine privé se rapproche – pour ne pas dire s'identifie – plus ou moins au régime applicable aux dépendances du domaine public.

B. L'aspect patrimonial du domaine public communal

Il est désormais admis que les considérations patrimoniales ne sont pas absentes dans la gestion du domaine public communal (a). D'un autre côté, on peut affirmer que le domaine public communal s'aligne sur la propriété privée (b).

a. Le domaine public et l'intérêt patrimonial

Pendant longtemps, on a considéré que du fait de son affectation à l'usage public ou au service public, le domaine public ne pouvait être

---

[105] Soukri F., « État des lieux des réformes en matière domaniale », in *La Propriété publique*, actes du colloque tenu à Tunis, le 12 et 13 avril 2001, Fondation Hanns Seidel, p. 19.

[106] Houem Maria, *op. cit.*, p. 59.

[107] Michel Rousset, Jean Garagon, *Droit administratif marocain*, Éditions La Porte, 2e édition, p. 266.

[108] Cass. civ. 21 décembre 1987, BRGM, in *La Propriété publique*, actes du colloque tenu à Tunis, le 12 et 13 avril 2001, Fondation Hanns Seidel, p. 19.

[109] Soukri F., *op. cit.*, p. 20.

source de produit ; il était par nature improductif. Il en va différemment à l'heure actuelle, le domaine public est désormais conçu comme une richesse économique dont l'administration doit tirer le meilleur parti dans l'intérêt général. La poursuite d'un but strictement financier est progressivement devenue l'une des composantes de l'intérêt général. On verra ci-dessous que l'administration utilise ses prérogatives pour accroître ses ressources[110].

En effet, la gestion domaniale a, de nos jours, un caractère plus dynamique que ne le comportait la mission traditionnelle de garde et de surveillance. Ainsi la doctrine a-t-elle progressivement abandonné la conception initiale qui était attachée au caractère improductif du domaine public. Nombreux sont les auteurs qui soulignent le caractère économique, voire l'aspect lucratif de la gestion des biens publics aussi bien de l'État que des collectivités territoriales[111].

Le *fructus* est devenu rapidement une composante essentielle de la propriété publique, comme le démontrent les multiples utilisations privatives non gratuites des biens des communes.

b. L'alignement du domaine public sur la propriété privée

Les personnes publiques exercent un réel droit de propriété sur leur domaine public. Le droit de propriété est un droit réel conférant toutes les prérogatives que l'on peut avoir sur un bien telles que l'*usus*, l'*abusus* et le *fructus*.

La conception traditionnelle, posée par la doctrine évoquée ci-dessus, envisage l'affectation du domaine public dans son ensemble à une destination générale. Néanmoins, cette conception, considérant le domaine public communal comme un domaine exclu de propriété, a été fortement critiquée.

L'administration agit sur son domaine, y compris le domaine public, comme une personne de droit privé. Ainsi, on lui a reconnu : le droit d'utiliser elle-même le domaine public ou d'accorder à des tiers ce droit, moyennant le paiement de redevances, le droit d'obtenir réparation des dommages causés aux biens domaniaux par les administrés, le droit d'imposer aux propriétés privées mitoyennes du domaine public les charges de voisinage du droit commun, le droit de bénéficier de tous les effets accessoires de la propriété : droit aux fruits naturels et possibilité d'acquérir en vertu de la théorie de l'accession.

Par conséquent, on exige d'elle : les frais d'entretien des biens domaniaux lui incombent, la réparation des dommages causés aux

[110] Essevaz-Roulet Michel, *La gestion du patrimoine des collectivités locales*, Dossier expert. Éditions Technicités, mars 2004, p. 111.

[111] Boujrouf S., Giraut Frédéric, « Des territoires qui s'ignorent ? Dichotomie entre territoires administratifs etespaces de mobilisation au Maroc », *Montagnes méditerranéennes* n° 12, 2000, *op. cit.*, p. 104.

administrés par ces mêmes biens, le paiement des impôts et taxes afférents aux biens du domaine public sous réserve des exceptions prévues par les textes.

L'administration agit donc comme une personne privée quant à la gestion de sa propriété. De même, l'administration peut constituer son domaine public en recourant à des procédés de droit privé : achats, dons et legs. Les communes, elles aussi, disposent de ce droit de propriété sur leur domaine communal.

Qu'en est-il maintenant du rapport établi entre la domanialité publique et la propriété publique ?

§2. La reconsidération du rapport d'exclusivité établi entre domanialité publique et propriété publique : le cas des biens habous

Comme nous l'avons souligné ci-haut, il existe dans les biens des personnes privées des choses affectées à l'utilité publique. C'est le cas notamment des biens des personnes privées qui assurent la gestion déléguée d'un service public ou le recours à l'institution des habous.

Nous signalons à cet égard que le dahir 1915 relatif aux immeubles immatriculés a été abrogé par le dahir n° 1-11-178 du 22 novembre 2011[112] portant promulgation de la loi n° 39-08 portant code des droits réels[113] ; les articles 9, 130 et 261 sont dédiés aux habous.

Néanmoins, nous allons porter un éclairage sur les habous dans le cadre du dahir du 1915 précédemment cité, par son rapprochement historique aux textes de loi relatifs au domaine communal.

Les habous sont une institution traditionnelle et religieuse, consacrée par le législateur marocain à travers l'article 73 du dahir du 2 juin 1915 relatif aux immeubles immatriculés et qui prévoit que « les habous sont des biens immeubles, immobilisés par le fondateur musulman et dont la jouissance profite aux catégories de bénéficiaires qu'il désigne ».

L'évolution de cette institution a été marquée par trois étapes[114]. Une étape d'apogée à l'époque des Almohades et des Mérinides grâce à la générosité des croyants et des sultans de l'époque. Sous la dynastie alaouite, ces habous firent l'objet d'une réforme : le sultan Moulay Ismaïl procéda au recensement des habous sur des sommiers de consistance dressés dans chaque ville de l'empire. Le sultan Moulay Abdellah, fils de Moulay Ismaïl, créa une administration centrale, ou ministère des habous, chargée de la gestion de ces biens habous.

Une étape de décadence avec la dynastie saadienne avait été engendrée par la quasi-absence de la constitution de biens en habous. Durant cette étape

---

[112] *B.O.* n° 6552 du 16 mars 2017.

[113] Nous exprimons notre inquiétude et nos critiques vis-à-vis de l'article 2 de ce code qui a facilité le recours àla spoliation foncière ; les cas sont multiples…

[114] Eddahbi Abdelfattah, *op. cit.*, p. 42.

et suite à la rareté des ressources financières, les sultans ont accordé des concessions temporaires à des particuliers en contrepartie de redevances dues à Bait Al Mal. Cette situation fut aggravée par les pratiques des *nadirs* qui consistaient à reconduire facilement les baux et à diminuer la valeur réelle de ces immeubles.

Cette situation a entraîné l'adoption, par les autorités du Protectorat, du dahir du 21 juillet 1913 fixant le pouvoir d'administration des habous. Une étape de réforme a consistéà réorganiser cette institution des habous à travers le dahir n° 1-09-236 du 23 février 2010 portant code des habous[115].

Après cet aperçu historique, il y a lieu de préciser que malgré la gestion de cette institution par l'administration, nul ne peut nier le lien étroit existant entre les biens habous, en tant que propriété privée, et la mission d'utilité publique qu'ils assurent. L'objectif de ce paragraphe est d'infirmer la conception considérant que seuls les biens des personnes publiques visent la réalisation de l'intérêt général.

A. Les biens habous : propriété privée affectée à l'utilité publique

En vertu de l'article 74 du dahir du 2 juin 1915 relatif aux immeubles immatriculés,

« il existe des habous publics [...] et des habous de zaouïa et des habous privés [...] ».

De ce fait, il existe trois sortes de biens habous :

– les habous publics : cette catégorie est subdivisée elle-même en habous *kobra*, quand ils sont situés dans une grande ville ou dans sa banlieue immédiate, et en habous *soghra*, quand ils sont situés dans un périmètre éloigné[116] ;

– les habous privés de zaouïa constitués au profit d'une zaouïa (confrérie religieuse, ouencore édifice réservé à la confrérie) et destinés à revenir aux habous publics en cas de disparition du bénéficiaire[117] ;

– les habous privés de famille, constitués au profit des descendants du constituant et destinés à devenir habous publics à l'extinction de sa descendance qui est sans limitation de degré[118].

Cette institution a soulevé diverses critiques dans les pays musulmans ; on y a vu un obstacle à une exploitation rationnelle, une source de conflits entre les bénéficiaires lorsque lenombre de ceux-ci devient considérable à mesure que les générations se succèdent. C'est pourquoi plusieurs pays musulmans ont procédé à la suppression de cette institution comme la Turquie, la Syrie et l'Égypte[119].

---

[115] *B.O.* du 14 juin 2010, n° 5847, p. 3154.
[116] Decroux Paul, *Droit foncier marocain*, Éditions la Porte, 2008, p. 457.
[117] *Ibid.*, p. 458.
[118] *Ibid.*, p. 459.
[119] *Ibid.*, p. 463.

L'institution des habous constitue une propriété privée (a) affectée à l'utilité publique (b).

a. Le caractère privé des biens habous

Si la nature et le régime juridique des biens habous ont suscité plusieurs controverses[120], tout le monde s'accorde sur la nature privée et l'origine volontaire de cette propriété. « C'est un acte fondé sur la volonté du constituant de se dessaisir de son bien qui doit obligatoirement être sa propriété entière et pleine et porter sur une chose déterminée de façon précise et libre de tout engagement[121]. »

En effet, pour Louis Milliot « entre la terre du *kharadj*, propriété domaniale, et la propriété *melk* ou privative, les *wakfs* ou *habous* constituent une catégorie intermédiaire : ce sont des biens de mainmorte, immobilisés et frappés de séquestre au profit de fondations créées dans un but pieux ou d'utilité publique[122] ». Le *habous* ou *wakf* est donc « une donationd'usufruit au profit d'un bénéficiaire dans le souci d'aboutir à un but pieux ou d'utilité générale. Cette situation entraîne la mise sous séquestre de ce bien et pour la nue-propriété et pour la jouissance[123] ».

Selon Joseph Luccioni, le *habous* ou *wakf* est un acte juridique par lequel une personne, en vue d'être agréable à Dieu, se dépouille d'un ou plusieurs de ses biens, généralement immeubles, et les met hors du commerce en les affectant à une œuvre, à un but pieux, charitable ou social, soit d'une manière absolue, exclusive de toute restriction (habous public), soit en réservant la jouissance de ces biens à une ou plusieurs personnes déterminées (habous de famille). À l'extinction des bénéficiaires intermédiaires du droit de jouissance, le habous de famille devient habous public[124].

De cette définition on peut relever trois traits marquants du habous public. Tout d'abord, le habous est entièrement régi par l'acte de constitution qui prévoit l'utilisation perpétuelle du bien ; ensuite, l'immeuble qui en est grevé est inaliénable, ceci pour faciliter l'exécution de l'affectation et, enfin, le bien habous est imprescriptible et insaisissable en raison de sa destination à l'utilité publique. De là on peut déduire la parfaite concordance entre la notion de habous public, propriété privée, et celle de domaine public.

---

120 « Protection vise en premier lieu d'empêcher un mouvement désordonné qui risque d'engourdir l'activitépublique des usagers, et à maintenir les biens en bon état de viabilité », *in* Maria Houem, *op. cit.*, p. 62.

121 Houem Maria, *op. cit.*, p. 65.

122 Louis Milliot, « Introduction à l'étude du droit musulman », *in Revue internationale de droit comparé*, vol. 7,n° 4, octobre-décembre 1955, p. 866-872.

123 Eddahbi Abdelfattah, *op. cit.*, p. 44.

124 Luccioni Joseph, *Le habous ou wakf : rites malékite et hanéfite*, Imprimeries réunies de la *Vigie marocaine et* du *Petit marocain*, 1942, p. 17.

b. L'affectation des biens habous à l'utilité publique

Les habous publics, comme d'ailleurs le domaine public, poursuivent une activité d'intérêt général. Les théologiens ont dégagé une notion particulière de cet intérêt général. Il s'agit, principalement, de la *maslaha morsala* considérée comme source de toutes les règles juridiques.

Al Imam Malik a prévu quatre conditions pour l'existence de cette *maslaha morsala* : la *maslaha* ne doit en aucun cas être en contradiction avec les préceptes religieux (*chariaâ*), elle doit être confirmée par les doctes de l'islam, elle ne doit engendrer aucune gêne ou dommage moral pour les croyants, elle doit être utile au plus grand nombre de croyants sinonà toute la communauté musulmane.

Les biens habous ont joué un grand rôle dans la création des services, et cela se comprend aisément, comme on peut le relever avec Louis Milliot : « Dans une société où l'administration était rudimentaire et où le soin des intérêts généraux était en grande partie abandonné à l'initiative privée, on conçoit aisément ce qu'une pareille institution pouvait rendre de services[125]. »

En effet, les revenus des biens habous ont largement contribué à l'édification de mosquées, de médersas et d'hôpitaux. Plusieurs domaines d'activités à caractère public ont été touchés. On trouve le culte, l'enseignement, de nombreuses œuvres de bienfaisance et d'utilité générale : des adductions d'eau, des services d'assainissement.

De même, les zaouïas ont assuré un certain nombre de services publics locaux grâce aux terres constituées en habous en leur faveur[126], en particulier l'enseignement religieux, la bienfaisance, la prise en charge des malades mentaux. Dans les zones rurales, la zaouïa était un véritable centre social : hôtel, dispensaire, marché, école, foire[127].

B. Les biens habous : propriété privée gérée par l'administration

La gestion des habous publics a été dès 1912 confiée à la direction générale des habous qui devint en 1915 le viziriat des habous, confié à un vizir dépendant directement du sultan ; en 1956, cette gestion était confiée au ministère des habous. Le dahir n° 1-03-193 du 4 décembre 2003 fixant les attributions et l'organisation du ministère des Habous et des Affaires islamiques[128] a prévu la consécration de deux directions distinctes, l'une chargée de la gestion des habous, l'autre des affaires islamiques.

La deuxième catégorie de habous concerne les habous de famille. Il s'agit de biens constitués par une personne et dont les revenus sont destinés à des bénéficiaires précisés au niveau de l'acte de habous. Le plus souvent, il

---

[125] Milliot Louis, *Les Démembrements des habous*, Éditions Leroux, 1918, Paris, p. 185.
[126] El Yaagoubi Mohammed, *op. cit.*, p. 8.
[127] El Yaagoubi Mohammed, *idem.*
[128] *B.O.* n° 5172 du 25 décembre 2003, p. 4389.

s'agit de ses propres descendants. Le *nadir* de ces biens, c'est-à-dire leur gestionnaire, est désigné par les bénéficiaires eux-mêmes. Le ministère n'a qu'un simple droit de contrôle sur la gestion. Les registres du ministère abondent d'exemples de habous de famille. On peut citer ceux de Tamasloht à Marrakech (appartenant à la famille Maslohi) et ceux de sidi Rahal (Settat) sur la plage portant le même nom.

La troisième catégorie est celle des habous de zaouïa. Il s'agit de libéralités données par des cheiks-oulémas et dont la gestion est assurée directement par la zaouïa. Le ministère, ici aussi, n'a qu'un rôle de contrôle.

Ainsi, on constate que les habous en général, en tant que propriété privée, constituent une catégorie de biens affectés à l'utilité publique. Ces biens, comme nous venons de le voir, contribuent aujourd'hui considérablement à la réalisation de plusieurs projets considérés d'intérêt général et constituent une source d'importants revenus pour la collectivité.

Section III. Les limites entre domaine public et domaine privé communal

Comme nous l'avons déjà montré, le législateur marocain s'est largement inspiré de la théorie domaniale du XIXe siècle, basée sur le principe de la distinction entre domaine public communal et domaine privé communal. Il a repris les mêmes critères que ceux adoptés par son homologue français, à savoir le critère de l'appartenance du bien à une personne publique et son affectation à certaines destinations[129].

Or, cette théorie domaniale, vu les changements intervenus et l'évolution des concepts, a fait l'objet de plusieurs controverses qui ont abouti à la remettre en cause. De même, le cadre juridique régissant la propriété des personnes publiques en France a fait l'objet de plusieurs modifications, la dernière a eu lieu le 1er juillet 2006[130].

D'où la question primordiale : est-ce que le cadre juridique régissant le patrimoine communal au Maroc, mis en place par le Protectorat, constitue un cadre adéquat pour une gestion rationnelle de ce patrimoine ? En d'autres termes, est-ce que les actes juridiques prévus par le législateur permettent réellement une détermination claire et nette du domaine communal ? Dans quelle mesure les critères conçus soit par la doctrine, soit par le législateur ou par la jurisprudence ont-ils permis de déterminer la catégorie respectivement du domaine public et du domaine privé ?

En réalité, comme nous allons le démontrer ultérieurement, c'est la distinction classique entre domaine public communal et domaine privé communal qui n'est pas conforme aux pratiques et à l'évolution des activités de l'administration. Nous allons démontrer que le bien-fondé théorique de cette distinction est sérieusement mis en cause.

Ne s'agit-il donc pas d'une présentation trop schématique des biens des communes ? Il sera question au niveau de la présente section d'examiner et d'analyser les actes juridiques de classement et de déclassement portant sur

---

129 Saugez Hélène, *L'affectation des biens à l'utilité publique : contribution à la théorie générale du domaine public*, 2012, 435 p. [en ligne], disponible sur https://tel.archives-ouvertes.fr/tel-00762745/document.

130 La distinction entre le domaine public et le domaine privé des personnes publiques est un débat qui a beaucoup alimenté la doctrine française. Les critères de distinction ont été admis par la suite par la jurisprudence puis par le législateur qui a créé le CGPPP en 2006. Mais cette codification n'est pas suffisante pour clarifier la distinction entre les biens du domaine public et ceux du domaine privé. Les juges et le législateur ont alors mis en place des systèmes (lois, bail, autorisation…) permettant de contourner la définition conceptuelle et le régime spécial attribué aux biens du domaine public. Au regard de l'inadaptation de la distinction domaine privé/domaine public, il est intéressant de présenter d'autres modèles d'organisation des biens des personnes publiques. Par le passé, en France, une échelle de domanialité avait été suggérée, mais elle n'a pas été retenuepar le législateur.

le domaine communal ainsi que les critères mis en place par le législateur marocain[131].

En effet, l'examen de ces actes juridiques et de ces critères nous permettra de faire des remarques au sujet du manque de clarté et de simplicité de ce régime contraignant dont la portée limitée de ces actes dans la détermination du domaine communal et l'insuffisance des critères de distinction entre domaine public communal et domaine privé communal ont été, à maintes reprises, signalées par la majorité des auteurs qui se sont intéressés à la matière[132].

Cet environnement juridique répond mal aux exigences d'une gestion administrativeadéquate.

§1. Classement et déclassement dans la détermination du domaine communal

Afin de permettre au domaine communal d'assurer sa mission, il importe de procéder au classement et au déclassement du domaine communal. En effet, la distinction entre domaine public communal et domaine privé communal, l'affectation et la désaffectation constituent deux actes juridiques importants dans la théorie domaniale marocaine.

Il importe donc de vérifier la portée de ces deux actes dans la constitution du domaine communal, à savoir la portée de l'acte de classement dans l'incorporation au domaine public communal et celle de l'acte de déclassement dans la sortie de ce domaine.

A. L'importance du domaine communal public et ses limites

L'affectation est l'acte qui donne au bien sa destination particulière[133]. En droit positif marocain, l'affectation doit être formelle, qui consiste en la réalisation matérielle de l'acte d'affectation, elle n'est pas reconnue par le législateur malgré l'existence de certaines décisionsde justice reconnaissant l'affectation de fait.

Or, l'affectation de fait est toujours indispensable en dehors de toute affectation formelle pour deux raisons : tout d'abord, l'acte juridique d'affectation ne permet pas, à lui seul, d'entraîner l'incorporation d'un bien au domaine public artificiel. Ensuite, l'acte juridique est inopérant et même entaché d'illégalité lorsqu'il s'applique à un bien qui n'a pas été matériellement affecté à un usage public ou à un service public[134].

Ainsi, il peut arriver qu'un bien ayant reçu une affectation formelle le destinant à l'usage public ne soit pas utilisé conformément à la destination qui lui a été donnée, et, inversement, un bien n'ayant fait l'objet d'aucune

---

[131] Eddahbi Abdelfattah, *op. cit.*, p. 7.
[132] Maria Houem, *op. cit.*, p. 10-13.
[133] André Laubadere *et al.*, *Traité de droit administratif*, LGDJ, t. II, 9e édition, 1992, p. 222.
[134] Maria Houem, *op. cit.*, p. 133.

affectation formelle peut être utilisé par le public. Comment considérer alors ces deux biens ?

En matière de voirie urbaine, la domanialité publique des rues, impasses, places et leurs dépendances peut découler soit d'une décision administrative d'affectation appelée classement, soit d'une affectation de fait à l'usage du public. Dès lors, une voie appartenant à la commune et située à l'intérieur de l'agglomération fait partie du domaine public communal, même si elle n'a fait l'objet d'aucun acte de classement. Ainsi, l'incorporation au domaine public artificiel est liée à l'affectation surtout effective d'un bien dans la mesure où cette affectation détermine la destination du bien.

En revanche, l'affectation formelle n'est pas nécessairement exigée. Ainsi, l'incorporation des biens au domaine public peut intervenir en l'absence de tout acte juridique d'affectation et résulter de simples circonstances de fait. En plus de ces reproches adressés au critère d'affectation formelle, l'exigence de l'acte juridique relatif à l'affectation formelle dans le classement du bien est sans utilité, voire inopérante.

En effet, si le domaine artificiel pour sa création nécessite d'abord l'acquisition et ensuite l'emploi du terrain, c'est bien cette utilité publique qui le classe dans le domaine public et non l'acte de classement[135]. L'affectation d'un bien intervient avant même l'opération d'acquisition, du moment que la commune n'aura, en principe, à acquérir que les biens nécessaires à son action. L'acquisition intervient donc pour que les biens acquis intègrent cetteaffectation envisagée à l'avance[136].

L'incorporation au domaine public peut se produire également de plusieurs façons :

- elle peut résulter des délibérations du conseil communal ;
- il peut s'agir d'une affectation de fait sans classement ;
- il peut s'agir également d'un classement sans affectation de fait ;
- elle peut être implicite : c'est notamment le cas de l'expropriation pour cause d'utilité publique et le cas du plan d'aménagement relatif à l'ouverture des voies publiques et les arrêtés d'alignement.

Dans ces cas, les biens sont classés avant même qu'ils ne soient affectés matériellement à l'utilité publique. La valeur de l'acte de classement dans l'incorporation du bien au domaine public s'avère ainsi insuffisante, voire inutile. L'acte de classement constate seulement et ne crée pas l'incorporation au domaine public, de sorte que lorsqu'un bien présente concrètement les caractéristiques prévues par la loi, il doit s'incorporer automatiquement dans cette catégorie. Pourtant, le législateur et la jurisprudence[137] s'y attachent beaucoup.

---

135 Houem Maria, *op. cit.*, p. 136.

136 *Ibid.*, p. 134.

137 CAR, le 14/12/1962, RMD, 1965, p. 74. Dans cette affaire, la Cour suprême s'est fondée sur la déclaration d'utilité publique et sur la décision de classement pour prononcer la

En plus du caractère inopérant et inutile de cet acte de classement, ce dernier renferme des insuffisances quant à sa procédure administrative. Pour ce qui est des communes, l'acte de classement doit être approuvé par les autorités de tutelle, ce qui prive ces entités du pouvoir d'appréciation. À cela s'ajoutent les lenteurs et les retards causés par les formalités d'approbation, ce qui entraîne des retards dans l'exécution des projets. C'est pourquoi les communes ne suivent pas cette exigence.

En effet, la plupart d'entre elles lancent leurs projets avant ou même sans l'obtention de l'approbation, et dans la majorité des cas, elles n'appliquent pas la procédure du classement ou du déclassement selon le cas. Cela démontre le caractère limité, voire inutile de l'acte de classement dans l'incorporation du bien au domaine public.

B. L'acte de classement et de déclassement du domaine privé communal

Le déclassement est l'acte juridique par lequel l'autorité compétente fait sortir le bien du domaine public, alors que la désaffectation n'est que la cessation de l'utilisation du bien qui pourra recevoir ou non une nouvelle affectation[138].

Parmi les conséquences de l'acte de déclassement, on note la sortie du bien du domaine public, alors que la désaffectation ne provoque que la cessation de l'utilisation du bien. Ainsi, le bien reste classé dans le domaine public même si l'affectation du bien arrive à cesser[139].

Or, la cessation de la fonction de l'utilité publique des biens ne requiert pas leur incorporation dans le domaine privé, car les biens du domaine privé servent également à l'utilité publique de la commune, mais elle exige, par contre, leur aliénation. L'intérêt de l'acte de déclassement sert à marquer uniquement l'intervention de l'administration pour extraire le bien du domaine public, car le bien et désaffecté lorsque son exploitation ne se conçoit plus ou lorsque, acquis pour le bien et l'édification d'un projet, il vient à être abandonné.

De surcroît, le législateur marocain a également adopté la désaffectation implicite. Lescas concernés par cette disposition sont les suivants :

les biens transmis aux communes retournent sans formalité au domaine de l'État en cas de non-réalisation des aménagements prévus ;

---

domanialité publique du bien, même si la destination d'utilité publique, en l'occurrence la construction d'un chemin de fer, n'a pas été réalisée.

[138] El Yaagoubi Mohammed, *Réflexion sur la démocratie locale au Maroc*, Édition El Maârif Al-Jadida, 2007, p. 102. Voir aussi Philippe Yolka, « Identifier le domaine public », *Revue juridique de l'entreprise publique*,n° 636, novembre 2006.

[139] Michaël Bardin, « L'aménagement indispensable et la modernisation de la domanialité publique », *La Semaine juridique*, édition Administrations et collectivités territoriales, n° 2013, 2071, n° 24, 10 juin 2013.

• les biens acquis gratuitement par la commune sur le domaine de l'État doivent en cas de désaffectation être remis à l'État qui peut soit les affecter à l'utilité publique, soit les aliéner ;

• le plan d'alignement, dont l'un des effets importants est de déclasser automatiquement la voie communale.

En application des dispositions juridiques en la matière, le bien risquerait de garder son affectation même s'il est déclassé par un acte formel, et, inversement, le bien risquerait d'être classé dans le domaine public alors qu'en fait, il est désaffecté.

S'il est nécessaire de s'attacher à cet acte juridique, dans ces conditions, il faudrait exiger et prévoir par une disposition légale spéciale que le déclassement ne puisse être régulier qu'après avoir constaté la désaffectation matérielle du bien en question[140]. Somme toute, est-il toujours nécessaire de procéder à un acte de désaffectation pour constater la cessation de l'utilité du bien ? Ne peut-on pas considérer que l'aliénation du bien puisse en même temps comporter la désaffectation ? L'autorisation d'aliéner, entourée, comme nous allons le voir ci-dessous, de toutes les formalités pour garantir l'intérêt général ne sous-entend-elle pas une désaffectation ?

§2. Domaine public communal et domaine privé communal : un critère imprécis

En fait, la question de la détermination d'un critère pour la distinction entre domaine public communal et domaine privé communal n'est jamais tranchée jusqu'à nos jours, ceci, en dépit des théories avancées par la doctrine et par la jurisprudence[141]. Dans ce premier paragraphe, on va répondre à la question suivante : est-ce que le législateur, tout en juxtaposant deux catégories de domaines, à savoir domaine public communal et domaine privé communal, a pu prévoir un critère tranché pour distinguer les deux catégories de domaines ?

A. L'appartenance du bien à une collectivité publique : une désuétude decritère

Sous l'effet de l'évolution des idées et de l'évolution de la notion de l'intérêt général (a), le critère d'appartenance du bien à une collectivité publique est devenu désuet, voire sans efficacité (b).

a. L'intérêt général et son évolution notionnelle

Généralement, la notion d'intérêt général est intimement liée à la notion de service public. Ce dernier peut être défini comme une institution ou un

---

[140] Griguer Jules, *Traité théorique et pratique de législation : doctrine administrative et jurisprudencemarocaines en matière domaniale*, 1939.

[141] Ballandras-Rozet Christelle, « L'aménagement indispensable, un critère discutable de réduction du domaine public », *AJDA*, n° 11, 19/03/2007, p. 571-576.

organisme constitués d'un ensemble de moyens matériels et humains chargés d'assumer une mission pour le compte de la personne publique à laquelle l'institution ou l'organisme sont rattachés. On parle ainsi de la dimension organique de la notion de service public. Quant à sa dimension fonctionnelle, elle signifie l'activité ou la prestation elle-même fournie à la population afin de satisfaire l'intérêt général[142].

La conception classique de service public tient compte de trois éléments : l'élément organique, qui doit être nécessairement l'institution ou l'organisme public ; l'élément fonctionnel, qui signifie l'activité ou la prestation rendue par le service et l'élément juridique, qui signifie que ladite activité doit être gérée par des procédés exorbitants du droit commun car l'intérêt général doit primer sur les intérêts particuliers[143].

Or, l'apparition des services publics industriels et commerciaux qui faisaient des bénéfices et l'émergence des personnes privées dans la gestion des services publics, notamment par le procédé de la gestion déléguée prévu par la législation, vont inaugurer une nouvelle étape en matière d'évolution de la notion de service public et, par conséquent, la notion d'intérêt général.

Il est également admis que toute activité d'intérêt général n'est pas forcément un service public. Ainsi, « l'intérêt général, ou l'intérêt de la collectivité publique, ne constitue pas nécessairement la somme d'intérêts particuliers[144] ».

Il y a lieu de souligner qu'en pratique, « la frontière n'est jamais nette entre intérêt particulier et intérêt général. Ce qui compte pour l'institution est de dispenser des prestations de services publics devant profiter de façon égale aux usagers qui ont vocation à en bénéficier[145] ».

Il existe, cependant, des services publics qui ne visent, au moins en apparence, que la réalisation des intérêts propres de l'organisme qui les exerce. C'est le cas notamment des services publics industriels et commerciaux. Sous l'effet de l'évolution des idées, il est aujourd'hui admis que toute activité susceptible d'entraîner, même de manière indirecte, des répercussions sur la vie de la collectivité touche l'intérêt général.

La notion d'intérêt général ne signifie plus seulement le maintien de l'ordre public, et l'activité de l'administration ne se limite plus à une mission de garde. La notion d'intérêt général s'est beaucoup élargie pour englober l'exploitation économique du domaine, et l'activité de l'administration contient désormais les missions de garde de l'ordre public et les missions d'exploitation économique de ce domaine.

---

[142] Jacques Chevalier, *Le Service public*, PUF, « Que sais-je ? », 2010, p. 15.

[143] Latournerie Marie-Aimée, « Pour un nouveau concept du domaine public », Lexis 360, *in Revue juridique del'entreprise publique*, n° 617, 2005.

[144] Houem Maria, *op. cit.*, p. 139.

[145] *Ibid.*, p. 141.

b. L'appartenance du bien à une collectivité publique

Les biens sont généralement définis comme étant « toutes les choses corporelles ou incorporelles qui, pouvant procurer aux personnes juridiques une certaine utilité, sont susceptibles d'appropriation[146] », et le droit des biens est « le droit qui met les choses, quelles qu'elles soient, au service des personnes, avec les techniques les plus diverses pour en répartir les utilités[147] ».

La catégorie des biens publics n'est pas une catégorie juridique spéciale. Rien n'empêche les particuliers de s'approprier les mêmes choses que celles considérées actuellement comme des dépendances du domaine public. C'est seulement l'usage public qui en est fait qui en fait une catégorie à part.

Les biens relevant du domaine public seraient donc composés des biens voués à l'utilité publique sans besoin de prendre en considération la personne propriétaire. La spécificité des biens publics résulte moins de l'appartenance à une personne publique que de son affectation soit à l'usage de tous, soit à l'usage par un service public. C'est l'affectation décidée par la loi, ou par la volonté du législateur, qui va servir pour expliquer le particularisme des biens publics.

De plus, si l'appartenance à une collectivité publique constitue vraiment un critère pour la détermination de la domanialité publique, comment peut-on qualifier les biens habous propriété privée au service de l'utilité publique ? En effet, aujourd'hui, certains biens des personnes privées sont affectés à l'intérêt général. Cette situation résulte soit de la législationet de la réglementation en vigueur, soit de la pratique.

Il s'agit, premièrement, de la possibilité reconnue par la loi sur l'expropriation àl'administration expropriante de poursuivre l'expropriation au profit d'une personne privée.

En effet, ladite loi a permis à l'administration d'exproprier un terrain pour le céder à un particulier, devenu un véritable propriétaire de l'immeuble exproprié, en vue de la création d'une zone industrielle ou la construction d'un ensemble immobilier à usage d'habitation.

B. L'affectation à l'usage collectif ou privatif : un critère peu sûr de la domanialité

La notion d'affectation, soit à l'usage de tous, soit aux services publics, en tant que critère du bien public renferme plusieurs difficultés et ambiguïtés. Le législateur marocain faitréférence au critère de l'affectation à l'usage de tous comme élément déterminant de l'entrée dans le domaine public[148]. Ce type d'affectation à l'usage de tous recouvre aussi bien les

---

146 Bergel Jean-Louis, *Le Droit des biens*, « Que sais-je ? », n° 2132, 2e édition, 1990, p. 3.

147 Bergel Jean-Louis, *Le Droit des biens*, *op. cit.*, p. 5.

148 Laubadère André, « Domanialité publique : propriété administrative et affectation », *RDP*, 1950, p. 5-28.

biens affectés à l'usage collectif que ceux affectés à l'usage privatif de certaines catégories d'administrés : régime de l'occupation temporaire et régime des délégations en l'occurrence[149].De ce fait, il implique la gratuité de tous les biens publics malgré l'existence de certaines redevances et taxes.

Or, ce type d'affectation directe, comme le soulignait Jean Dufau, « constitue un critère peu sûr de la domanialité publique, le domaine d'application de cette notion est impossible à définir d'une manière précise[150] ».

En effet, ce critère n'est pas suffisant « et ne devait pas permettre de faire disparaître les difficultés [...], lorsqu'il s'agit de dire concrètement qu'un bien est affecté à l'usage de tous[151] ». Les difficultés résident dans la détermination exacte de la portion du sol qui fera juridiquement partie du domaine public, étant donné que le critère fourni, celui de l'usage de tous, n'est qu'une orientation législative.

C'est que la formule générale du dahir de 1914, intégrant dans le domaine public « toutes les parties du territoire et tous les ouvrages qui ne peuvent être possédés privativement comme étant à l'usage de tous », n'est pas exempte d'ambiguïtés et d'insuffisances puisque la notion d'usage de tous est liée à celle d'affectation.

D'abord, il n'y a pas affectation à l'usage du public lorsque le public utilise le service et non le bien qui lui est affecté. Ensuite, cette notion ambivalente renferme plusieurs sens, dans au moins deux situations : celle qui envisage l'utilisation du bien et celle qui envisage la manière dont cette utilisation sera déterminée.

Même la notion d'aménagement spécial introduite par la jurisprudence recouvre la même idée que l'affectation directe, car l'aménagement pourra résulter soit de la situation même du bien, soit des travaux qui auront été effectués sur lui pour mettre en application le critère de l'affectation[152]. On pourrait en déduire que l'aménagement ne saurait être un critère propre au domaine public et qu'il s'agirait plutôt d'une méthode de réalisation de l'affectation, ne présentant aucune originalité en soi.

Pour d'autres auteurs, l'affectation à l'usage de tous est une vieille conception qui a dominé au XIXe siècle. Elle est rejetée actuellement en France tant par la doctrine que par la jurisprudence, alors qu'au Maroc, ce critère d'affectation à l'usage de tous demeure déterminant dans l'appartenance du bien au domaine public.

Par ailleurs, tous les biens affectés à l'usage de tous ne font pas partie du domaine public : par exemple en France, on trouve des voies privées, les

---

149 *Ibid.*, p. 8.

150 Dufau Jean, *Le Domaine public*, Éditions Le Moniteur, 5e édition, 2001, p. 56.

151 *Ibid.*, p. 57.

152 Melleray Fabrice, « La recherche d'un critère réducteur de la domanialité publique : remarques sur la modernisation annoncée de la notion de domaine public », *AJDA*, 2004, p. 490.

chemins ruraux… et à l'inverse, certains biens conservent leur qualité de dépendance du domaine public alors qu'ils ne sont plus affectés aux utilisations qui avaient justifié leur incorporation dans le domaine public. Il en est ainsi des cours d'eau rayés de la nomenclature des voies navigables et flottables.

La notion d'affectation directe, en raison de son caractère vaste et incertain, est susceptible d'englober une masse infiniment vaste des biens appartenant aux collectivités publiques. C'est pourquoi la jurisprudence française a ajouté au critère de l'affectation à l'usage du public la condition supplémentaire de l'aménagement spécial.

La conception du critère d'affectation au service public comme critère de la domanialité publique a été elle-même vivement critiquée dans la mesure où elle reflète une conception très large de la domanialité publique. C'est pourquoi certains auteurs ont essayé de modérer et de restreindre ses effets.

Ainsi, Jèze Gaston considérait que le bien doit être affecté à un service public essentiel et doit jouer un rôle prépondérant dans son fonctionnement[153]. Cette théorie a été jugée trop fragile et n'a pas été suivie. On lui reprocha son caractère trop subjectif.

Pour sa part, Jean Waline a souligné que pour qu'un bien soit classé dans le domaine public, « il faut et il suffit que sa possession par l'administration soit indispensable soit au fonctionnement d'un service public, soit à la satisfaction d'un besoin public ». Et il précisait que « parmi les biens des personnes administratives, il en est de nécessaires […] et d'autres dont l'utilisation par les services publics est en quelque sorte contingente[154] ».

« Le régime de la domanialité publique est précisément celui qui s'applique à la catégorie des biens nécessaires aux personnes administratives ». Waline, comme Hauriou, rompt avec l'idée que les biens puissent être insusceptibles d'appropriation privée (par rapport à Proudhon).

Le champ d'application de la domanialité publique doit comprendre non seulement les biens affectés à l'usage du public mais aussi les dépendances affectées aux services publics[155]. Cette théorie apparaît très séduisante au point de vue logique, mais elle était difficile à appliquer dans la pratique : interprétée largement, elle englobait dans le domaine public un nombre important de biens.

Or, actuellement, l'affectation à un service public ne suffit pas à elle seule à imprimer le caractère domanial du bien. Il faut également que ce bien soit adapté naturellement ou artificiellement au but particulier de ce service par un aménagement spécial[156].

[153] Jèse Gaston, *Les Principes généraux du droit administratif*, t. 3 : *Le Fonctionnement des services publics*, Éd. M. Giard, 3e éd., 1926, p. 519. Voir aussi Eddahbi Abdelfattah, *op. cit.*, p. 132.
[154] Waline Jean, *Droit administratif*, Éditions Dalloz, 27e édition, 2018, p. 17.
[155] Eddahbi Abdelfattah, *op. cit.*, p. 135.
[156] Eddahbi Abdelfattah, *op. cit.*, p. 136.

De ce fait, la notion d'affectation indirecte, retenue comme critère de la domanialité publique, est elle-même insuffisante et très difficile à cerner. En dépit des efforts déployés par le législateur du protectorat, l'examen des critères permettant la distinction entre domaine public communal et domaine privé communal a révélé une insuffisance. D'où la relativité du principe de distinction entre domaine public communal et domaine privé communal.

§3. Le domaine public communal et la consolidation du patrimoine communal

La délimitation est une procédure juridique conférée à la collectivité territoriale en vue de délimiter son domaine public à travers ses limites et bornes, le protéger et le préserver contre toute atteinte[157].

La délimitation est une opération administrative[158] d'une grande importance qui garantit la protection du domaine public communal de toute atteinte en se basant sur la délimitation géographique de l'étendue des servitudes. Dans la pratique, nous avons constaté que les collectivités territoriales omettent de délimiter et conserver leur domaine public, ou elles le font d'une manière qui manque de précision et d'efficacité et qui exposera ce domainepublic aux atteintes.

L'article 5 du dahir sur le domaine des communes rurales stipule : « La délimitation des dépendances du domaine public peut être effectuée conformément aux règles prévues par l'article 7 du dahir du 1er juillet 1914 (7 chaabane 1332) sur le domaine public de l'État... » Nous signalons d'emblée que l'article 92 de la loi organique 113.14 assure la gestion, la conservation et l'entretien des biens communaux, à cet effet, il tient un sommier de consistance, régularisant leur situation[159].

À cet effet, il procède, conformément à la législation et à la réglementation en vigueur, au classement, au déclassement et à la délimitation des biens du domaine public ; il statue sur les acquisitions, les aliénations, les échanges, les baux et toutes les transactions portant sur les biens du domaine privé ; il approuve tous les actes de gestion ou d'occupation du domaine public communal ; il décide de l'affectation ou de la désaffectation des bâtiments publics.

Plus clair est à ce sujet l'article 94 de la loi organique 113.14 : « Le président exécute les délibérations du conseil, prend les mesures nécessaires à cet effet et en assure le contrôle. À ce titre, il procède à la conclusion ou à la révision des baux et louages des choses ; il conserve et administre les biens de la commune. À ce titre, il veille à la tenue des inventaires des biens

---

[157] 30الجديد، نشر وتوزيع مكتبة دار السلام الرباط، الطبعة الأولى : 2007 ص

[158] المصطفى الناصري، الملك العام الجماعي الناتج عن التجزئة العقارية، مجلة الأملاك، عدد

[159] Dahir du 26 chaoual 1373 (28 juin 1954) relatif aux domaines des groupements dotés de jemâas administratives (relatives aux domaines des communes rurales) (*B.O.* n° 2177 du 16 juillet 1954) tel qu'il a été complété par le dahir n° 1-58-344 du 18 joumada I 1378 (25 novembre 1958) (*B.O.* n° 2407 du 12 décembre 1958).

communaux, à la mise à jour des sommiers de consistance et à l'apurement juridique de la propriété domaniale communale et prend tous actes conservatoires des droitsde la commune ; il procède aux actes de location, de vente, d'acquisition, d'échange et de toute transaction portant sur les biens du domaine privé communal ; il prend les mesures relatives à la gestion du domaine public communal et délivre les autorisations d'occupation temporaire du domaine public avec emprises ; il procède à la prise de possession des dons et legs. »

A. La portée limitée des actes de classement et de déclassement

Le domaine public communal est constitué d'un ensemble de biens qui stigmatisent son patrimoine public immobilier, soit systématiquement ou naturellement, soit formellement.

Selon la nature du domaine public communal, on ne peut l'exproprier pour cause d'utilité publique ou le gérer comme une propriété privée à caractère spécial qu'après son déclassement[160]. Consciente de la protection octroyée à cette branche de bien, la collectivité territoriale songe dans certains cas à classer certains biens relevant de son domaine privé communal.

Le Protectorat a initié le domaine public au Maroc. En effet, la circulaire du Grand vizir a rappelé le caractère inaliénable des biens du domaine public ; par la suite, le dahir du 1er juillet 1914 a précisé la distinction entre domaine public et domaine privé[161]. L'élément essentiel pour entrer dans le domaine public est l'usage de tous. Pourtant, la question se poseen ce qui concerne la distinction entre le domaine public et le domaine privé.

a. L'usage de tous

L'affectation à l'usage de tous recouvre deux situations : l'utilisation et la manière dont elle est affectée ou déterminée. Il concerne les biens qui sont utilisés directement par le public. Il va sans dire que d'autres biens ne sont pas accessibles que par le biais d'un service public. Cela fait perdre à cette notion sa clarté, car des services publics possèdent des biens qui ne sont pas nécessaires au fonctionnement du service public[162].

En conséquence, il est nécessaire de préciser les conditions requises pour qu'un bien puisse entrer dans le domaine public. Deux conceptions peuvent être retenues :

---

[160] Godfrin Philippe, *Droit administratif des biens : domaine, travaux, expropriation*, 5e édition revue etaugmentée, Masson et Armand Colin Éditeurs, Paris, novembre, 1997, p. 64.
[161] Bernard Augustin, *Le Maroc*, Éditions Félix Alcan, Paris, 1916, p. 269.
[162] Brad Yves, *Domaines public et privé des personnes publiques*, Dalloz, Paris, 1994, Coll. « Connaissance du droit », p. 117.

– La conception extensive, où il est admis que tous les biens utilisés par le service public relèvent du domaine public ;

– La conception restrictive, où il est estimé que seuls les biens indispensables au fonctionnement du service public doivent entrer dans le domaine public et bénéficier des règles de protection de la domanialité publique.

b. L'affectation formelle

La notion d'affectation à l'usage de tous n'est qu'une directive générale et ne suffitpas à dire qu'un immeuble ou une portion du sol est à l'usage de tous ; et fait partie du domaine public. Il est parfois facile à prouver que certains immeubles sont affectés à l'usage de tous. Des difficultés apparaissent lorsque les modalités de cette détermination ne sont pas posées expressément[163].

Dans ce cas, il convient à l'autorité administrative de décider quelle est la portion du sol et quels sont les immeubles affectés à l'usage de tous ; cette décision s'intitule l'affectation formelle. Mais est-ce que l'administration possède un pouvoir discrétionnaire ? Le législateur exige la coïncidence entre l'affectation formelle et l'affectation de fait.

B. L'affectation et ses conditions

L'affectation est une condition de l'entrée dans le domaine public. Les conditions de sa réalisation variant en fonction du type de bien, aussi son affectation peut-elle disparaître ouêtre modifiée.

a. Domaine public et artificiel

Les biens affectés au domaine public peuvent être nationaux ou artificiels. Certains biens sont affectés au domaine public en raison de leur nature, tels les rivages de la mer, les lacs, etc. La domanialité résulte d'un fait de la nature qui a provoqué l'affectation à l'usage detous.

La décision formelle ne fait que constater l'existence ou la disparition en dehors de la volonté de l'administration[164]. D'autre part, l'affectation au domaine public résulte d'un travail humain comme les voies de communication, les canaux…

L'affectation de fait est suffisante pour faire entrer le bien dans le domaine public, mais pour clarifier une décision, l'autorité administrative officialise cette situation. Cette décision du classement a un caractère déclaratif, elle constate l'incorporation au domaine public. La disparition de

---

[163] Tarik Zair, *La Gestion décentralisée du développement économique au Maroc*, L'Harmattan, Paris, 2007,p. 323.

[164] Boujida Mohammed, « Le domaine privé des collectivités locales et leurs groupements », *REMALD*, n°s 14-15, janvier-juin 1996, p. 27.

l'affectation de fait entraîne la sortie du domaine public qu'une décision de déclassement doit officialiser.

b. Les modifications de l'affectation

Le domaine public peut être utilisé par diverses façons, de telle sorte qu'il peut paraître opportun d'en modifier l'affectation. Deux situations se présentent :

– La collectivité affectataire est en même temps propriétaire du bien, l'autorité compétente peut modifier l'affectation puisqu'elle a la responsabilité des services publics et donc, le pouvoir d'en définir l'organisation et d'apprécier ce qui est nécessaire à leur fonctionnement. De même, le problème ne se pose pas si la collectivité propriétaire décide de transférer son droit de propriété à une autre personne publique, ce transfert peut ou non s'accompagner du maintien de l'affectation initiale.

– Une personne publique désire utiliser les biens appartenant à une autre collectivité ou enacquérir la propriété. Cette situation peut être résolue par le biais d'un accord. Le refus de la collectivité propriétaire rend impossible tout changement dans le statut du bien relevant du domaine public.

Le classement[165] est un acte juridique permettant à la collectivité territoriale d'enregistrer un bien immobilier relevant de son domaine privé parmi son domaine public.

Cependant, et par opposition au classement, comme son nom l'indique, le déclassement est une sorte de déchéance du caractère public d'un bien immobilier relevant du domaine public communal pour l'enregistrer dans le domaine privé communal et, de ce fait, le gérer comme une propriété privée à caractère spécial. Et comme règle générale, le classement et le déclassement sont effectués d'une manière procédurale ; mais exceptionnellement, ils sont réalisés systématiquement sans pour autant recourir à la procédure juridique appropriée.

C. Protection du domaine public privé communal

« Il faut être fier d'avoir hérité de tout ce que le passé avait de meilleur et de plus noble. Il ne faut pas souiller son patrimoine en multipliant les erreurs passées (Mahatma Ghandi[166]) ».

Le domaine public des collectivités territoriales est doté d'une protection à part entière auniveau des dispositions juridiques le régissant. Les jalons de cette protection ont été posés par l'article 4 du dahir du 1914 sur le domaine public puis incarnés dans les textes de loi régissant cette matière du domaine

---

165 Décision de classement, voir :
عبد الحق عقلة، القانون الإداري الجزء الثاني نشاط الإدارة ووسائلها، دار القلم الرباط الطبعة الرابعة، الرباط 2005،ص.188

166 In https://www.abc-citations.com/citations/il-faut-etre-fier-d-avoir-herite-de-tout-ce-que-le-passe-avait-de-meilleur/ , consulté le 05/07/2017, à 20 heures.

communal, comme nous allons le voir dans cette section, du moment qu'il est à l'usage de tous et pour tout le monde, mais sans pour autant négliger l'aspect social et culturel qui doit être mis en exergue.

Une nouvelle génération patrimoniale verra le jour en vue de positionner les collectivités territoriales au cœur du développement économique et social au profit d'un investissement durable socialement responsable, de promouvoir l'économie nationale et de se prémunir contre la mondialisation[167] accrue, pour enfin s'interroger sur les limites du développement et de laprotection du domaine public communal.

§4. La trilogie de la protection : administrative, civile et pénale

Le domaine public communal est un domaine qui est régi par une protection à part entièreen vue de garantir sa pérennité au service et à l'usage de tout le monde, une trilogie de protectionadministrative, civile et pénale tenant compte de la dimension sociale du patrimoine culturel.

A. La protection civile

Par protection civile nous entendons l'ensemble de règles régissant le domaine public dont les dispositions ci-après tracent d'une façon décisive directe et limpide les contours. De prime abord, nous entamons avec le dahir du 1er juillet 1914 sur le domaine public de l'État dans la zone du Protectorat français de l'Empire chérifien qui a tracé ses contours. Ainsi, son article 4 stipule : « Le domaine public est inaliénable et imprescriptible[168]. »

L'article 3 du dahir du 19 octobre 1921 sur le domaine municipal a stipulé : « Les biens du domaine public municipal sont inaliénables et imprescriptibles[169]. » De même, l'article 8 du dahir du 28 juin 1954 relatif au domaine des communes rurales : « Les biens visés à l'article 8 du présent dahir sont inaliénables, insaisissables et imprescriptibles[170]. »

Ceci dit, le premier constat, les dispositions en cause ne laissent guère de doute ni de controverse quant aux règles régissant ce domaine.

---

167 Tialati Abdelkader, « La fiscalité marocaine face à la mondialisation, quelle répercussion ? », *Revuemarocaine d'économie et de droit*, n° 1, juin 200, p. 35.

168 Dahir du 7 chaabane 1332 (1er juillet 1914) sur le domaine public dans la zone du Protectorat français de l'Empire chérifien (*B.O.* n° 89 du 10 juillet 1914) tel qu'il a été complété et modifié par le dahir du 14 safar 1338 (8 novembre 1919) (*B.O.* n° 369 du 17 novembre 1919) et la loi n° 10-95 sur l'eau promulguée par le dahir n° 1-95-154 du 18 rabii I 1416 (16 août 1995) (*B.O.* n° 4325 du 20 septembre 1995) telle qu'elle a été complétée.

169 Dahir du 17 safar 1340 (19 octobre 1921) sur le domaine municipal (*B.O.* n° 470 du 25 octobre 1921).

170 Dahir du 26 chaoual 1373 (28 juin 1954) relatif aux domaines des groupements dotés de jemâas administratives (relatives aux domaines des communes rurales) (*B.O.* n° 2177 du 16 juillet 1954) tel qu'il a été complété par le dahir n° 1-58-344 du 18 joumada I 1378 (25 novembre 1958) (*B.O.* n° 2407 du 12 décembre 1958).

Pour ce qui est du deuxième constat, les contours de protection du domaine public *via* ces dispositions de loi suscitées sont bien déterminés ; néanmoins, les articles 4 du dahir chérifien du 1er juillet 1914 sur le domaine public tout comme l'article 3 du dahir du 19 octobre 1921 sur le domaine municipal et le domaine public sont unanimes sur deux points, « le domaine public est inaliénable et imprescriptible ».

Alors qu'en 1954, le législateur y a ajouté à ces dispositions, *via* l'article 8 du dahir du 26 chaoual 1373 (28 juin 1954) relatif aux domaines des groupements dotés de jemâas administratives (relatives aux domaines des communes rurales qui a stipulé : « Les biens visés à l'article 8 du présent dahir sont inaliénables, insaisissables et imprescriptibles. ») Les contours sont tracés, les biens du domaine public sont inaliénables, insaisissables et imprescriptibles.

Cette notion d'insaisissabilité des biens relevant du domaine public semble être coutumière avant l'avènement des dispositions édictées par l'article 8 du dahir sur les domaines des communes rurales susmentionnés !

« Les biens des personnes publiques mentionnées à l'article L. 1, qui relèvent du domaine public, sont inaliénables et imprescriptibles[171] », comme nous allons voir par la suite. Précisons d'ores et déjà que cet article et ce code ont remplacé l'article L. 52 du Code du domaine de l'État, créé en 1957[172].

Cependant, la complexité de cette branche du droit est due non seulement à la complexité de ces textes de loi, aux pratiques des praticiens, mais aussi aux œuvres et aux positions des jurisconsultes. Le fameux professeur Mohammed Khayri[173], l'un des pionniers du droit foncier, selon lui, « les biens immobiliers du domaine public ne peuvent être exploités ou cédés que dans le cadre prévu par la loi ». Cette imprécision de la nature de ce domaine public mènera sans doute les lecteurs et les chercheurs à ne pas appréhender cette nature de biens.

Toutefois, il fallait dire que les biens immobiliers relevant du domaine public ne peuvent être cédés qu'après déclassement, selon les conditions

---

171 L'ordonnance n° 2006-460 du 21 avril 2006 relative à la partie législative du Code général de la propriété despersonnes publiques, in :
https://www.legifrance.gouv.fr/affichCode.do;jsessionid=87AFD0500845EF36A4004D9A85 13F0CC.tplgfr37s_
3?idSectionTA=LEGISCTA000006164243&cidTexte=LEGITEXT000006070299.dateTexte =20190525.
Consulté le 04/11/2016 à 22 heures 20 min.

172 Titre n° 1 : « Inaliénabilité et imprescriptibilité des biens du domaine public ». Article L.52, décret 57-1336 1957-12-28, *JORF*, 29 décembre 1957, modifié par le décret du 18 mars 1968, « Les biens du domaine public sont inaliénables et imprescriptibles », *in* : https://www.eui.eu/Projects/InternationalArtHeritageLaw/Documents/NationalLegislation/France/publicpropertycode.pdf, consulté le 04/11/2016 à 20 heures 05 min.

173 الأستاذ محمد خيري، التعرضات أثناء التحفيظ العقاري في التشريع المغربي، مطبعة النجاح الجديدة الدار لبيضاء ، الطبعة الأولى 1983،ص 55.

prévues par la loi en vigueur. Nous sommesen face de biens dont la fonction principale est de remplir un service public et servir l'intérêt général, ce qui les exclut du droit privé. Ces biens sont protégés de toute atteinte, et leur gestion est limitée. Autrement dit, on ne peut les exploiter que limitativement, par le biais de l'occupation privative et temporaire après autorisation de l'administration.

Rappelons, d'emblée, l'article sur la saisie-arrêt et sur l'avis à tiers détenteur (ATD), en l'occurrence l'article 488 du Code de procédure civile marocain qui stipule : « Toute personne physique ou morale titulaire d'une créance certaine peut, avec la permission du juge, saisir-arrêter entre les mains d'un tiers les sommes et effets appartenant à son débiteur et s'opposer à leurremise. Sont toutefois incessibles et insaisissables :

1° les indemnités déclarées insaisissables par la loi ;

2° les pensions alimentaires ;

3° les sommes avancées à rembourser à titre de frais de bureau, de tournée, d'équipement, dedéplacement ou de transport ;

4° les sommes allouées à titre de remboursement d'avances faites ou de paiements de fraisexposés à l'occasion de son travail par un ouvrier, employé ou commis ;

5° les sommes allouées, à titre de remboursement d'avances faites ou de paiements de frais à engager pour l'exécution d'un service public ou de frais exposés à l'occasion de leur service par les fonctionnaires et agents auxiliaires ;

6° toutes indemnités, allocations et tous suppléments ou accessoires de salaires ou de traitements alloués à raison de charges de famille ;

7° le capital décès institué par l'arrêté viziriel du 22 safar 1369 (4 décembre 1949), modifié par le décret n° 2-61-207 du 30 kaada 1380 (16 mai 1961) en faveur des ayants droit, des fonctionnaireset de certains agents décédés en activité de service ;

8° les pensions civiles de l'État instituées par la loi n° 011-71 du 12 kaada 1391 (30 décembre 1971), sauf dans les conditions prévues par l'article 39 de ladite loi ;

9° les pensions militaires régies par la loi n° 013-71 du 12 kaada 1391 (30 décembre 1971), sauf dans les conditions prévues à l'article 42 de ladite loi ;

10° les pensions de retraite ou d'invalidité du secteur privé, même si le bénéficiaire n'a pas participé par des versements à leur constitution. »

« Cependant, il peut être procédé à la saisie et à la cession de ces pensions dans les mêmes conditions et limites que pour les rémunérations, la limite de la saisie ou de la cession pouvant être portée au profit des formations hospitalières ou des maisons de retraite pour le paiement des frais d'hospitalisation ou de séjour, à 50 % si le titulaire est marié et à 90 % dans les autres cas, et, d'unefaçon générale, toutes les choses déclarées telles par la loi[174]. »

L'essentiel du dernier alinéa de cet article traitant de la saisie et surtout de l'avis à tiers détenteur[175] est que l'on ne peut pas saisir. Les dispositions de la loi sont claires et limpides sur l'insaisissabilité des biens du domaine public, comme nous l'avons exposé ci-haut, elles protègent les biens du domaine public de toute atteinte.

En France, par exemple, sur l'inaliénabilité du domaine public :

« L'évolution du principe d'inaliénabilité d'après la présentation traditionnelle, la distinction entre le domaine privé et le domaine public est établie en considération de la destination des biens des personnes publiques : ce n'est que parce qu'il répond à l'intérêt général que le domaine public est soumis à un régime exorbitant de droit commun ».

« Principalement autour du principe d'inaliénabilité... C'est le fameux édit de Moulins qui, en 1566, a érigé le principe de l'inaliénabilité du domaine en loi fondamentale du Royaume, à une époque, rappelons-le, où la distinction entre le domaine public et le domaine privé n'avait pas encore été introduite dans notre système juridique ».

Au-delà de ce paradoxe apparent, il reste que le principe de l'inaliénabilité du domaine public est aujourd'hui proclamé dans l'article L. 3111-1 du Code général de la propriété des personnes publiques (art. L. 3111-1, CGPPP : la consécration du principe de l'inaliénabilité du domaine public) : « Les biens des personnes publiques mentionnées à l'article L. 1, qui relèvent du domaine public, sont inaliénables et imprescriptibles[176]. » Nous constatons donc que la loi française ne parle nullement de l'insaisissabilité des biens du domaine public.

Revenons à l'affaire qu'a déclenchée ce principe dans le système juridique français :

« C'est le cas en particulier des aliénations antérieures à l'édit de Moulins du 13 mai 1566 (voir CE, Sect., 13 octobre 1967, Cazeaux), ou des aliénations de dépendances des petits domaines de la Couronne, qui regroupaient des biens de faible importance, tels que les moulins et les pressoirs, mais aussi les marais, les étangs ou les ponts. De longue date en effet, la pratique permettait une cession irrévocable des biens que le roi jugeait plus expédient de vendre pour en éviter une gestion trop onéreuse eu égard à leur rentabilité.

---

174 Dahir portant loi n° 1-74-447 du 11 ramadan 1394 (28 septembre 1974) approuvant le texte du Code de procédure civile, *Bulletin officiel* n° 3230 bis du 13 ramadan 1394 (30 septembre 1974), p. 1805.

175 عبد الكريم الطالب، الشرح العملي لقانون المسطرة المدنية، طبعة مزيدة ومحنية وفق آخر التعديلات، مطبوعات المعرفة مراكش،

176 Odile de David Beauregard-Berthier, *Droit administratif des biens*, Paris, Gualino, 2012, p. 105.

« Par ailleurs, divers textes ont permis l'aliénation de certaines dépendances du domaine public. On peut signaler notamment une loi du 10 juin 1793 ayant prévu que les acquisitions de dunes réalisées par des particuliers avant ou après son édiction resteraient valables, étant entendu qu'aujourd'hui, la date limite de validité de ces acquisitions est celle de l'entrée en vigueur de la loidu 28 novembre 1963[177]. »

Pour finir, nous rappelons la position jurisprudentielle du Conseil constitutionnel français sur « La valeur juridique du principe d'inaliénabilité du domaine public » : Le Conseil constitutionnel n'a jusqu'à présent jamais saisi les occasions qui lui étaient offertes de reconnaître une valeur constitutionnelle au principe d'inaliénabilité du domaine public. En 1986, il a simplement déclaré que le principe s'oppose à une aliénation des biens du domaine public sans déclassement préalable (Déc Cons const. 18 septembre 1986, Liberté de communication, déjà citée).

« Cette affirmation a été réitérée par la suite, dans la décision du 23 juillet 1996, France Télécom : le principe d'inaliénabilité du domaine public n'aurait donc qu'une valeur législative[178]. »

Dans le même ordre d'idées, nous faisons la lumière aussi sur un texte juridique qui a aussi consacré les règles de protection, à savoir la loi n° 22-80 relative à la conservation des monuments historiques et des sites, des inscriptions, des objets d'art et d'antiquité[179], tellement négligée par l'ensemble des chercheurs en cette matière.

C'est ainsi que l'article 26 de ladite loi stipule : « Les immeubles classés, domaniaux, habous ou appartenant aux collectivités locales ou aux collectivités régies par le dahir du 26 rejeb 1337 (27 avril 1919) organisant la tutelle administrative des collectivités ethniques et réglementantla gestion et l'aliénation des biens collectifs sont inaliénables et imprescriptibles. »

B. La protection administrative

En ce qui concerne la protection administrative, celle-ci est effectuée par les services du patrimoine relevant de l'administration des collectivités territoriales, avec l'accompagnement de l'administration du contrôle administratif. Les dispositions en cause concernent l'ensemble des dispositifs et des démarches que lesdits services compétents ont l'obligation d'accomplir en vuede protéger leur domaine public communal par la tenue de sommiers de consistance, en enregistrant soigneusement les biens relevant dudit domaine, tout en mettant à jour chaque remaniement ou modification de la situation desdits biens.

---

177 *Op. cit.*, p. 106.

178 Odile de David Beauregard-Berthier, *op. cit.*, p. 107.

179 Promulguée par le dahir n° 1-80-341 du 17 safar 1401 (25 décembre 1980) (*B.O.* du 18 février 1981).

Ainsi, l'article premier de l'arrêté viziriel du 1er joumada I 1340 (31 décembre 1921)déterminant le mode de gestion du domaine municipal stipule : « Les biens faisant partie du domaine public et du domaine privé municipal font l'objet d'une prise en charge dans un sommier spécial dit "sommier de consistance du domaine municipal", mentionnant pour chacun de ces biens : la nature, l'origine, le titre de propriété, la date d'entrée au domaine municipal et, lorsqu'il s'agit d'immeubles : la contenance et la situation. Il est également porté mention à ce sommier de la décharge des biens vendus ou échangés ou des immeubles lotis. Ce sommier est divisé en deux parties : l'une mentionnant les biens du domaine public, l'autre ceux du domaine privé municipal[180]. »

En effet, l'article premier du décret n° 2-58-1341 du 25 rejeb 1378 (4 février 1959)déterminant le mode de gestion du domaine des communes rurales stipule : « Les biens faisant partie du domaine public et du domaine privé des communes rurales font l'objet d'une prise en charge dans un sommier spécial dit "sommier de consistance du domaine communal", sur lequel sont mentionnés pour chacun de ces biens : la nature, l'origine, le titre de propriété, la date de priseen charge par le domaine communal et lorsqu'il s'agit d'immeubles : la contenance et la situation. Il est également porté mention dans ce sommier de la décharge des biens vendus ou échangés ou des immeubles lotis. Ce sommier est divisé en deux parties : l'une mentionnant les biens du domaine public, l'autre ceux du domaine privé[181]. »

Les dispositions citées plus haut ne laissent guère le choix pour les services des collectivités territoriales d'enregistrer, conserver et protéger, recenser et suivre leur patrimoine, en l'occurrence le domaine public communal.

En sus, allons apprécier les dispositions prévues par les lois organiques relatives aux collectivités territoriales, à savoir les articles 94 de la loi organique n° 113-14 relative aux communes, 95 de la loi organique n° 112-14 et relative aux préfectures et provinces et 101 de la loi n° 111-14 relative aux régions.

Pour ce qui est de l'article 94 de la loi n° 113-14 relative aux communes, il stipule : « Le présidentdu conseil de la commune exécute les délibérations du conseil et ses décisions et prend toutes les mesures nécessaires à cet effet. Ainsi, il [...] gère et conserve les biens de la commune. À cet effet,il veille à la tenue et à la mise à jour du sommier de consistance des biens de la

---

180 Arrêté viziriel du 1er joumada I 1340 (31 décembre 1921) déterminant le mode de gestion du domainemunicipal (*B.O.* n° 482 du 17 janvier 1922).

181 Décret n° 2-58-1341 du 25 rejeb 1378 (4 février 1959) déterminant le mode de gestion du domaine descommunes rurales (*B.O.* n° 2417 du 20 février 1959).

commune et à leur apurement juridique et prend tous les actes conservatoires…[182] ».

Quant à l'article 95 de la loi organique n° 112-14 relative aux préfectures et provinces, il édicte :

« Le président du conseil de la préfecture ou de la province exécute les délibérations du conseil et ses décisions et prend toutes les mesures nécessaires à cet effet. Ainsi, il […] gère et conserve les biens de la préfecture ou de la province. À cet effet, il veille à la tenue et à la mise à jour du sommier de consistance et à l'apurement juridique des biens de la préfecture ou de la province et prend tous les actes conservatoires relatifs aux droits de la préfecture ou de la province…[183]. » Concernant l'article 101 de la loi organique n° 111-14 relative aux régions, il édicte : « Le président du conseil de la région exécute les délibérations du conseil et ses décisions et prend toutes les mesures nécessaires à cet effet. Ainsi il […] gère et conserve les biens de la région. À cet effet, il veille à la tenue et à la mise à jour du sommier de consistance et à l'apurement juridique des biens de la région et prend tous les actes conservatoires relatifs aux droits de la région…[184]. »

Les dispositions précédemment exposées ne laissent guère d'interprétations pour conserver et protéger son patrimoine et son domaine public, assurément s'il existe une vraie volonté de préserver, protéger et de valoriser son patrimoine.

C. Protection pénale

Le domaine public est un domaine sacralisé par la législation en vigueur, cela est dû à la fonction que remplissent les biens qui le constituent. À cet effet, le législateur l'a doté d'une protection non seulement civile et administrative, mais aussi pénale, en vue de le protéger contre toute atteinte ; ces dispositions ont de lourdes retombées sur les transgresseurs. La sacralisation précédemment évoquée se traduit par l'omniprésence de sites culturels, sociaux et même religieux… le constituant, la fonction même desdits biens.

Maintenant, allons apprécier ces dites dispositions répressives prévues par le droit pénal, qui transgressent les actes des malfaiteurs selon la gravité de l'acte.

---

[182] Dahir n° 1-15-85 du 20 ramadan 1436 (7 juillet 2015) portant promulgation de la loi organique n° 113-14relative aux communes, *Bulletin officiel* n° 6440 du 09 joumada I 1437 (18 février 2016).

[183] Dahir n° 1-15-84 du 20 ramadan 1436 (7 juillet 2015) portant promulgation de la loi organique n° 112-14 relative aux préfectures et provinces, *Bulletin officiel* n° 6440 du 9 joumada I 1437 (18 février 2016).

[184] Dahir n° 1-15-83 du 20 ramadan 1436 (7 juillet 2015) portant promulgation de la loi organique n° 111-14 relative aux régions, *Bulletin officiel* n° 6440 du 9 joumada I 1437 (18 février 2016).

a. La protection du domaine public, du patrimoine culturel, des monuments historiques et des édifices religieux

« Gérer un patrimoine, c'est sans doute le conserver, mais chacun sait qu'une gestion heureuse dépend de l'habileté avec laquelle on a su, à temps, en renouveler les éléments. De la même façon, sur le plan politique, les activités gestionnaires sont celles [...] qui tendent à utiliser les énergies incluses dans la société pour promouvoir son développement dans le sens du bien commun[185]. »

Le patrimoine culturel et religieux est visé par l'article 223 qui prévoit : « Quiconque, volontairement, détruit, dégrade ou souille les édifices, monuments ou objets servant au culte est puni de l'emprisonnement de six mois à trois ans et d'une amende de 100 à 500 dirhams[186]. »

1. La protection des cimetières

Pour ce qui est des cimetières, le législateur, par respect pour l'âme des morts, a stipulé dans son article 268[187] du Code pénal ce qui suit : « Quiconque détruit, dégrade ou souille les sépultures, par quelque moyen que ce soit, est puni d'un emprisonnement de six mois à deux ans et d'une amende de 200 à 500 dirhams. »

2. La protection des biens immobiliers relevant du domaine public

Les biens immobiliers relevant du domaine public sont protégés par le Code pénal, ne laissant quiconque porter atteinte aux biens immobiliers de ce domaine public protégé.

De prime abord, l'article 542 du Code pénal édicte : « Est puni des peines de l'escroquerie prévue à l'alinéa premier de l'article 540 quiconque de mauvaise foi : 1° Dispose de biens inaliénables...[188]. »

Ensuite, l'article 586 du Code pénal stipule : « Quiconque détruit volontairement ou tente de détruire, par l'effet d'une mine ou de toutes autres substances explosives, des voies publiques ou privées, des digues,

---

[185] G. Burdeau, *L'État*, Seuil, « Points-Politique », 1970, rééd. 2009, p. 170-171, cité par Aurélien Camus, « Le Pouvoir de gestion du domaine public », thèse pour le doctorat en droit public, Université Paris Ouest Nanterre La Défense, 28 novembre 2013, p. 1.

[186] Dahir n° 1-59-413 du 28 joumada II 1382 (26 novembre 1962) portant approbation du texte du Code pénal.
Bulletin officiel n° 2640 bis du 12 moharrem 1383 (5 juin 1963), p. 843.

[187] Code pénal, *Bulletin officiel* n° 2640 bis du 12 moharrem 1383 (5 juin 1963), p. 843.

[188] Article 540 : « Quiconque, en vue de se procurer ou de procurer à un tiers un profit pécuniaire illégitime, induit astucieusement en erreur une personne par des affirmations fallacieuses, ou par la dissimulation de faits vrais, ou exploite astucieusement l'erreur où se trouvait une personne et la détermine ainsi à des actes préjudiciables à ses intérêts pécuniaires ou à ceux d'un tiers, est coupable d'escroquerie et puni de l'emprisonnement d'un à cinq ans et d'une amende de 500 à 5 000 dirhams... », c'est-à-dire un emprisonnement d'une année à cinq ans et une amende de 500 à 5 000 dirhams, Code pénal, *Bulletin officiel* n° 2640 bis du12 moharrem 1383 (5 juin 1963), p. 843.

barrages ou chaussées, des ponts, des installations portuaires ou industrielles est puni de la réclusion de vingt à trente ans[189]. »

En sus, l'article 587 du Code pénal prévoit : « Quiconque dépose volontairement un engin explosifsur une voie publique ou privée est puni de la réclusion de vingt à trente ans[190]. »

En outre, l'article 590 du Code pénal édicte : « Quiconque volontairement détruit ou renverse, par quelque moyen que ce soit, en tout ou en partie, des bâtiments, des ponts, digues, barrages, chaussées, installations portuaires ou industrielles qu'il savait appartenir à autrui ou qui cause soit l'explosion d'une machine à vapeur, soit la destruction d'un moteur faisant partie d'une installation industrielle est puni de la réclusion de cinq à dix ans.

S'il a résulté de l'infraction prévue à l'alinéa précédent un homicide, des blessures ou une infirmité permanente pour un tiers, le coupable est puni de mort s'il y a eu homicide, et de la réclusion de dix à vingt ans dans tous les autres cas[191]. »

Par ailleurs, l'article 591 du Code pénal édicte : « Quiconque, en vue de provoquer un accident ou d'entraver ou gêner la circulation, place sur une route ou un chemin public un objet faisant obstacle au passage des véhicules ou emploie un moyen quelconque pour faire obstacle à leur marche, est puni de la réclusion de cinq à dix ans.

S'il a résulté de l'infraction prévue à l'alinéa précédent un homicide, des blessures ou une infirmité permanente pour un tiers, le coupable est puni de mort, s'il y a eu homicide, et de la réclusion de dix à vingt ans dans tous les autres cas[192]. »

De plus, l'article 595 du Code pénal stipule : « Quiconque, volontairement, détruit, abat, mutile ou dégrade : soit des monuments, statues, tableaux ou autres objets destinés à l'utilité ou à la décoration publique et élevés ou placés par l'autorité publique ou avec son autorisation, soit des monuments, statues, tableaux ou objets d'art quelconques placés dans des musées, lieux réservés au culte ou autres édifices ouverts au public, est puni de l'emprisonnement d'un mois à deux ans et d'une amende de 200 à 500 dirhams[193]. »

Pour ce qui est de la protection de l'or bleu, l'article 606 du Code pénal édicte : « Quiconque, en tout ou en partie, comble des fossés, détruit des clôtures, de quelques matériaux qu'elles soient faites, coupe ou arrache des haies vives ou sèches, déplace ou supprime des bornes ou toutes autres marques plantées ou reconnues pour établir les limites entre différentes

---

189 *Bulletin officiel* n° 2640 bis du 12 moharrem 1383 (5 juin 1963), p. 843.
190 *Idem.*
191 *Idem.*

192 *Idem.*
193 *Idem.*

propriétés, est puni de l'emprisonnement d'un mois à un an et d'une amende de 200 à 500 dirhams.

« Quiconque volontairement fait dévier sans droit des eaux publiques ou privées est puni de l'emprisonnement d'un mois à deux ans et d'une amende de 200 à 5 000 dirhams[194]. »

3. La protection du domaine public de l'occupation arbitraire et illégale

L'article 12 de la loi n° 9-96 modifiant et complétant le dahir 24 safar 1337 de l'hijir,30 novembre 1918, relatif à l'occupation temporaire du domaine public, stipule :

« Sans préjudice de poursuites judiciaires, toute personne qui occupe le domaine public sans l'autorisation prévue à l'article 6 ci-dessus est mise en demeure de cesser immédiatement ladite occupation.

« En tout état de cause, le contrevenant est redevable envers le Trésor d'une indemnité égale au triple du montant de la redevance annuelle normalement exigible en cas d'autorisation, et ce, pour chaque année ou fraction d'année d'occupation irrégulière.

« Cette indemnité est prononcée par l'administration dont relève la gestion du domaine public concerné, au moyen d'ordres de recettes émis au vu des procès-verbaux dressés par les agents verbalisateurs commissionnés à cet effet et assermentés conformément à la législation en vigueur[195]. »

4. La protection de l'exécution de travaux publics

L'article 308 du Code pénal stipule : « Quiconque, par des voies de fait, s'oppose à l'exécution de travaux ordonnés ou autorisés par l'autorité publique, est puni d'un emprisonnement de deux à six mois et d'une amende qui ne peut excéder le quart des dommages-intérêts, ni être inférieure à200 dirhams.

« Ceux qui, par attroupement, menaces ou violences, s'opposent à l'exécution de ces travaux sont punis d'un emprisonnement de trois mois à deux ans et de l'amende prévue à l'alinéa précédent[196]. »

« En 1806, Pardessus, dans son *Traité des servitudes*, introduit la notion d'affectation à l'usage du public et au service de l'intérêt général qui deviendront des critères de la domanialité publique consacrés par la jurisprudence.

---

[194] *Idem.*

[195] Dahir du 24 safar 1337 (30 novembre 1918) relatif aux occupations temporaires du domaine public (*B.O.* n° 326 du 20 janvier 1919), complété par la loi n° 9-96, promulguée par le dahir n° 1-97-03 du 16 ramadan 1417 (25 janvier 1997) (*B.O.* n° 4482 du 15 mai 1997).

[196] Dahir n° 1-59-413 du 28 joumada II 1382 (26 novembre 1962) portant approbation du texte du Code pénal, p. 112, *Bulletin officiel* n° 2640 bis du 12 moharrem 1383 (5 juin 1963), p. 843.

« En 1833, Proudhon précise la dualité du domaine de l'État et distingue les biens qui méritent une protection particulière parce qu'ils répondent au besoin de la société et composent le domaine public de ceux qui ne la méritent pas[197]. »

D. Aspects social, historique et culturel : à l'aune du développement durable socialement responsable

« Le Maroc se distingue par son patrimoine historique séculaire[198]. »

L'une des raisons qui nous ont poussés à adopter l'appellation « patrimoine communal » au lieu de domaine communal est que cette appellation demeure la plus adaptée à notre sujet, car elle englobe une dimension plus vaste de cette branche de droit.

L'une des composantes essentielles du patrimoine communal dans le domaine public est la composante monumentale ou monuments historiques et le patrimoine culturel, comme le stipule l'article 2 du dahir du 19 octobre 1921 sur le domaine municipal[199] :

« Font partie du domaine public municipal tous les biens qui y ont été formellement affectés. Le domaine public municipal peut comprendre : 1° les rues, chemins, places, jardins publics, ainsi que les monuments, fontaines, installations d'éclairage et les ouvrages qui en sont les accessoires ; 2° les eaux destinées à l'alimentation de la ville, ainsi que les canalisations, aqueducs, châteaux d'eau et autres installations faisant partie du domaine public au Maroc, dans les conditions déterminées par notre dahir du 1er juillet 1914 (7 chaabane 1332) et sous la réserve, maintenue par ce dahir, des droits légalement acquis par des tiers, notamment par l'administration des habous ; 3° les cimetières autres que les cimetières musulmans et israélites. »

Pour ce qui est de l'article 3 de la loi sur le domaine des communes rurales de 1954 : « Peuvent être incorporés dans ce domaine public, à raison soit de leur affectation à l'usage du public, soit de leur utilisation pour le fonctionnement de services publics locaux dépendant de la jemâa administrative, notamment :

1° les pistes, chemins, rues, places, jardins ou parcs publics, installations d'éclairage, égouts ;

2° les eaux destinées à l'alimentation humaine ou à l'abreuvement des troupeaux ainsi que les ouvrages destinés à cette utilisation ;

3° les immeubles tels que les souks et leurs dépendances, fondouks, abattoirs, monuments, bains parasiticides. »

---

[197] Sandrine Garcia, « La gestion du domaine public maritime artificiel de l'État », mémoire de DESS, Droit maritime et des transports 1997/1998, Université de droit, d'économie et des sciences d'Aix-Marseille, p. 3.

[198] Rapport de la commission sur la régionalisation in : http://www.regionalisationavancee.ma/PDF/Rapport/Fr/L1_ConceptionGenerale.pdf

[199] *B.O.* n° 470 du 25 octobre 1921.

L'un des bienfaits minimes de ce régime juridique régissant le patrimoine communal prévu par ces deux lois est l'inclusion des monuments dans le domaine communal, car c'est l'un des piliers majeurs de ce patrimoine communal à vocation sociale et culturelle ; des droits historiques sonten jeu au profit du développement économique et social durable.

Nous allons militer pour que les monuments historiques soient toujours omniprésents à l'instar d'autres composantes de ce patrimoine communal dans tout amendement de loi relatif à ce domaine.

a. Domaine public communal et développement local : étude empirique

Nous ne comprenons pas la décision du conseil communal de Guercif d'abolir et anéantir un parc ancien contenant un patrimoine arboré important, en plein cœur de cette ville, en face du siège de la commune, qui avait une portée historique importante dans l'esprit des habitants de Guercif, qui était le plus important espace vert public de la ville si ce n'est l'unique, et le plus ancien, d'ailleurs, à côté duquel existait une ancienne église que le conseil communal, dit avant municipal,dont le président a formulé une demande au Vatican pour lui transférer sa propriété[200] qui a accepté ledit transfert, le conseil communal l'a modifiée pour qu'elle soit une salle de conférences, c'est l'actuelle salle de conférences Ibn Al Haytam relevant de la commune de Guercif, qui a abrité un ensemble de conférences et a vu la présence de savants tels que Al Mahdi Al Manjra[201].

Cette suppression dudit parc avait pour but l'instauration d'une grande place, toujours par l'INDH et en silence total de l'autorité provinciale ! Pour certains, l'intention du gouverneur était d'anticiper la protection de ce patrimoine communal, car il craignait que certains élus du conseil communal n'aient l'intention de laisser ce parc se dégrader, pour chercher la bonne occasion de le déclasser du domaine public communal puis de le céder, pour faire l'objet de spéculation immobilière par la suite, à l'exemple de ce qui s'est passé dans d'autres provinces et préfectures par certains conseils des élus[202].

Dans la commune de Mazguitam, au cours des années 1990, des archéologues allemands, dans le cadre d'une expédition en collaboration avec le ministère de la Culture et l'autorité locale dans la localité dite Aïn Mzizou, vers la route régionale n° 511 vers la commune de Aïn Zouhra, à12 kilomètres, dans un ancien cimetière dans cette zone rurale, ont découvert le premier Homme ancien, certains disent que les chercheurs

---

[200] Bien entendu, *via* les services centraux du ministre de l'Intérieur et du ministre des Affaires étrangères et dela Coopération.

[201] Que Dieu ait son âme. Enfant, nous avons eu l'honneur d'assister à sa conférence qui est restée gravée dans notre mémoire.

[202] Le comportement opportuniste et égoïste des renards prime sur le comportement d'esprit du groupe des lions.

pensaient qu'ils avaient trouvé le premier *homo sapiens*[203], même avant celui décelé en 2017 dans la région de Safi[204].

L'idée que cette commune, comme l'ensemble des communes de la province de Guercif, détient un patrimoine culturel important est tombée dans les oubliettes.

Dans la commune de Berkane, des sites historiques de civilisations anciennes vont être découverts, un jour, bien que les services communaux déclarent qu'ils n'en ont aucune idée, les seuls sites historiques qu'ils connaissent datent de l'époque coloniale[205] dans cette commune montagneuse : l'aéroport, le terrain de tennis, les parcs, la caserne militaire…

Néanmoins, après des recherches et investigations[206], le témoignage d'un spécialiste nous a démontré le contraire : la commune de Berkane est l'un des berceaux des civilisations anciennes dans la province de Guercif, et une vraie recherche nous apportera des surprises.

En revanche, seulement deux cas sont révélés par un accompagnateur autochtone : un archéologue italien, sous l'égide du protectorat français qui a financé cette opération vers 1920, a visitébeaucoup de sites et fait deux découvertes, qui ont été relatées en détail par l'accompagnateur. L'Italien a gardé ses secrets et caché ses cartes.

Il s'agit de deux sites romains de la Rome antique, le premier se situant dans une localité dite Amzolo, là où ils ont trouvé des tombes romaines.

Un peu plus loin dans le douar Bouhassan et dans le bassin qui va abriter le grand barrage Targa Ou Madi, ils ont trouvé des tombes romaines cachées dans une grotte. L'archéologue italien a trouvé une petite boîte pleine de découvertes, mais il a caché son contenu audit accompagnateur marocain…

La commune de Lamrija contient également un tas de secrets similaires, mais nous observons que des élus, surtout certains présidents de commune, ne s'intéressent à ce patrimoine qu'en cachette quand il s'agit d'un gain personnel, en se moquant éperdument du site[207], de son histoire et des

---

[203] Entretien avec un représentant de la société civile de la commune de Mazguitam et fils d'un autochtone, qui a abrité lesdits archéologues allemands, de l'équipe technique communale de Mazguitam.

[204] Selon certains représentants de la société civile, la dissimulation des résultats de cette découverte pose énormément de questions…

[205] Lors de notre entretien avec les services communaux de Berkane, il n'existe pas de site préhistorique.

[206] Entretien avec un chercheur spécialisé en patrimoine culturel et historique, originaire de la commune de Berkane.

[207] Nous citons des sites encore cachés et ignorés, comme la grotte dite « Zahdat Al Moaalimine » dont des témoignages des autochtones qui parlent des mystères de cette grotte et de la valeur historique d'un bon nombre de sites, ladite grotte témoignait du génie de l'homme préhistorique *via* ses gravures sur le toit de la grotte…, « Rokam » à Gaada, « Charour Edik » de Beni Ouatass disait aussi « Ighrem Oudad » ou « Qcer Faraon » sans pour autant oublier la Mosquée de Moulay Idriss El Akbar dans la localité dite Qsar de la famille Ouled Sidi Abderrahim à Beni Khliften qui date de 172 de l'hégire, date de la

civilisations[208]. Mais comme l'a dit l'écrivain français Jean Racine : « Il n'est point de secrets que le temps ne révèle[209]. »

De plus, au nord de la province de Guercif, une commune se situant au nord-ouest de la commune sus-citée, Mazguitam, en l'occurrence la commune de Saka, a pu démontrer aussi qu'une civilisation préhistorique existait dans cette province. Au douar dit Hassi Ounzgua, des découvertes effectuées par des archéologues allemands et marocains ont pu prouver que dans une grotte se trouve un site de la plus ancienne civilisation préhistorique en Afrique du Nord, les poteries et les os trouvés en sont les témoins ; juste à côté se trouve la kasbah de Moulay Ismail. Selon un chercheur en patrimoine, beaucoup plus de sites perdus et méconnus peuvent êtredécelés, et nous partageons le même point de vue[210].

Cette donne mystérieuse et attractive n'est ni connue ni vulgarisée par nos médias, ni exploitée parles dirigeants locaux ou régionaux, ni incluse dans les études menées par l'Agence de l'Oriental et le conseil de la région de l'Oriental. Nous trouvons en contrepartie un ouvrage de 119 pages, publié sur Internet et édité par l'université allemande « Universität zu Köln[211] » avec des cartes et des illustrations sur la découverte du site préhistorique de Hassi Ounzgua, la plus ancienne trace d'une civilisation du Néolithique et la première trace de fabrication de céramiques.

De même, dans la commune de Mezguitam, dans le barrage collinaire du douar Gandbour, une espèce d'oiseau rare et en voie de disparition, les Threskiornithidae, une sorte de réserve ; pour la gestion de cette réserve, une convention a été signée entre la commune et une fondation allemande, une association et les services provinciaux. Ces oiseaux vont être transportés dans la réserve d'Agadir incessamment.

Une nouvelle vision, originale et inédite, qui va marquer le présent sujet par une thèse exceptionnelle d'une fusion homogène regroupant à la fois

---

construction de cette mosquée mystérieuse par Moulay Idriss El Akbar après son avènement au Maghreb el Acsa. Comme disait Ibn Khaldun dans les *Prolégomènes* : au Maroc oriental à Ben Khalifien relevant de la commune de Lamrija en 169 de l'hégire, cette mosquée disposait d'un ensemble de particularités, entre autres un seau en or, pillé par ces égoïstes [...]. Le seul patrimoine demeurant dans cette localité près des décombres de la mosquée est l'olivier de Moulay Slimane, frère de Moulay Idriss al Akbar, un seul arbre du patrimoine arboré ancestral, etc. Et bien d'autres que nous connaissons ou ceux que nous n'allons jamais connaître car ils ont été ruinés et détruits totalement. Dans la commune de Lamrija ou dans d'autres communes, d'autres sites historiques et naturels doivent être découverts et conservés, comme la grotte Souari à « Rokam »...

208 نور الدين قشى، أعمال الحفر والاستكشاف دون ترخيص او ظاهرة التنقيب عن الكنوز ، المجلة المغربية للإدارة المحلية والتنمية، عدد 20، يناير- مارس 1998، ص 81

209 *In* https://dicocitations.lemonde.fr/citations/citation-10347.php, consulté le 21/12/2016 à 20 heures.

210 Entretien avec un chercheur en patrimoine historique.

211 *In*: https://www.academia.edu/1535149/Linst%C3%A4dter_J._2003_Le_site_n%C3%A9olithique_de_l_abri_Hassi_Ouenzga, consulté le 21/09/2018 à 17 heures 30 min.

différentes disciplines et matières juridiques qui convergent faisant naître une nouvelle génération patrimoniale, voire une nouvelle branche du droit patrimonial à vocation économique, culturelle et sociale marquée par l'omniprésence du développement durable, vers un investissement socialement responsable, stratégique et intégré. Nous parlons donc d'un mariage du cadre juridique relatif au patrimoine communal précité (le domaine communal) avec les textes de loi et les disciplines suivantes : la réglementation sur les signes distinctifs d'origine et de qualité des produits (loi n° 17-97 relative à la propriété industrielle telle que modifiée et complétée par les lois 23-13 et 31-05), enregistrement, motifs absolus, oppositions, actions en justice et mesures aux frontières pour les IG et AO ; la loi n° 25-06 relative aux signes distinctifs d'origine et de qualité des denrées alimentaires et des produits agricoles et halieutiques, la loi n° 133-12 relative aux signes distinctifs des produits de l'artisanat, le protocole de Nagoya sur l'accès aux ressources génétiques et le partage juste et équitable des avantages découlant de leur utilisation (APA) relatif à la Convention sur la diversité biologique (CDB) ; le projet de loi APA déposé au Secrétariat général du gouvernement (SGG) le 4 octobre 2016 et bien entendu le projet de loi sur les trésors vivants auparavant au SGG puis retiré dernièrement par le département étatique concerné et qui va être, probablement, redéposé incessamment, la législation sur le patrimoine culturel ; ceci étant le but ultime : la valorisation extrême du patrimoine communal marocain.

b. Les trésors vivants, les savoir-faire traditionnels et ancestraux, un patrimoine culturel immatériel qui nécessite valorisation et protection

L'approche jordanienne du passé : L'archéologie contre le patrimoine. La césure entre les passés ancien et récent est une question délicate. Dans de nombreux cas, cette démarche conduit à appréhender une partie du passé en tant que patrimoine culturel et à ne voir dans le reste que quelque chose sans rapport avec la vie contemporaine, principalement si l'on se réfère à sa dimension archéologique. La décision de distinguer le plus ancien du plus récent bénéficie habituellement aux gouvernements et à l'élite. Elle met en lumière le passé récent, qui est approprié par ceux qui détiennent le pouvoir, tout en « (abandonnant) l'étude de l'archéologie là où elle est si souvent cantonnée – hors de la conscience publique – ou (en disqualifiant) le passé le plus éloigné au regard de toute réalité vivante[212] ».

Parmi le patrimoine qui immunise notre pays contre la mondialisation et ses différents risques demeure le patrimoine immatériel et culturel ; la

[212] Franck Michel, « Patrimoine, tourisme, environnement et développement durable », *op. cit.*, p. 128.

valorisation et la protection des trésors vivants demeurent une nécessité impérieuse.

Ci-après le projet de loi du système des trésors humains vivants, déposé au Secrétariat général du gouvernement et puis retiré par le département de la Culture[213].

Note de présentation relative au projet de loi sur le système des trésors humains vivants préparé par les services centraux du ministre de la Culture[214] : « Le patrimoine culturel immatériel se réfère aux pratiques, représentations, expressions, connaissances et compétences transmises de génération en génération. Son importance réside dans ces richesses qu'il transmet aux générations futures. Il offre aux communautés un sentiment d'identité. Il est constamment recréé en réponse à leur environnement, et il est transmis par l'imitation et par la pratique sociale.

L'une des plus grandes menaces à la viabilité du patrimoine culturel immatériel est la diminution du nombre de ceux qui pratiquent l'artisanat, la musique, la danse ou le théâtre traditionnels… ainsi que la réduction du nombre de ceux qui ont la possibilité d'apprendre auprès d'eux. Dès lors, le moyen le plus efficace pour assurer une sauvegarde durable de ce patrimoine est d'encourager ces détenteurs à continuer de transmettre leurs connaissances et savoir-faire aux jeunes générations.

Ainsi, la Convention pour la sauvegarde du patrimoine culturel immatériel de 2003, que le Maroc a ratifiée en juillet 2006, place la transmission parmi les mesures de sauvegarde visant à assurer la viabilité de ce patrimoine. Parallèlement, l'UNESCO encourage, depuis plusieurs années, les États à créer des systèmes nationaux de « Trésors humains vivants ». Depuis le Japon, initiateur du système, jusqu'à la Mauritanie en passant par la République de Corée, la Roumanie, la Bulgarie, la France, le Nigeria et le Mali, entre autres, plusieurs pays ont adopté ce système et pris des mesures juridiques pour le mettre en œuvre.

Dans cette perspective, le ministère de la Culture a élaboré un projet de loi relatif aux Trésors humains vivants qu'il définit comme étant des personnes qui possèdent à un haut niveau les connaissances et les savoir-faire nécessaires pour interpréter ou recréer des éléments spécifiques du patrimoine culturel immatériel et qui peuvent assurer la transmission de leurs connaissances et savoir-faire aux jeunes générations. Il comprend des mesures institutionnelles et financières à même de garantir une mise en œuvre efficiente du système.

Le projet stipule, entre autres mesures, que le système des Trésors humains vivants soit géré par l'autorité gouvernementale chargée de la

---

213 Entretien avec un cadre du Secrétariat général du gouvernement, à l'occasion de notre veille juridique.

214 http://www.sgg.gov.ma/portals/0/AvantProjet/48/Avp_Loi_53.13_fr.pdf, consulté le 13/03/2019 à 3 h 7.

Culture. En outre, compte tenu du caractère transversal du champ du patrimoine culturel immatériel, celle-ci assure la coordination avec les autres départements de l'État directement concernés par des aspects liés à ce domaine et avec les personnes qui en sont les détenteurs.

Le projet prévoit la création d'une commission nationale chargée de sélectionner des candidats au titre des Trésors humains vivants et de veiller à la mise en œuvre du système. Il prévoit, en outre, la désignation d'un secrétariat pour aider l'autorité gouvernementale et la commission nationale à mettre en œuvre le système. Il définit, enfin, les critères de sélection des Trésors humains vivants, fixe les modes de financement nécessaires pour la gestion, la promotion et la pérennisation du système et stipule les droits et obligations des Trésors humains vivants sélectionnés et de leurs apprentis.

Ce projet de loi se conforme à la Convention pour la sauvegarde du patrimoine culturel immatérielde 2003, qui se compose de 40 articles, et aux Directives pour l'établissement de systèmes nationaux de Trésors humains vivants de l'Organisation des Nations Unies pour l'éducation, la science et la culture.

Néanmoins, un travail colossal doit être effectué pour avoir une loi plus efficace respectant les spécificités marocaines.

De prime abord, nous reprochons ce monopole du ministère de la Culture, qui veut toujours accaparer l'ensemble des affaires. D'ailleurs, ce n'est pas l'apanage de ce département, c'est une mentalité !

Ce sujet d'importance capitale, dans l'énoncé du préambule, parle d'autres départements ministériels, mais il faut déterminer la part de responsabilité de chaque département, notamment du ministre de l'Intérieur et, bien entendu, des collectivités territoriales qui sont sur place et collaborent avec l'autorité locale.

Ce projet doit être revu : la territorialité, les collectivités territoriales dont le rôle doit être plus important dans le processus de reconnaissances des trésors vivants.

Ensuite, un effort doit être consenti quant à la définition à l'article 1 des critères de reconnaissance*article 13*, un travail concerté et réfléchi entre les différents intervenants, la société civile, les chercheurs, les universités, pour englober plus de trésors vivants cachés, en l'occurrence, certaines sciences et certaines pratiques, « Même d'ordre spirituel ».

En l'occurrence, le tourisme culturel revêt une importance cruciale pour notre patrimoine communal.

Dans le même ordre d'idées, les Asiatiques, surtout les Japonais suivis par les Coréens, ont beaucoup développé leurs pratiques en reconnaissance et conservation de leurs trésors humains vivants et détiennent une vision plus profonde à travers leur système de reconnaissance et de protection.

Les trésors nationaux vivants sont des personnes qui possèdent un haut niveau de connaissances etde savoir-faire dans un domaine spécifique et qui ont été distingués dans une mesure de sauvegarde du patrimoine culturel immatériel afin de pouvoir continuer de développer leur talent pour les transmettre aux générations futures. Ils sont donc intimement liés au patrimoine culturel immatériel par une volonté de conservation. Il nous semble donc important de bien définir cette notion avant de poursuivre notre étude concernant les trésors nationaux vivants.

« La notion de patrimoine demeure bien difficile à définir, d'une part, par l'évolution de sa signification au cours du siècle dernier, d'autre part, par le fait que sa définition même dépend nonseulement du contexte mais aussi de la conceptualisation du patrimoine en question.

« En Occident, la notion de patrimoine était, jusque très récemment, réservée à la pierre (ouverture au patrimoine immatériel avec la Convention de l'UNESCO en 2003). Toutefois, au Japon, nombre d'édifices estimés sur le plan historique et culturel sont périodiquement détruits pour être reconstruits. Ainsi, la notion de conservation du patrimoine semble s'accorder plus aux symboles et aux rites qu'à la valeur historique des matériaux qui constituent l'édifice. Il est, par conséquent, logique que la notion de patrimoine au Japon se rapproche d'une volonté de perpétuer l'immatériel des traditions, tout en étant capable de se moderniser.

« Et c'est là que se situe toute la singularité du Japon mais aussi d'autres pays d'Asie du Sud et de l'Est comme la Corée du Sud : trouver un équilibre entre tradition et modernité.

« Ceci se traduit notamment par l'avance de ces derniers sur la question du patrimoine immatériel. Le Japon en est un grand précurseur : il est notamment le premier dans le monde à avoir introduit la notion de patrimoine culturel immatériel dans ses textes de loi[215]. »

Après avoir discuté des trésors vivants, nous discuterons et analyserons le protocole de Nagoya sur l'accès aux ressources génétiques et le partage juste et équitable des avantages découlant de leur utilisation et le projet de loi toujours en cours, pour terminer avec la valorisation des produits des richesses produites par un savoir-faire local par le biais des titres de propriété industrielle et commerciale adéquats.

c. Les dispositions relatives à l'accès aux ressources génétiques et le partage juste et équitable des avantages découlant de leur utilisation (APA)

Dans le même ordre d'idées et dans le cadre du protocole de Nagoya sur l'accès aux ressources génétiques et le partage juste et équitable des avantages découlant de leur utilisation (APA) relatifà la Convention sur la diversité biologique (CDB), un projet de loi sur l'accès aux ressources génétiques et le partage juste et équitable des avantages découlant de leur

[215] Emeline Armand, Sébastien Heissler, Marine Sanchez, « Les trésors nationaux vivants au Japon », in *http://scholar-irasia.huma-num.fr/2017/03/sinr17-ahl/*, consulté le 16/08/2017 à 16 heures 45 min.

utilisation a été déposé au SGG, comme nous l'avons susmentionné. Nous déclarons d'emblée que tout premier essai suscite des critiques et observations ; mais nous mettons en lumière les observations les plus pertinentes :

De prime abord, ce projet de loi contient un préambule et 31 articles ; ces articles nécessitent plus de développements et de précisions, tout en mettant en exergue le rôle des collectivités territoriales en tant que pivot dans la mise en œuvre de la mission de protection de l'économie nationale et locale *via* l'accès aux ressources génétiques et le partage juste et équitable des avantages découlant de leur utilisation, pour se conformer à l'essence des stipulations du protocole de Nagoya, telles nous les avons déjà exposées ci-dessus.

Ce rôle est tellement négligé par les rédacteurs de ce projet de loi qu'ils n'ont pas saisi la prééminence du rôle que doivent jouer les collectivités territoriales dans cette lutte.

Elles ne sont mentionnées que deux fois, dans deux phrases, dans deux des 31 articles formant le projet de loi sur l'accès aux ressources génétiques et le partage juste et équitable des avantages découlant de leur utilisation, et surtout d'une manière superficielle, ne concernant que la sanction, ce qui illustre cette marginalisation : « Chapitre VI : Recherche et constatation des infractions ; Article 22 : Outre les agents, les officiers de la police judiciaire procèdent à la recherche et à la constatation des infractions aux dispositions de la présente loi et des textes pris pour son application :

– les inspecteurs de la police de l'environnement ;

– les agents de l'administration des douanes et impôts indirects commissionnés à la constatation des infractions des douanes conformément aux lois en vigueur ;

– les agents assermentés et commissionnés à cet effet par l'administration et les collectivités territoriales ;

– les officiers de la Gendarmerie royale et de la Marine royale.

Les fonctionnaires et agents mentionnés ci-dessus sont assermentés conformément à la législation en vigueur et portent une carte professionnelle délivrée par l'administration à laquelle ils appartiennent. Ils doivent présenter leurs cartes à chaque opération de recherche ou constatation.

Les fonctionnaires et agents susmentionnés doivent maintenir le secret professionnel conformément aux sanctions prévues par le Code du droit pénal. »

De même à l'article 29 du projet du code qui stipule :

« Article 29 : Nonobstant des sanctions prévues à l'article 28 ci-dessus, le contrevenant doit :

– réparer les préjudices causés conformément aux dispositions de législation applicable en la matière ;

– prendre toutes les mesures qui lui sont prescrites, nécessaires à la protection des espèces concernées par le prélèvement des ressources génétiques, objet de l'infraction, dans les conditions et délais fixés par l'autorité compétente. En cas de non-exécution des mesures prescrites dans les délais impartis, ces mesures sont prises par l'autorité compétente aux frais et risques du contrevenant.

L'agent ayant constaté l'infraction procède immédiatement à la fermeture de tout local ou établissement utilisé pour la commission de l'infraction, en prescrivant des mesures d'urgence, si nécessaire, aux fins d'assurer la conservation des espèces.

Les dispositions du présent article s'appliquent sans préjudice des dispositions du Code des douanes et de la loi n° 29-05 relative à la protection des espèces de flore et de faune sauvages et au contrôle de leur commerce.

En outre, dans le cas où cet utilisateur a bénéficié d'une aide financière de l'État ou de collectivités territoriales pour ses travaux de recherche ou de collecte des ressources génétiques et/ou des connaissances traditionnelles associées, il est astreint au remboursement des sommes qui lui ont été versées au titre de cette aide financière. »

Alors, nous préconisons vivement que les collectivités territoriales jouent un rôle vital depuis le déclenchement des procédures jusqu'à la sanction des transgresseurs, mais nous proposons de leur donner tous les moyens nécessaires pour réaliser des investissements durables, l'inclusion socialement responsable au niveau national et se positionner au niveau international dans le cadre d'une approche participative avec le tissu social[216] et les coopératives actives et responsables censées être les mieux placées pour connaître. En contrepartie de la responsabilité territoriale etsanctionner toutes carences dans l'accomplissement de leurs missions.

De plus, les rédacteurs du projet de loi objet de l'étude, ont marginalisé les expressions : « savoir-faire » et « savoir-faire traditionnel », ce qui traduit leur ignorance de la pertinence de ces termes.

Finalement, qui dit savoir-faire dit propriété industrielle et commerciale, dit les nouveaux signes distinctifs d'origine et de qualité, dit aussi valorisation, ce que le projet de loi a omis !

Nous sommes en voie de parler des indications géographiques et appellations d'origine, nous soulignons le rôle essentiel qui consiste en la valorisation et la protection supplémentaire que représentent ces termes de propriété industrielle et commerciale à part entière ; nous attirons l'attention sur l'obligation d'intégration de ces dispositions de la loi qui verra le jour

---

[216] « L'inclusion sociale », Moulay Zine El Alaoui, « L'Intégration, phénomène essentiel du développement », *Revue marocaine d'économie et de droit*, n° 6, 1983, p. 60.

pour arrêter le saignement et le manque à gagner de l'économie nationale, comme nous l'avons mentionné auparavant !

Nous préconisons aussi la création et la maintenance d'un centre d'assistance pour les communautés autochtones et locales et les parties prenantes concernées parmi les mesures nationales potentielles de sensibilisation. En parallèle, les parties ont également le pouvoir, si la volonté politique le permet !

En sus, la législation nationale devrait permettre d'établir un lien entre le consentement préalable donné en connaissance de cause et l'existence de mesures efficaces pour les utilisateurs dans le pays où la ressource génétique ou les connaissances traditionnelles associées seront utilisées, là où les collectivités territoriales doivent être au cœur de ces actions.

E. Le domaine public et les limites des règles d'imprescriptibilité et d'impossibilité d'exproprier

Commençons tout d'abord par la règle de l'imprescriptibilité qui, comme elle est définie ci-haut, constitue le moyen efficace pour défier la prescription qui apparaît comme une menace imprévisible pour le patrimoine de la commune.

La question qui se pose est de savoir la réalité de cette inquiétude et dans quelle mesure elle est justifiée. En fait, la prescription est difficilement applicable sur le domaine public faisant l'objet d'une affectation formelle au public ou au service public[217]. D'ailleurs, les cas dans lesquels la jurisprudence a fait souvent application du principe de l'imprescriptibilité du domaine public relèvent tous du même cadre et présentent tous les mêmes caractéristiques.

En effet, les différents litiges portés devant le juge ont pratiquement tous concerné des dépendances qui n'étaient plus affectées ni au public, ni au service public ou, encore, des biens relevant du domaine public fluvial, plus particulièrement, cela portait souvent sur les parcelles gagnées suite au déplacement des lits des fleuves[218].

En plus, le principe de l'imprescriptibilité ne pourra trouver une application efficace qu'à l'égard du domaine public mobilier. Comme d'ailleurs le principe de l'inaliénabilité, le principe de l'imprescriptibilité n'est valable que tant que le bien considéré demeure affecté au public ou au service public. L'imprescriptibilité est liée à l'affectation.

Une simple désaffectation, ou déclassement formel, est largement suffisante pour l'écarter. S'agissant de la règle de l'impossibilité d'exproprier le domaine public, nous avons déjà vu les arguments derrière son adoption, et nous avons dit également que le transfert de gestion entre

---

[217] Jansse Lucien, *Les Traits principaux du régime des biens du domaine public*, Paris, Éditions Domat-Montchrestien, 1938, p. 402.

[218] Dufeau Jean, *Le Domaine public*, *op. cit.*, p. 430.

personnes publiques ou les mutations domaniales suffiraient. La théorie des mutations domaniales est considérée comme un procédé autoritaire utilisé par l'État et sans indemnité en vue de modifier unilatéralement l'affectation de dépendances du domaine public appartenant à d'autres collectivités publiques ; son application n'impose pas d'acte de déclassement préalable et n'emporte pas le transfert de propriété au profit de l'État.

En 1909, le Conseil d'État a indiqué que l'État pouvait de façon autoritaire, au nom de l'intérêt général, modifier l'affectation d'une dépendance appartenant au domaine public d'une collectivité territoriale[219]. Conçue, à l'origine, pour remédier à l'impossibilité d'exproprier le domaine public, la théorie des mutations domaniales a été vivement critiquée.

En effet, cette théorie reposait sur l'idée de l'unité du domaine public, qui prévoyait que les intérêts défendus par l'État sont supérieurs à ceux défendus par les autres personnes publiques et que de ce fait, il pouvait intervenir en vue de modifier l'affectation de ce domaine. Or, cette idée de l'unité du domaine public et le pouvoir reconnu à l'État de changer unilatéralement l'affectation du domaine public ne sont plus fondés à partir du moment où ledroit de propriété des personnes publiques a été reconnu à l'unanimité sur l'ensemble de leurs biens[220]. Ce procédé, donc, est incompatible avec le principe de la décentralisation et le principe de libre administration des collectivités territoriales qui sont des personnes morales au même titre que l'État.

Ensuite, on avance que cette théorie n'entraine pas le transfert de la propriété des personnes publiques, elle leur ôte seulement le droit de jouissance et d'utilisation. La mutation domaniale est une atteinte à la propriété de la collectivité dépossédée. Elle recouvre ainsi une incohésion juridique notable. Certes, le changement d'affectation ne transfère pas entièrement la propriété de la dépendance en cause, mais il transfère, pour une durée indéterminée, un des principaux attributs de celle-ci.

En effet, le droit des collectivités dépossédées sera paralysé par l'affectation au domaine public opérée par l'État[221]. C'est ce dernier qui va en décider. L'État sera responsable de l'entretien de ce domaine. Il sera également responsable des dommages causés éventuellement par l'ouvrage, et il percevra les péages qui découleraient de son exploitation. C'est finalement l'État qui réunira entre ses mains la partie la plus importante des avantages et des charges de la propriété.

De plus, la mutation domaniale telle que conçue porte atteinte aux ressources locales susceptibles de provenir des biens du domaine public dont l'État modifie l'affectation. Cette situation est préjudiciable si l'on considère

---

[219] Arrêt du CE, 1990, Ville de Paris et chemins de fer d'Orléans, Rec, p. 707.

[220] Frank Alexis, « La théorie de la mutation domaniale à l'épreuve du Code général de la propriété despersonnes publiques », *AJDA*, 2006, p. 358.

[221] Moysan Hervé, *Le Droit de la propriété des personnes publiques*, LGDJ, BDP, 2001.

les produits de l'exploitation des biens domaniaux, à côté des produits de services et des taxes locales, parmi les ressources propres, grâce auxquelles ces entités peuvent financer leurs dépenses.

La tendance actuelle fait du domaine public une source de richesses à exploiter pour la réalisation du développement et pour l'alimentation du budget. Les effets de la mutation domaniale sont d'autant plus graves que les communes, vu les attributions et les compétences dont elles sont investies, sont, aujourd'hui, des partenaires à part entière à côté de l'État et du secteur privé dans le développement économique et social. Son effet déplorable se renforce davantage quand cette opération s'effectue sans indemnisation de la collectivité dépossédée[222]. Vu ces insuffisances, peut-on considérer que l'admission de l'expropriation du domaine public constitue une solution adéquate ?

En effet, l'admission de l'expropriation du domaine public aura l'avantage d'indemniserla collectivité dépossédée et de faire passer la pleine propriété d'une personne à l'autre. Du moment que l'on reconnaît que les collectivités publiques sont propriétaires des biens relevant de leur domaine public, on devrait protéger ce droit d'autant plus que celui des simples particuliers ne peut être dépossédé, comme nous allons le clarifier ci-dessous, qu'après l'application d'une procédure assez rigoureuse, comprenant une déclaration d'utilité publique, une enquête publique et la fixation d'une indemnité d'éviction par le juge.

Conscient de ces effets néfastes, en France, le Code général de la propriété despersonnes publiques a inscrit dans le droit positif le principe d'une indemnisation « à raison des dépenses ou de la privation de revenus qui peuvent en résulter pour la personne dessaisie (article L. 2123-6). Si la portée exacte de cette indemnisation reste à préciser, son principe semble remettre en cause l'un des éléments les plus contestés par la doctrine de la technique des mutations domaniales. »

F. Domanialité et modes d'utilisation de l'espace : les véritables incohérences

Sous l'effet de l'urbanisation rapide des agglomérations urbaines et la pression démographique, le marché foncier est devenu aujourd'hui un marché de rareté, caractérisé par un déséquilibre accru entre l'offre et la demande, d'où une hausse démesurée des prix fonciers[223], phénomène encore aggravé par la spéculation foncière.

Pour surmonter l'accroissement des besoins en logements et en équipements collectifs, les pouvoirs publics se trouvent dans l'obligation

---

222 Spitz Pierre-Eric, « Les nouvelles méthodes de gestion des biens publics : l'exemple de Paris », *AJDA*, 2007.

223 Messaoudi Layachi, « Les instruments juridiques de régulation du marché foncier », *REMALD*, 1994, n° 9, p. 53.

d'envisager des issues en vue de sortir de cette crise de pénurie de sol et de terrains à bâtir. Plusieurs modes d'utilisation de l'espace ont été développés, notamment la technique de la construction en volumes et la copropriété[224].

Or, la conception extensive de la domanialité publique limite l'application de ces deux modes d'utilisation de l'espace (a). Elle ne permet pas une cohabitation et une ouverture sur les modes d'utilisation des espaces existants (b).

a. La conception extensive du domaine public

Une lecture rapide de certaines dispositions législatives et de certaines positions de la jurisprudence permet de se rendre compte que l'ensemble de ces dispositions et de ces positions aboutit à une extension abusive de la domanialité publique.

Parmi les règles introduites, et qui ont contribué à cette extension abusive du domaine public, on trouve, comme nous l'avons déjà vu dans le premier titre de cette étude, la règle de l'accessoire, qui trouve son fondement dans le droit civil.

En effet, l'article 11 du dahir du 2 juin 1915 fixant la législation applicable aux immeubles immatriculés[225] prévoit que « la propriété d'un immeuble donne droit sur tout ce qu'il produit et sur ce qui s'unit et s'incorpore accessoirement, soit naturellement... ».

L'article 15 du même dahir dispose que le droit de propriété est illimité en hauteur et en profondeur, sous réserve des exceptions prévues par les lois et les règlements... Mais la règle de l'accessoire applicable au domaine public diffère de celle applicable en droit civil pour la simple raison que le bien accessoire qu'on veut rattacher au domaine public principal doit répondre effectivement aux critères propres du domaine public, à savoir : l'appartenance du bien en question à la personne publique et son affectation au public ou à un service public.

La théorie de l'accessoire ne doit produire ses effets sur le domaine public que s'il existe réellement une dépendance matérielle entre les biens et une unité entre les éléments les composant dans leur affectation à l'utilité publique[226]. Or, ce n'est pas toujours le cas des ouvrages situés au-dessus ou en dessous du domaine public. Il s'agit souvent d'une simple superposition de biens de nature différente.

L'application de la conception globale du domaine public permet de rattacher les biens situés au-dessus et en dessous du domaine public, sans

---

[224] Les biens que les personnes publiques détiennent au même titre que de simples particuliers constituent ce que l'on appelle le domaine privé des personnes publiques. Ce sont des biens qui n'ont aucun caractère particulier, ni usage spécifique et pour lesquels les règles du Code civil sur la propriété sont suffisantes. Ils relèvent alors du juge judiciaire.

[225] *B.O.* n° 137 du juin 1915, p. 319.

[226] Houem Maria, *op. cit.*, p. 350.

tenir compte de la situation des biens ou de l'existence d'un lien d'utilité de l'accessoire pour le bien principal incorporé dans le domaine public[227].

Cette conception globale du domaine public est prévue à l'article 5 de la loi n° 4/89 sur l'autoroute qui dispose que « tous les terrains, ouvrages et installations et en général tous les biens immeubles directement nécessaires à la construction, l'entretien et l'exploitation de l'autoroute font partie du domaine public ».

Cette conception globale du domaine public a pour conséquence d'étendre le régime de la domanialité publique à ses dépendances et à ses accessoires. En effet, dans l'arrêt du Conseil d'État du 25 janvier 1985[228], des locaux situés au rez-de-chaussée d'un immeuble dont les autres niveaux étaient à usage de parc de stationnement public ont été considérés comme indissociables de l'ensemble de l'immeuble et rangés dans le domaine public municipal, alors que l'usage des locaux du rez-de-chaussée n'avait aucun rapport avec les prestations fournies aux usagers du parking.

Certes, la conception globale du domaine public a l'avantage de faciliter sa gestion, dans la mesure où l'enchevêtrement de parcelles relevant les unes du domaine public et les autres du domaine privé rendrait difficile la gestion de l'ensemble[229], mais elle pose le problème du bien-fondé de l'indivisibilité, ayant pour conséquence cette incorporation automatique des biens dans le domaine public, sans aucun intérêt pour l'utilité publique, ne répondant ni au critère de la destination du bien à l'usage public, ni à celui de son affectation au service public.

Ainsi, on conçoit mal comment un café-restaurant soit inclus dans le domaine public pour la simple raison qu'il est édifié sur une place publique ou un logement situé dans un immeuble affecté à un service public sans rechercher si ce logement est ou non spécialement aménagé au bon fonctionnement de ce service[230].

En fait, la domanialité globale d'un immeuble constitué de plusieurs niveaux ne devraitêtre admise que si l'ensemble de ces niveaux répond à une destination commune. Tel serait le cas, par exemple, pour une station-service aménagée dans un parc de stationnement, dont elle formerait le complément normal et nécessaire. Si l'un des niveaux a reçu, dès l'origine, une destination différente, malgré la relation de dépendance physique qui le rattache à l'immeuble auquel il s'intègre, il ne devrait être rangé dans le domaine public qu'à la condition d'avoir été spécialement aménagé en vue d'un usage public ou de l'exécution d'un service public[231].

---

227 Jean Dufeau, *op. cit.*, p. 79.
228 « Arrêt de la CE du 25 janvier 1985, Ville de Grasse », *Droit administratif*, 1985, n° 142.
229 Houem Maria, *op. cit.*, p. 352.
230 CE du 13 juillet 1961.
231 Jean Dufeau, *op. cit.*, p. 81.

« L'appréciation de la domanialité publique doit être faite lot par lot et non plus d'une manière globale. Lorsqu'un immeuble bâti comporte plusieurs niveaux ou plusieurs lots, éventuellement situés sur un même niveau, qui ont reçu des affectations différentes, toute référence à la théorie de l'accessoire ainsi que toute appréciation fondée sur la domanialité publique globale doivent être écartées pour déterminer le champ d'application de la domanialité publique ».

La jurisprudence marocaine semble aller dans le même sens. L'arrêt du 6 juin 1950 du tribunal d'instance de Casablanca qui avait refusé, dans l'affaire Mansour contre le Commandement supérieur des troupes au Maroc, de reconnaître le caractère de dépendance du domaine public au logement situé à l'intérieur d'une caserne militaire, estimant que ce logement n'était pas affecté au service public militaire. Le juge a admis donc l'idée de divisibilité des biens en fonction de leur affectation et non en fonction de leur situation.

La conception de la domanialité globale, telle qu'elle est définie ci-dessus, ne permet pas la cohabitation et la proximité au sein d'un même ensemble du domaine public, du domaine privé et de la propriété privée. De ce fait, comme on va le constater ci-dessous, elle ne permet pas une ouverture sur les modes de l'utilisation de l'espace[232]. Cette technique des modes de l'utilisation de l'espace est vivement recommandée, aujourd'hui, pour surmonter la pénurie des terrains à bâtir et pour mieux encadrer le développement de l'urbanisme.

b. L'incompatibilité entre domaine public et mode d'utilisation de l'espace

Plusieurs modes d'utilisation de l'espace ont été développés ces dernières années envue de surmonter la crise de la pénurie de sol et de terrains à bâtir et de rationaliser l'utilisation des ressources foncières existantes. Parmi ces modes de l'utilisation de l'espace figurent la technique de la construction en volumes et celle de la copropriété.

Pour ce qui est de la technique de la construction en volumes, elle permet la superposition de plusieurs propriétés de nature différente sur un même fonds et de constituer ainsi des volumes de propriétés indépendantes, avec l'éventualité d'affecter certains d'entre eux à un service public ou à l'usage du public[233]. Elle permet ainsi la cohabitation et la proximité au sein d'un même ensemble du domaine public, du domaine privé et de la propriété privée.

Cette technique de construction en volumes, ou de divisibilité en volumes, trouve son fondement dans le droit de superficie, droit par lequel il est reconnu à une personne autre que le propriétaire du sol de jouir et de

---

[232] Houem Maria, *op. cit.*, p. 354.

[233] *Idem*, p. 355.

disposer des choses qui s'élèvent au-dessus de la surface du sol ; il est prévu par les articles 97, 98 et 99 du dahir du 2 juin 1915 fixant la législation applicable aux immeubles immatriculés susmentionnés. Il porte sur les constructions, bâtiments, plantations ou autres ouvrages qui sont au-dessus du sol sur les terrains appartenant à autrui, et non sur le sol lui-même. Il constitue une dérogation au principe selon lequel tout ce qui se trouve sur le sol appartient au propriétaire du sol par l'effet de l'accession.

Ce droit présente un avantage pour les propriétaires qui ne disposent pas de moyens pour construire. L'acquéreur du droit de superficie s'engage à réaliser les constructions décidées d'un commun accord et à en attribuer une partie au propriétaire du sol. Ainsi, l'une des parties fera l'économie des constructions et l'autre l'économie du sol.

Quant à la qualification juridique de ce droit, elle s'analyse en un droit de propriété[234] immobilière, conformément aux articles 8, 10 et 197 du dahir du 2 juin 1915 susmentionné qu'il faut soumettre à l'inscription sur les titres fonciers pour lui conférer une force probante. L'application de la technique des volumes est connue depuis longtemps. Elle est appliquée spécialement à travers les concessions faites par l'État sur son domaine privé, permettant aux occupants de construire à leurs propres frais et d'utiliser les biens contre versement d'une redevance minime. Cela s'inscrit dans la catégorie des droits coutumiers tels que le « droit de *zina* ».

Comme il est indiqué par la doctrine, ces droits sont dans une certaine mesure assimilables à un droit de superficie, bien qu'ils entraînent pour leur titulaire l'obligation de verser une redevance annuelle et perpétuelle au profit du propriétaire du sol.

La technique de la propriété en volumes est également reconnue par les dispositions de l'article 483 du DOC. Ces dispositions, envisageant le droit de *hawa*, permettent d'aboutir à la constitution de véritables juxtapositions et superpositions de propriétés distinctes, et elles permettent également l'aliénation d'une partie déterminée de l'espace s'élevant au-dessus d'un édifice bâti par un acquéreur-constructeur. On peut donc affirmer que les dispositions dudit article, bien qu'elles ne fournissent pas de détails sur les techniques des constructions en volumes, ni sur le rapport entre les propriétaires, correspondent bien à la théorie moderne de la propriété en volumes. La propriété en volumes, telle que déterminée ci-dessus, pourrait servir la croissance urbaine et constituer une solution à la crise urbaine.

En effet, avec la superposition, on pourrait envisager de classer quelques-uns de ces volumes dans le domaine public ou, inversement, de déclasser en volumes, puis vendre ou louer certains d'entre eux à des particuliers et affecter d'autres à l'administration afin de les incorporer au domaine public.

Les relations qui vont s'établir entre les différentes propriétés sont identiques à celles qui existent déjà, par exemple, entre les immeubles privés

---

[234] Decroux Paul, *Droit foncier marocain*, Éditions La Porte, Rabat, 2008, p. 432-433.

riverains de la voie publique, en tant que volumes relevant de la propriété privée et de la voie publique, en tant que volumes du domaine public, ou encore en tant que coexistence entre un volume propriété privée particulière et un volume propriété publique suite à une expropriation partielle.

La coexistence entre propriété publique et propriété privée est donc possible, et l'administration n'en perdra aucunement ses privilèges, sachant pertinemment qu'elle peut toujours, en cas de nécessité, exproprier les volumes privés[235].

Or, la conception extensive de la domanialité publique, telle que définie ci-dessus, est incompatible avec la notion de propriété en volumes, dans la mesure où elle ne permet pas la coexistence entre les volumes relevant du domaine public et ceux relevant des propriétés privées.

S'agissant de l'incompatibilité de la notion de domanialité globale avec le régime de la copropriété, il y a lieu de préciser que, de manière générale, le régime de la copropriété actuellement en vigueur confère aux copropriétaires des droits individuels assortis d'obligations corrélatives[236]. Ces droits et ces obligations concernent aussi bien les parties privatives que les parties communes.

Les parties privatives sont définies comme des bâtiments réservés à l'usage exclusif d'un copropriétaire, et les parties communes comme ceux affectés à l'usage ou à l'utilité de tous les copropriétaires. Il faut notamment préciser, à cet effet, que dans le cas où coexistent une propriété exclusive et une indivision forcée, les copropriétaires jouissent de droits identiques.

Ce régime de copropriété pose des restrictions, tant aux parties communes qu'aux parties privatives. En effet, l'article 8 de la loi n° 18-00 sus-indiquée prévoit que tout copropriétaire adhère aux clauses du règlement au moment où il signe l'acte d'acquisition de son appartement dans l'immeuble en copropriété.

Les plus rigoureuses parmi ces restrictions, quant à l'usage des parties privatives, résultent le plus souvent du contenu des clauses du règlement de copropriété et des éventuelles exécutions de travaux d'intérêt collectif, car les interventions sur les parties communes, surtout pour les travaux qui ne peuvent être exécutés qu'en pénétrant les parties privatives, impliquent une gêne pour les copropriétaires.

Cette restriction, qui constitue déjà une contrainte pour les copropriétaires, semble difficilement compatible avec les règles de protection du domaine public[237].

---

[235] Houem Maria, *op. cit.*, p. 357.

[236] Le dahir n° 16026298 du 3 octobre 2002 portant promulgation de la loi n° 18-00 relative au statut de lacopropriété des immeubles bâtis, *B.O.* n° 5054 du 7 novembre 2002, p. 126.

[237] Houem Maria, *op. cit.*, p. 358.

Ce régime de copropriété comporte également des prescriptions liées à la structure et à l'agencement de l'immeuble et des locaux et impose des affectations de certains d'entre eux. Il précise également les conditions d'accès des parties privatives et interdit certains types d'activité.

Le pouvoir accordé aux assemblées générales des copropriétaires de décider des différentes affectations des locaux et de la destination de l'immeuble, ajouté à la rigidité des règlements de la copropriété, n'est pas de nature à favoriser la coexistence du régime de la copropriété avec celui de la domanialité publique. Le régime juridique de cette dernière interdit la constitution de droits réels sur les dépendances du domaine public et constitue, de ce fait, un obstacle à l'application du statut de la copropriété.

De même, et compte tenu des prescriptions du règlement de la copropriété, la personne publique ne peut pas modifier à tout moment l'affectation du bien, même pour des motifs tirésde l'utilité publique ou de l'intérêt du service public[238].

De surcroît, le régime de la copropriété prévoit que les créances de toute nature du syndicat à l'encontre de chaque copropriétaire, qu'il s'agisse de provisions ou de paiement définitif, sont garanties par une hypothèque légale sur son lot. Or, l'application de cette disposition à l'encontre des personnes publiques paraît impossible du moment que les biens des personnes publiques, comme nous l'avons déjà signalé, sont insaisissables[239].

Enfin, le propriétaire d'un lot, y compris le propriétaire du domaine public dans le cas de la présence simultanée du régime de la copropriété et de celui de la domanialité publique, doit se soumettre aux règles impératives adoptées par l'assemblée générale des copropriétaires. Or, la personne publique propriétaire du domaine public, soucieuse des considérations d'intérêt général, ne peut être soumise à de telles dispositions.

Dans de telles conditions, il paraît difficile de concilier le régime de la copropriété, malgré l'intérêt qu'il présente dans un cadre caractérisé par la pénurie des sols, et le régime de la domanialité publique. Devant cette situation, faire prévaloir le régime de la domanialité publique au détriment du régime de la copropriété risque de porter atteinte aux droits des autres copropriétaires.

Certes, cette position pourrait être justifiée par des considérations d'intérêt général, mais il n'en demeure pas moins qu'elle porte, sur le plan juridique et sur le plan de l'équité, préjudice aux droits des copropriétaires. Faire prévaloir le régime de la copropriété au détriment de la domanialité publique risque de porter atteinte aux droits des personnes publiques en tant que puissances publiques et garantes de l'intérêt général.

Il est donc nécessaire que le législateur intervienne en vue de concevoir des aménagements pour, d'une part, concilier et faire coexister le régime de

---

238 *Ibid.*, p. 359.
239 *Ibid.*, p. 361.

la domanialité publique avec le régime de la copropriété et, d'autre part, adapter ce régime de la domanialité publique à la théorie des propriétés en volumes, d'autant plus que l'intérêt général, aujourd'hui, implique l'intervention urgente pour mettre fin à la crise immobilière engendrée par l'urbanisation rapide des agglomérations. Les principes et les règles de la domanialité publique, que ce régime préconise, semblent aller à l'encontre de cet intérêt général.

G. Les limites des règles d'utilisation du domaine public communal

Selon la conception classique de la théorie de la domanialité publique, le domaine public n'est pas productif. De ce fait, il implique seulement une protection au sens étroit du terme, et il ne peut être qu'un objet de police administrative et non pas un objet d'exploitation économique. Selon les termes de cette conception, même les titres d'utilisation de ce domaine par les investisseurs privés ne peuvent être octroyés qu'à titre précaire et temporaire, ce qui constitue une entrave majeure à l'investissement privé[240].

H. Les pouvoirs de police : une entrave à la gestion patrimoniale du domaine public

Les pouvoirs de police exercés à l'occasion de l'utilisation du domaine public sont attestés, tout d'abord, par les motifs de retrait des autorisations qui ne résultent pas des considérations économiques et financières (a) et, ensuite, par le caractère antiéconomique de la redevance perçue à l'occasion de l'utilisation de ce domaine qui ne permet pas de restituer à l'administration une partie des bénéfices que procure à l'occupant l'occupation privative du domaine publie (b).

a. La prédominance des pouvoirs de police au détriment des pouvoirs de gestion

Parmi les moyens juridiques octroyés à l'administration communale pour protéger son domaine public figurent les pouvoirs de police administrative prévus par l'article 50 de la loi n° 78-00 portant charte communale telle qu'elle a été complétée et modifiée et qui dispose quele président du conseil communal exerce les pouvoirs de police administrative, par voie d'arrêtés réglementaires et de mesures individuelles, portant autorisation, injonction ou interdiction, dans les domaines de l'hygiène, la salubrité et la tranquillité publiques et la sûretédes passages…

Le retrait de l'autorisation de l'occupation du domaine public n'est concevable que pour des raisons liées à l'affectation ou à l'intérêt du domaine ; toute autre raison est considérée comme un détournement de

240 Nabil Zahra, « Le domaine communal : consistance et gestion », mémoire du cycle supérieur, 1987, p. 158.

pouvoir[241]. Les motifs financiers ou d'ordre économique sont exclus du régime du retrait relatif à l'autorisation d'occupation temporaire du domaine public.

En effet, dans l'un des arrêts de la Cour d'appel de Rabat, celle-ci a stipulé que les autorisations d'occupation du domaine public sont toujours données à titre précaire et pourront, sous réserve d'un préavis de trois mois, être retirées pour des motifs d'intérêt public dont l'administration restera seule juge. La Cour d'appel de Rabat a fait une application stricte des dispositions de l'article 6 du dahir du 30 novembre 1918 sur les occupations temporaires du domaine public. De ce fait, seul le vice de forme ou de procédure, notamment le non-respect du délai de trois mois pour prononcer le retrait, ou le défaut de préavis peuvent amener le juge à vérifier la légalité de la décision de retrait[242].

La nature de l'autorisation d'occupation du domaine public est un acte de policeadministrative. En dehors du respect des règlements de police qui, par ailleurs, s'imposent également aux personnes exerçant dans des locaux privés, cet acte d'autorisation ne prescrit aucune obligation pour les titulaires de l'autorisation d'occupation temporaire[243]. Contrairement aux délégataires du service public local, ces derniers ne se voient imposer aucune obligation contraignante.

Les rapports existant entre l'administration et le bénéficiaire sont limités au contrôle dans le sens du respect de l'ordre public et du paiement de la redevance. De surcroît, l'intérêt de l'autorisation est limité à son bénéficiaire. La participation de l'administration à l'avantage qu'il retire de l'exploitation du domaine public n'est pas sérieusement envisagée.

Les produits de l'exploitation du domaine public reviennent uniquement aux particuliers qui en assurent la gestion.

b. Le caractère antiéconomique de la redevance perçue par la commune

Conformément à l'article 7 du dahir du 30 novembre 1918 relatif à l'occupation temporaire du domaine public de l'État, qui s'applique également aux collectivités territoriales, « toute occupation temporaire comportera le paiement d'une redevance annuelle dont le montant sera fixé par l'arrêté y relatif ».

De même, la loi n° 47-06 relative à la fiscalité locale[244] dispose dans son article qu'indépendamment du produit de leur domaine, patrimoine et rémunération pour service rendu, les collectivités locales et leurs

---

241 Bnkhyi Hassan, « *État et collectivités locales : répartition des compétences et transfert des ressources* », thèse de doctorat en droit public, année universitaire 1991-1992, p. 172 (en arabe).

242 L'arrêt du 9 septembre 1960, in RMD du 1/7/1961, p. 317.

243 Eddahbi Abdelfattah, *op. cit.*, p. 44.

244 Modifiée et complétée par la loi n° 07.20 publiée au *B.O.* n° 6948 du 31 décembre 2020.

groupements sont autorisés à percevoir les impôts et taxes par la présente loi[245].

Étant donné que le domaine public est un domaine improductif, la perception des redevances pour occupation d'une parcelle du domaine public se justifie uniquement par la compensation d'un avantage consenti à un particulier sur un domaine ouvert à un usage, par principe, libre et gratuit. Or, si la redevance apparaît comme le moyen propre à assurer le maintien de l'égalité entre les bénéficiaires et les usagers ordinaires, surtout que les bénéficiaires pourraient, par cette autorisation, exercer une activité industrielle ou commerciale, l'égalité serait rompue si, dans le paiement d'une certaine somme, la collectivité ne trouvait pas la contrepartie de l'usage consenti.

De surcroît, les redevances perçues à l'occasion des occupations du domaine public sont fixées à partir d'un tarif général, déterminé par arrêté fiscal, voté par le conseil communal et approuvé par l'autorité de tutelle. Par conséquent, la commune ne pourrait substituer, par voie de mesure individuelle, à des taxes résultant d'un tarif général des redevances qui prendraient, par exemple, en considération les situations individuelles liées à l'occupation.

Le montant de la redevance est établi à l'avance, il doit se fonder sur un tarif préétabli, la jurisprudence fait de cette disposition légale une application stricte[246].

Le souci d'exploiter de la manière la plus rationnelle le domaine doit entraîner une évolution de la redevance. Celle-ci doit présenter un caractère économique dans la mesure où la commune doit bénéficier, au même titre que l'exploitant, des profits tirés par celui-ci du fait de son occupation du domaine public.

La pratique actuelle ne semble pas répondre à ce souci. Si l'on procède à une analyse de ces redevances, de leurs rapports avec les parcelles occupées et du bénéfice que l'occupant en tire, on constate que certains occupants profitent de manière inégale des rentes de situation que la parcelle leur procure. Ne faudrait-il pas que les montants de ces redevances aient un rapport avec les bénéfices que les occupants tirent de leur occupation ? Le montant de la redevance a été longtemps calculé au prorata de la superficie occupée et ne tenait compte ni de l'usage que faisait le bénéficiaire du domaine public soustrait à la jouissance commune, ni de l'emplacement, ni encore de la valeur locative.

Ce mode de calcul de la redevance ne permet pas non plus de prélever la part des utilités auxquelles la commune a droit. Il y a donc lieu de revoir

---

[245] Marie-Christine Rouault, *L'Intérêt communal*, Presses universitaires de Lille, 1991, p. 309.

[246] CSA n° 305 du 23/8/1990, RJCS, novembre 1991, n° 45, p. 148.

l'assiette des redevances pouroccupation temporaire du domaine public[247]. À cela s'ajoute la longue durée prévue pour réviser les minimes redevances relatives à l'occupation temporaire (cinq ans). Certes, cette disposition est en faveur des occupants dans la mesure où elle leur permettra une certaine stabilité, mais elle ne permettra pas d'accompagner les changements économiques et la hausse des prix pour les communes. Cette situation se dégrade davantage encore avec la non-actualisation des arrêtés fiscaux communaux.

Les considérations d'ordre économique et financier sont reléguées à l'arrière-plan. Ces arguments ont d'ailleurs conduit certains à parler d'une situation stable pour les bénéficiaires qui se plaignent toujours de la règle de précarité. Une étude chiffrée sur les revenus relatifs à l'occupation temporaire par rapport au revenu des biens domaniaux peut confirmer ce constat.

L'évolution des besoins, la rareté des ressources et la croissance démographique sont autant de réalités concrètes qui s'imposent aux pouvoirs publics et mettent en cause les principes et les préoccupations de police liées à l'intérêt de la voirie et celui de protéger le domaine dans l'octroi des autorisations d'occupation du domaine public[248]. Ceci est en faveur d'une conception moderne basée sur les principes de gestion et d'optimisation des biens relevant du domaine public. Qu'en est-il de la précarité de l'occupation temporaire du domainepublic ?

§5. La précarité de l'occupation temporaire : obstacle majeur aux investisseurs privés

L'intervention du secteur privé dans le financement des équipements collectifs constitue aujourd'hui une nécessité impérieuse. Or, la règle de précarité qu'implique l'utilisation du domaine public constitue une entrave majeure à l'intervention de ce secteur.

A. La nécessité du recours aux investissements privés pour le financement des équipements collectifs

Aujourd'hui, l'intervention du secteur privé dans le financement des équipementscollectifs est vivement recommandée, aussi bien par la doctrine que par les pouvoirs publics, pour plusieurs raisons.

D'abord, la société connaît de profondes mutations qui nécessitent la mise en œuvre denouvelles méthodes de gestion. On estime que l'action de l'administration n'est pas suffisante pour gérer la chose publique dictée par

---

[247] L'article 7 du dahir du 30 septembre 1918 relatif à l'occupation temporaire du domaine public marocain.

[248] Soulie Julien, « Le domaine public : une catégorie juridique protégée ? », *RFDA*, 2003, p. 903. Voir aussi Legal Henri, « L'impact du droit de la concurrence sur la gestion du patrimoine des personnes publiques », *AJDA*, 2007, p. 949.

les nouvelles exigences du développement et de l'investissement, car, de plus en plus, on se rend compte que l'État, à la fois gestionnaire et providence, est inadapté à sa tâche en raison de sa philosophie, de sa taille et de ses modes d'organisation et de gestion[249].

L'inefficacité, la lourdeur et le manque de compétitivité qui en découlent ont contribué à la crise urbaine qui se manifeste dans la surcharge des infrastructures et l'insuffisance de l'équipement des services économiques et sociaux[250]. Cet appel au capital privé permettra aux collectivités publiques de profiter de l'expérience, du savoir-faire et des capacités financières, techniques et managériales de ce secteur.

Conscients de l'importance du rôle du secteur privé, les différents colloques nationauxsur les collectivités territoriales n'ont cessé d'insister sur la nécessité de poursuivre le développement local en partenariat avec les agents économiques privés. Cette nécessité de l'intervention du secteur privé s'accentue face aux difficultés financières et économiques que connaissent les collectivités locales, en général, et les communes, en particulier. Si ces dernières n'arrivent même pas à équilibrer leur budget, comment peut-on parler de financement des équipements collectifs nécessaires à leur développement ? D'autre part, la loi n° 78-00 portant charte communale telle qu'elle a été complétée et modifiée par la loi n° 17-08 a entraîné une extension notable des attributions de ces entités, notamment en matière économique et sociale[251].

Dans ce contexte relativement nouveau, un transfert du financement des équipementscollectifs au secteur privé permet aux collectivités territoriales de multiplier leurs actions sans alourdir davantage les prélèvements fiscaux. Les communes, de ce fait, ne peuvent solliciterle concours des investisseurs privés que si elles renoncent au privilège de les évincer à tout moment sans indemnités. De même, adapter la législation applicable en la matière aux nouvelles exigences du développement économique et social est impératif.

B. L'obstacle constitué par la formule classique de l'occupation temporaire

Comme nous l'avons déjà vu, et en vertu du dahir du 30 novembre 1918 relatif à l'occupation temporaire du domaine public de l'État, les autorisations d'occupation temporaire du domaine public communal sont toujours délivrées à titre précaire et révocable. Elles peuvent être retirées si des motifs d'intérêt général l'exigent, sans que l'administration ne soit tenue d'indemniser l'occupant évincé[252].

---

249 Belkahia Ahmed, « Moins d'État, mieux d'État », *RMED*, 1989, p. 77.

250 Mohammed El Yaagoubi, *Réflexion sur la démocratie locale au Maroc*, Édition El Maârif Al Jadida, 2007,p. 102.

251 L'article 187 de la loi 30-89 relative à la fiscalité des collectivités locales.

252 Voir l'arrêt cité CAR, 14 décembre 1962, RACAR.

De ce fait, la règle de précarité empêche les investisseurs privés d'engager des capitaux de grande envergure sur le domaine public communal, d'autant plus que certains capitaux ne peuvent être amortis que sur une longue période[253]. La menace perpétuelle d'une invitation à évacuer les lieux, voire leur démolition, pèse lourdement sur ces investisseurs.

Tout le monde s'accorde sur le fait que l'intervention des particuliers pour la réalisation de travaux importants sur le domaine public est rendue difficile à cause du manque de stabilité des situations nées de l'occupation domaniale. Les particuliers redoutent les conséquences négatives de la révocation sur leur situation économique. La nécessité de conforter la situation d'occupant par l'octroi de droits qui garantiraient ses intérêts économiques constitue une priorité incontournable.

Certes, on a renforcé la situation juridique des occupants par l'admission du contrôle des motifs de retrait des autorisations par le juge[254], mais il n'en demeure pas moins que le statut juridique du domaine public communal, tel qu'il est conçu par la législation et la réglementation en vigueur, ne permet pas de garantir la protection des droits de ces occupants et la stabilité.

---

[253] Suy Anne, *La Théorie des biens publics mondiaux*, Paris, L'Harmattan, 2009, p. 61.

[254] Eddahbi Abdelfattah, *op. cit.*, p. 55.

Chapitre II.
Une gestion du patrimoine communal limitée

Le domaine privé communal destiné à réaliser un intérêt patrimonial doit, en principe, combler un manque dans la gestion du domaine public communal en procurant des ressources financières importantes à la commune. Le législateur a élaboré à cet effet un ensemble de règles très variées déterminant à la fois les actes à réaliser dans le cadre de sa gestion et les conditions dans lesquelles doit se dérouler cette gestion.

Le domaine privé communal doit être le siège des activités visant la réalisation des projets de développement économique et social. Cela suppose, de ce fait, que les règles juridiques prévues et les conditions de leur mise en œuvre soient claires, simples, homogènes et cohérentes. Cela suppose, également, que les moyens juridiques, financiers et immobiliers mis en place soient suffisants. Or, les règles juridiques en vigueur et les moyens dont disposent les communes, comme nous aurons l'occasion de le voir, ne répondent pas aux exigences d'une gestion performante de ce domaine.

Section I. La gestion du domaine privé communal

Les principes de gestion du domaine privé communal sont prévus par l'arrêté viziriel du 31 décembre 1921[255] déterminant le mode de gestion du domaine municipal et le décret n° 2-58-1341 du 4 février 1959[256] déterminant le mode de gestion du domaine des communes rurales. Les opérations immobilières que les communes peuvent effectuer sont soit des opérations de constitution du domaine privé communal, soit des opérations de modification ou d'utilisation de ce domaine. Aussi, conviendrait-il de préciser les règles régissant chaque catégorie d'opération.

§1. Les différentes acquisitions constituant le domaine privé communal

On entend par opérations immobilières portant constitution du domaine privé communal les différents actes accomplis par la commune en vue d'accéder à la propriété. Il s'agitnotamment des opérations d'acquisition qui peuvent être fondées sur la volonté ou sur la contrainte.

A. Acquisitions fondées sur la volonté

Les acquisitions fondées sur la volonté peuvent l'être, soit à titre onéreux, soit à titre gratuit.

a. Acquisitions à titre onéreux

L'acquisition est, en fait, un procédé important, car elle permet à la commune de couvrir ses besoins en matière de foncier et d'assurer la maîtrise de la croissance urbaine, surtout si l'on considère que le phénomène d'urbanisation rapide engendre des besoins de plus en plus importants en équipements et en infrastructures. En effet, les besoins en superficie à urbaniser à l'horizon 2010-2015 seront au moins l'équivalent du double de la superficie actuellement urbanisée.

S'agissant de la procédure d'acquisition à titre onéreux de biens immobiliers, elle commence par une délibération du conseil communal après consultation des commissions communales et de la commission d'expertise dont le rôle essentiel est de fixer la valeur réelle de l'immeuble.

Cette commission comprend des membres permanents et des membres non permanents. Les membres permanents sont le représentant de l'autorité locale, en tant que président, le chef de la circonscription domaniale, en tant que secrétaire, l'inspecteur de l'urbanisme ou son délégué et le représentant de la commune. Quant aux membres non permanents, ils peuvent être, selon les cas, l'inspecteur des impôts urbains et le percepteur quand il s'agit de terrains urbains, ou le représentant provincial du ministère de l'Agriculture ou son

---

255 *B.O.* du 17 janvier 1922, p. 62.
256 *B.O.* du 20 janvier 1959, p. 327.

délégué, l'inspecteur des impôts ruraux et le percepteur quand il s'agit de terrains agricoles.

Si les prix fixés par cette commission s'avèrent incompatibles avec le prix du marché foncier, le conseil communal et l'autorité locale peuvent demander à l'autorité de tutelle l'autorisation de conduire l'opération sans tenir compte de l'évaluation de la commission. L'intervention de cette commission d'expertise est obligatoire, en vertu des textes et règlements en vigueur, chaque fois qu'il s'agit d'une opération immobilière, quelle que soit sa nature[257]. Pour être exécutoires, les opérations d'acquisition doivent être soumises à l'approbation de l'autorité de tutelle conformément à l'article 69 du dahir n° 102-297 du 3 octobre 2002 de la loi n° 78-00 portant charte communale telle qu'elle a été complétée et modifiée par la loi n° 17-082.

L'approbation prévue par cet article, sauf dans le cas où il en a été disposé autrement par voie législative ou réglementaire, est donnée par le ministre de l'Intérieur ou son délégué pour les communes urbaines et par le wali ou le gouverneur pour les communes rurales en vertu de l'article 73 de la loi susmentionnée.

Toutefois, et conformément, respectivement à l'article 1er du décret n° 2-02-139 du 5 mars 2002 relatif à l'approbation des délibérations des conseils des communes ruralesportant sur leurs domaines public et privé et à l'article 1er du décret n° 2-02-138 du 5 mars 2002 modifiant et complétant l'arrêté du 31 décembre 1921 déterminant le mode de gestion du domaine municipal, les opérations d'acquisition, d'aliénation et d'échange égales ou inférieures à 2 500 000 dirhams sont soumises à l'approbation du wali de la région. Pour celles qui dépassent ce montant, leur approbation relève de la compétence du ministre de l'Intérieur.

L'approbation de ces opérations, quel que soit leur montant, relève de la compétence du wali de la région quand elles sont nécessaires à la réalisation des investissements relevant du ressort territorial de celui-ci et quand leur montant est inférieur à 200 000 000 de dirhams. Il convient de préciser, également, qu'une délégation du pouvoir d'approbation est accordée par les walis aux gouverneurs des préfectures et provinces pour les opérations d'acquisition, d'aliénation et d'échange de terrains relevant du domaine privé municipal et rural dont le montant est égal ou inférieur à 1 000 000 de dirhams, conformément à l'arrêté du ministre de l'Intérieur n° 689-03 du 20 mars 2003[258].

Les acquisitions de terrains appartenant au domaine privé de l'État réalisées par les collectivités locales doivent être autorisées par arrêté du ministre des Finances conformément à l'article 82 du décret royal n° 330-66 tel qu'il a été modifié et complété par le décret n° 2-02-185 du 5 mars 2002.

---

[257] Eddahbi Abdelfattah, *op. cit.*, p. 56.
[258] *B.O.* du 14 avril 2003.

Pour toute acquisition, il y a lieu de constituer un dossier d'acquisition qui comprend lespièces suivantes :

• Le procès-verbal de la délibération du conseil communal portant la décision d'acquisition ;

• Le procès-verbal de la réunion de la commission d'évaluation contenant le prix de l'immeuble objet de l'acquisition, sa date doit être antérieure à la date de délibération du conseil communal ;

• Le projet d'arrêté portant approbation de la décision du conseil ;

• Un plan indiquant la situation de l'immeuble en question et précisant ses limites ;

• Une note de présentation expliquant les raisons et l'objectif de l'opération ;

• Le titre foncier pour les terrains immatriculés ou le titre de propriété pour les terrainsnon immatriculés ;

• L'attestation justifiant la disponibilité des crédits budgétaires nécessaires visée par le percepteur et signée par l'ordonnateur ou un engagement de la part de l'organisme qui accepte le financement du projet ;

• L'avis de l'autorité locale et provinciale ;

• L'accord du propriétaire de l'immeuble à acquérir ou son délégué ;

• L'avis de l'Agence urbaine quand il s'agit d'un projet de développement, ce dernier doit être conforme aux documents d'urbanisme (le plan d'aménagement et le plan de développement).

Après l'approbation de l'opération par les autorités de tutelle, dans les délais prévus parla réglementation en vigueur, la commune prépare l'acte de l'acquisition, exécute les formalités de paiement du prix d'achat et procède, enfin, à l'enregistrement à la Conservation foncière quand le bien est immatriculé. Dans le cas contraire, la commune doit veiller à l'immatriculation du bien acquis.

Certains chercheurs font une lecture rapide des articles sur le contrôle administratif, sans les analyser. Alors qu'il faut décortiquer le sujet dans son contexte, il faut distinguer le contrôle administratif, porté par les lois organiques (les articles 118 de la loi organique n° 113-14 relative aux communes, 109 de la loi organique n° 112-14 relative aux provinces et préfectures et 115 de la loi organique n° 111-14 relative aux régions, et dans ce cas, nous parlons du visa de l'autorité du contrôle, l'ancienne tutelle) et le contrôle d'opportunité et de légalité. Mais il convient de s'étendre sur les dispositions relatives à la charte communale car elles ont apporté plus de précision au domaine communal, par opposition aux lois organiques sus-indiquées.

b. Acquisition à titre gratuit

Pour les acquisitions gratuites entreprises au profit des communes, il y a lieu de citer les dons et legs (1), les cessions gratuites sur les terrains privés

(2) et les cessions gratuites sur le domaine de l'État (3). Pour ce dernier point, on a déjà soulevé les difficultés et les insuffisances qui pourraient découler de ces opérations aussi bien au niveau des transferts effectués par l'État qu'au niveau de ceux effectués par les collectivités territoriales[259].

Mais malgré les insuffisances qui pourraient caractériser ce type d'acquisition, nous allons nous contenter, dans ce point, de citer les dispositions législatives et réglementaires prévues en la matière.

1. Les dons et legs

Les particuliers peuvent toujours faire des donations et des legs au profit des personnes morales de droit public. Ces libéralités peuvent, éventuellement, comporter des charges financières[260]. Soulevant fréquemment des réclamations des familles et comportant des charges[261], elles ne sont acceptées qu'à la suite d'une procédure bien définie par la législation et la réglementation en vigueur.

En effet, en vertu de l'article 69 de la loi n° 78-00 portant charte communale telle qu'elle a été complétée et modifiée, l'acceptation des dons et legs ne figure pas parmi les délibérations du conseil communal qui sont soumises à l'approbation de l'autorité de tutelle. On peut alors en déduire que le législateur n'a pas soumis à la délibération du conseil communal l'acceptation des dons et legs et à l'approbation de l'autorité de tutelle les charges financières.

Avant d'attaquer les dispositions se rapportant à la loi n° 45-08 relative à l'organisation des finances des collectivités locales et de leurs groupements, il faut indiquer qu'avec l'avènement de la loi organique n° 113-14, la loi n° 45-08 a été abrogée en vertu de l'article 280 de la loi organique n° 113-14 relative aux communes précitée ; des dispositions de la loi organique suscitée ont substitué à la loi n° 45-08 le titre V intitulé : « Du régime financier de la commune et de l'origine de ses ressources financières », chapitre premier : Du budget de la commune, articles : de 152 à 208.

---

259 Voir le point relatif aux limites des règles d'imprescriptibilité et d'impossibilité d'exproprier le domaine communal.

260 Certains chercheurs utilisent des mentions pouvant être trompeuses, comme « l'acquisition sans contrepartie », en l'occurrence, en parlant de dons et legs, alors qu'il ne s'agit pas d'une acquisition : c'est une acceptation des dons et legs. Rappelons que, dans la pratique, cette acceptation peut incomber des dépenses au conseil de la collectivité territoriale bénéficiaire. Voir à cet égard :

محمد عامري الملك العمومي بالمغرب، أطروحة دكتوراه الدولة في الحقوق سنة 1994.، كلية العلوم القانونية والاقتصادية والاجتماعية، جامعة محمد الخامس الرباط ،ص 185 (الاقتناء بدون عوض)

Fidèlement reproduit par :

محمد العمارتي، الممتلكات العقارية للجماعات المحلية بالمغرب، اطروحة لنيل الدكتوراه في القانون العام، كلية العلوم القانونية والاقتصادية الاجتماعية، جامعة محمد الخامس الرباط، السنة الجامعية 2002-2001 ،ص175 (عملية الاقتناء بالمجان)

261 Article 118 de la loi organique relative aux communes n° 113-14.

L'article 34 du dahir n° 1-09-02 du 18 février 2009 portant promulgation de la loi n° 45-08 relative à l'organisation des finances des collectivités locales et de leurs groupements[262] disposait que l'acceptation des dons et legs comportant des charges est soumise à l'approbation du ministre de l'Intérieur ou son délégué. Il en découle, de ce fait, que seules les libéralités comportant charges financières sont soumises à l'approbation de l'autorité de tutelle.

Or, selon les services de la Direction du patrimoine des collectivités locales, les donset legs sont tous soumis, sans exception, à l'approbation de l'autorité de tutelle, aussi bien ceux comportant une charge financière que ceux n'en comportant pas.

2. Les cessions gratuites sur les terrains privés

Les collectivités territoriales peuvent obtenir de certains détenteurs du sol des parcelles de terrain sans qu'elles aient à leur verser de contrepartie. Il s'agit notamment des contributions que les riverains des voies publiques projetées dans le cadre d'un arrêté d'alignement sont tenus de faire pour la réalisation de ces voies.

L'article 37 de la loi n° 12-90 relative à l'urbanisme dispose que « la commune procède soit à l'amiable, soit par voie d'expropriation à l'acquisition des immeubles tombant dans les emprises de la voirie communale en faisant application des règles particulières suivantes : le propriétaire de toute parcelle, devenant ou demeurant riveraine de la voirie communale projetée, est tenu de contribuer gratuitement à la création de cette voirie jusqu'à concurrence de la valeur d'une portion de son terrain équivalente à un rectangle d'une largeur de 10 mètres et d'une longueur égale à la longueur de façade dont disposera la parcelle sur ladite voirie. Cette contribution ne saurait, toutefois, dépasser la valeur du quart de la parcelle »[263].

Cette voie d'acquisition gratuite, ayant le caractère de simples contributions, ne peut être employée que pour la création de voies publiques et ne peut être demandée qu'à l'occasion de constructions ou de lotissements. Elle représente, néanmoins, un apport foncier très important pour les communes susceptibles de combler le manque en matière de foncier.

3. Les cessions gratuites sur le domaine de l'État

Pour permettre à la commune de se constituer une assiette foncière, l'État lui cède gratuitement sur son domaine les biens constituant des services publics communaux ainsi que ceux affectés à ceux-ci.

En effet, l'article 8 du dahir du 19 octobre 1921 sur le domaine municipal dispose que les biens du domaine public de l'État qui seront affectés au

---

[262] *B.O.* n° 5714 du 5 mars 2009.

[263] Nabil Zahra, *op. cit.*, p. 118.

domaine public des villes de notre Empire présentement constituées en municipalités leur seront transférés gratuitement.

De la même façon, l'article 6 du dahir du 28 juin 1954 prévoit que « les biens du domaine public ou du domaine privé de l'État cédés aux groupements dotés de jemâas administratives pour être affectés au domaine public de ces derniers leur seront transférés gratuitement ». Les cessions gratuites faites par l'État aux communes sont donc destinées soit à constituer les services publics communaux et de façon générale à former le domaine public communal, soit à aider la commune à la mise en place ou à l'édification de maisons communales et de cimetières.

Ce transfert des biens étatiques au domaine communal se fait sur la base d'une décision de classement prise par l'État et peut être prise avec la création de la commune sans aucune demande formulée par cette dernière.

Quant aux autres cessions gratuites, notamment celles destinées à l'édification de maisons communales et à la création ou à l'extension de cimetières, elles ne peuvent être accordées que sur demande expresse de la commune concernée.

Il existe, en outre, des procédures spéciales encore plus compliquées régissant le transfert de certains domaines. Il en est ainsi des terres habous, qui nécessitent pour leur transfert un dahir royal, ou des terres collectives, qui nécessitent l'accord du *naib* de la collectivité ethnique et l'approbation du conseil de tutelle de la collectivité en question[264].

c. Acquisitions fondées sur la coercition

Les acquisitions fondées sur la contrainte concernent, généralement, les opérations d'expropriation pour cause d'utilité publique. Certes, l'expropriation pour cause d'utilité publique est employée pour la constitution du domaine public, mais elle est employée, également, pour constituer le domaine privé. C'est le cas notamment de l'expropriation pour raison de plus-value prévue dans l'article 6 de la loi sur l'expropriation.

En effet, cet article permet, en plus de l'expropriation pour zone, l'expropriation pour plus-value en cas de travaux publics exécutés par l'administration qui ont procuré une notable augmentation de valeur aux immeubles voisins. Lorsque le propriétaire concerné ne peut pas ou refuse de payer la redevance découlant de cette augmentation, il sera tenu de délaisser son immeuble ou la partie de son immeuble correspondant à la valeur de la redevance à payer. Ainsi, l'intérêt financier peut justifier également l'expropriation. Cette opération d'expropriation comporte plusieurs phases.

d. L'expropriation pour cause d'utilité publique

L'expropriation pour cause d'utilité publique est le procédé juridique qui permet à la commune d'acquérir des biens immeubles en faisant appel de ses

---

[264] De Villiers Michel, *Droit public général*, Éditions Litec, 2006, p. 978.

prérogatives de puissance publique. Ce procédé s'impose lorsque l'accès à la propriété privée se révèle difficile ou quandla complexité de certains projets l'exige. En vertu de l'article 3 du dahir n° 1-81-254 du 6 mai 1982 portant promulgation de la loi n° 7-81 relative à l'expropriation pour cause d'utilité publique et à l'occupation temporaire, la commune dispose du droit d'exproprier, sous contrôle de la tutelle.

Cette opération ne peut être mise en œuvre que dans un but d'utilité publique. Elle s'opère selon les termes même de l'article 2 du dahir précité par autorité de justice. Pour toute opération d'expropriation, il y a lieu de constituer un dossier d'expropriation comprenant un plan de situation du bien ou de la zone à exproprier et une note expliquant l'intérêt et l'utilité publique de l'opération qu'il est envisagé de réaliser.

La collectivité expropriante adresse ces pièces au ministère de Tutelle qui proposera la déclaration d'utilité publique au chef du gouvernement. Cette opération d'expropriation pour cause d'utilité publique comporte des phases qu'il est utile de mettre en exergue.

B. Les séquences d'une expropriation

L'opération d'expropriation comporte deux phases : la phase administrative et la phase judiciaire.

a. La phase administrative

Cette phase commence par la déclaration d'utilité publique. Celle-ci est prononcée par acte déclaratif, lequel est publié au *Bulletin officiel.*

La notion d'utilité publique a évolué. Elle a dépassé le cadre classique qui la limitait à la construction des routes et des mosquées : la loi sur l'urbanisme lui a donné une dimension nouvelle : le plan d'aménagement désigne l'affectation des biens particuliers pour l'édification d'équipements collectifs. Cet acte désigne la zone susceptible d'être frappée d'expropriation. Les formalités de la procédure administrative doivent être respectées sous peine de nullité de l'opération d'expropriation.

En effet, la Cour d'appel de Rabat a décidé que « l'utilité publique des travaux à effectuer [...] n'ayant pas été déclarée et constatée dans les formes légales, l'expropriation [...] ne peut être prononcée[265] ».

L'immeuble ainsi désigné est frappé de servitude générale en ce sens qu'il ne peut subir aucune transformation, sauf autorisation expresse de l'administration. Cette limitation du droit de propriété dure tant que les délais des actes administratifs d'expropriation n'ont pas expiré.

Ces délais sont de deux ans pour l'acte déclaratif de l'utilité publique et de deux ans pour l'acte de cessibilité. Quand l'acte déclarant l'utilité

---

265 Arrêt du 19 mai 1925, RACAR, n° 19, p. 135, *in* Fabrice Melleray, « La recherche d'un critère réducteur de la domanialité publique », *AJDA*, 2004, p. 90.

publique désigne également les biensà exproprier, son étendue et ses limites, cette durée se réduit à deux ans seulement.

L'acte déclaratif d'utilité publique doit non seulement être publié intégralement au

Bulletin officiel, mais il doit également faire l'objet d'une large publicité : affichage dans les bureaux de la commune où est situé le bien à exproprier, insertion d'avis dans les journaux,etc.

Quand l'acte déclaratif d'utilité publique ne désigne pas les parcelles à exproprier, le président du conseil communal, avant l'expiration d'un délai de deux ans à partir de lapublication de la déclaration d'utilité publique au *Bulletin officiel*, prend par arrêté un acte de cessibilité. Ce dernier précise l'immeuble à exproprier, son étendue et ses limites. Il est soumis aux mêmes règles de publicité que l'acte déclaratif d'utilité publique.

L'acte de cessibilité doit être précédé d'une enquête administrative ouverte au public, d'une durée de deux mois. Le non-respect de cette formalité vicie la procédure et entraîne le rejet de la demande d'envoi en possession par le tribunal administratif du lieu du bien.

Cette enquête commence par la publication du projet de désignation, lequel est couvertpar une large publicité. Le projet d'expropriation doit être déposé à la Conservation foncière pour les immeubles immatriculés ou en cours d'immatriculation. Quand les immeubles en question ne sont pas immatriculés, ledit projet est déposé au greffe du tribunal administratif de leur lieu de situation.

Les intéressés disposent alors de deux mois pour faire connaître leurs observations à compter de la notification, ainsi que les « fermiers locataires et autres détenteurs de droits sur les immeubles, faute de quoi ils restent seuls chargés envers ces personnes des indemnités qu'elles pourraient réclamer. Tous autres tiers sont tenus, dans ce même délai, de se faire connaître sous peine d'être déchus de tout droit[266] ». Après l'accomplissement de ces formalités, la collectivité expropriante est tenue de transférer, avant le délai de deux ans à compter de l'intervention de l'acte de cessibilité, au tribunal administratif compétent un dossier attestant l'accomplissement des différents actes prévus pendant la phase administrative.

b. La phase judiciaire

La phase judiciaire se compose elle-même d'une procédure d'envoi en possession, d'une procédure de transfert de propriété et, enfin, de la fixation de l'indemnité définitive.

---

266 Article 11 du dahir n° 1-81-254 du 6 mai 1982 portant promulgation de la loi 7-81 relative à l'expropriation pour cause d'utilité publique et à l'occupation temporaire, *B.O.* n° 3685 du 15 juin 1983, p. 390.

– L'envoi en possession : après l'accomplissement des différentes formalités prévues lors de la phase administrative, la collectivité expropriante est tenue de transférer, avant le délai de deux ans à compter de l'intervention de l'acte de cessibilité, au tribunal administratif compétent un dossier attestant l'accomplissement de ces différents actes. La collectivité expropriante est tenue, également, de fixer l'indemnité provisionnelle qui sera versée, sur ordonnance du président du tribunal administratif, à l'exproprié contre dépossession.

L'envoi en possession permet l'occupation rapide du bien exproprié par la commune contre versement à l'exproprié de l'indemnité provisionnelle et d'empêcher ainsi les obstacles et les lenteurs que connaissent, généralement, les procédures de transfert de propriété.

– Le transfert de propriété : c'est le président du tribunal administratif, ou son délégué, statuant comme juge de l'expropriation qui est seul habilité à prononcer le transfert de propriété au profit de l'expropriant. Cependant, le juge n'exerce qu'un contrôle de forme, aussi relève-t-il d'office les irrégularités formelles qui sont les seules à même d'empêcher le juge de prononcer le transfert de propriété.

– La fixation de l'indemnité définitive : la commune expropriante est tenue de fixer l'indemnité à verser à l'exproprié par une commission administrative locale.

Cette indemnité sera versée, sur ordonnance du président du tribunal administratif, à l'exproprié. À moins qu'un accord amiable n'intervienne entre l'administration et l'exproprié, le président du tribunal administratif doit, s'il en est requis par les expropriés, procéder à l'évaluation de l'indemnité à attribuer aux expropriés qui en font la demande. Devant le défaut de demande de l'exproprié, le juge se contentera de prononcer l'indemnité fixée par la commission administrative. Le juge peut recourir, à l'aide d'une expertise, à l'évaluation de l'indemnité qui se fait conformément aux dispositions de l'article 20 du dahir n° 1-81-254 précité.

Le montant de l'indemnité doit être versé ou consigné avant l'entrée en possession de l'administration expropriante. Le jugement complet (prise de décision, prononcé de l'expropriation et indemnité) doit être publié au *Bulletin officiel* et notifié aux intéressés et à laConservation foncière. Si le bien exproprié n'est ni immatriculé ni en cours d'immatriculation, ces décisions sont inscrites par les soins du greffier du tribunal administratif[267].

Le jugement de l'expropriation est susceptible d'appel et de recours en cassation. Néanmoins, l'appel ne peut porter que sur l'indemnité. La collectivité expropriante est exposéeau paiement d'intérêts si, à l'expiration d'un délai d'un mois à compter de la publication ou de la notification de la

[267] Article 24 de la loi n° 7-81 relative à l'expropriation pour cause d'utilité publique et à l'occupationtemporaire.

décision d'envoi en possession ou d'expropriation, elle n'a pas versé ou consigné les sommes dues aux expropriés.

À l'expiration de deux mois, à partir du jour où les intéressés ont produit soit les titres valables des propriétés, soit la mainlevée des oppositions lorsque les sommes déconsignéespar jugement n'ont pas été déconsignées.

Conformément à l'article 23 de la loi n° 7-81 relative à l'expropriation pour cause d'utilité publique et à l'occupation temporaire susmentionnée, lorsqu'un immeuble n'est exproprié qu'en partie et que la partie restante n'est plus utilisable, le propriétaire est en droit de demander à l'administration d'exproprier la totalité de l'immeuble en question.

Cette demande doit être expresse et doit intervenir, obligatoirement, dans un délai de deux mois à compter de la publication au *Bulletin officiel* de l'acte de cessibilité. Telles sont les dispositions régissant les opérations portant constitution du domaine privé communal.

§2. L'utilisation du domaine privé communal et ses opérations modificatrices

On entend par opérations portant modification du domaine privé communal les différents actes accomplis par la commune en vue de se dessaisir de sa propriété en cas de besoin. Il s'agit notamment des opérations de cession effectuées par ces entités. S'agissant des opérations portant utilisation du domaine privé communal, elles concernent généralement la location, l'échange et la gestion du domaine forestier communal.

A. L'aliénation du domaine privé communal

Pour les opérations de cession accomplies par les communes, un auteur affirme que « la cession des biens communaux constitue une dilapidation du patrimoine communal, d'autant plus qu'aucune politique parallèle de remplacement des sols aliénés n'est menée[268] ».

Or, si le bien en question n'est plus utilisé ou n'est plus affecté, son aliénation deviendra souhaitable, sinon obligatoire.

La commune peut aussi vendre les terrains acquis après leur lotissement pour faciliter l'accession à la propriété pour les familles à revenu limité. Il est également reconnu à la commune de céder des biens pour financer des équipements collectifs. L'opération de cession ne constitue donc pas toujours une dilapidation du patrimoine communal. Quant aux règles régissant cette opération, en plus des règles générales prévues pour les opérations d'acquisition à titre onéreux citées ci-haut, à savoir la délibération du conseil communal, la fixation du prix de cession par une commission d'expertise et l'approbation de l'autorité de tutelle, l'opération d'aliénation

---

[268] Gérard Cornu, *Droit civil*, « Introduction ». « Les personnes. Les biens », Éditions Montchrestien, Paris, 1980.

a lieu aux enchères publiques et est soumise aux conditions depublicité et de concurrence.

Cette vente aux enchères publiques peut être soumise à trois phases :

1. L'organisation de l'opération de vente aux enchères publiques par l'ordonnateur avec la participation du receveur communal sur la base des documents ci-après :

– La décision du conseil communal dûment approuvée par le ministre de l'Intérieur ouson délégué ;

– Le procès-verbal de la commission d'expertise précisant les prix d'ouverture ;

– Le cahier des charges dûment approuvé par le ministre de l'Intérieur ou son délégué.

2. La perception des prix de vente par le receveur communal.

3. La transmission du dossier de l'opération d'enchères publiques comportant toutes les pièces y afférentes aux autorités de tutelle pour approbation. La conclusion du contrat ne peut avoir lieu qu'après information de la commune de la décision des autorités de tutelle.

Toutefois, ce principe de vente aux enchères publiques connaît des dérogations : lorsque la commune désire céder un bien qu'elle possède en indivision avec d'autres personnes[269], ou en cas de rétrocession, ou encore en cas de vente de locaux occupés par des particuliers :

• en cas de cession aux riverains de parcelles déclassées du domaine public ;

• lorsqu'un acquéreur présente des qualités particulières pour la réalisation des projets d'utilité publique (la réalisation d'un projet de développement ou d'un plan d'aménagement) ;

• en cas de vente d'immeubles à une administration publique ;

• en cas d'adjudication infructueuse.

Dans l'ensemble des cas précités, la commune peut procéder à la cession du bien en question par voie directe. Le dossier de cession dans ce cas est constitué des mêmes pièces prévues au dossier d'acquisition en plus des pièces suivantes :

• Note justifiant le recours à la procédure de gré à gré et expliquant ses objectifs ;

• Cahier des charges déterminant les conditions et les engagements de la partiecocontractante ;

• Règlement des sociétés ou des coopératives.

Les formes de cession à titre gratuit sont exclues, sauf dans le cas où il en est disposé autrement. Il s'agit notamment de l'article 6 du dahir du 28 juin 1954 régissant le domaine des communes rurales qui prévoit le transfert

[269] Nicinski Sophie, *Droit public de la concurrence*, LGDJ, 2005.

gratuit des biens relevant du domaine public ou du domaine privé de l'État aux communes rurales.

La vente des biens du domaine privé communal doit nécessairement avoir pour but soit l'acquisition d'autres biens immobiliers, soit l'exécution d'opérations d'intérêt public qui soient productives de revenus.

Pour les opérations d'aliénation, deux conditions doivent être respectées : l'aliénation des biens immobiliers aux tiers doit avoir comme objectif la réalisation des projets d'intérêt général, et l'appropriation du bien objet de cette aliénation par l'acheteur ne peut avoir lieu qu'après accomplissement de toutes les phases de l'approbation[270].

B. La location

En vertu de la réglementation en vigueur, la commune peut louer ses biens privés soit à l'État, soit à un établissement public, soit encore à une personne privée (des personnes physiques ou morales) moyennant un loyer. D'un autre côté, la commune elle-même peut être locataire des biens des personnes privées moyennant le versement d'un loyer à leur profit.

Conformément à l'article 37 de la loi n° 78-00 du 3 octobre 2002 portant chartecommunale telle qu'elle a été complétée et modifiée par la loi n° 17-08, les baux des biens du domaine privé communal sont délibérés par les conseils communaux[271]. Dans cette délibération, le conseil communal doit déterminer la durée de la location, le prix, le mode de location (appel d'offres ouvert ou de gré à gré).

Deux sortes de baux sont à distinguer : les baux qui ne dépassent pas 18 ans et les baux au-delà de 18 ans sans dépasser 99 ans. Le recours à ce genre de bail doit être justifié par la réalisation de projets économiques, sociaux, culturels ou d'intérêt général. Sur la base de la délibération du conseil communal, l'ordonnateur, conformément à l'article 47 de la loi n° 78-00 sus-indiquée, conclut le contrat de location après accomplissement de la procédure ci-après.

L'opération de location doit être effectuée sur la base d'un cahier des charges déterminant les conditions générales de cette opération et les relations entre la commune et le locataire. Ce cahier doit contenir toutes les conditions nécessaires à cette opération en fonction de l'utilisation du bien objet de la location (immeuble à usage commercial, industriel ou professionnel, des maisons pour logement, des terrains nus…).

Parmi ces conditions, la nécessité d'inclure dans ce cahier des clauses relatives à la révision du prix de location, conformément à la réglementation en vigueur à l'adoption de l'appel d'offres ouvert comme mode de passation des baux, à l'interdiction pour les locataires des biens de la commune de les

---

[270] De Gaudemar Hervé, « L'inaliénabilité du domaine public : une nouvelle lecture », *Droit et patrimoine*,n° 179, 2009.

[271] *B.O.* n° 5058 du 16 ramadan 1423 (21 novembre 2002).

sous-louer à une tierce personne sans l'autorisation écrite de l'ordonnateur[272]. En vertu des articles 69 et 73 de la charte communale, ces contrats de location sont soumis à l'approbation du wali ou du gouverneur pour l'ensemble des communes urbaines et rurales[273]. Les cahiers des charges y afférents, quelle que soit la durée du bail, doivent être approuvés par le gouverneur après avoir satisfait à toutes les conditions juridiques avant de procéder à l'appel d'offres par l'ordonnateur.

Le dossier du bail, en plus des autres pièces exigées pour les autres opérations d'acquisition ou d'aliénation, doit contenir également un projet du contrat de bail en six exemplaires et, pour les contrats à long terme, la production d'une étude technique et financière détaillée du projet.

Revenons au sujet de la constitution et de l'exploitation du fonds de commerce que nous estimons être l'un des risques majeurs qui menacent l'assiette foncière du patrimoine communal et causent sa déperdition, et nous signifions vivement notre mécontentement et notre inquiétude vis-à-vis des dispositions prévues par la loi n° 49-16 relative aux baux des immeubles ou des locaux loués à un usage commercial, industriel ou artisanal[274], modifiée et abrogée par le dahir du 24 mai 1955, dahir du 24 mai 1955 (2 chaoual 1374) relatif aux baux d'immeubles ou de locaux loués à usage commercial, industriel ou artisanal[275], l'article 1 de la loi 49-16 susvisée stipule quant au champ d'application ce qui suit : « I. Les dispositions de la présente loi s'appliquent : […] aux baux des immeubles ou des locaux à usage commercial, industriel ou artisanal, relevant du domaine privé de l'État, des collectivités territoriales ou des établissements publics, sous réserve de l'exception prévue au deuxième paragraphe de l'article 2 ci-après […]. »

Pour ce qui est de l'article 2 de cette loi, qui stipule d'une manière que nous jugeons bizarre ce qui suit, c'est une sorte de développement et d'épanouissement des dispositions du dahir du 24 mai 1955[276] précité, mais

---

[272] Les contrats de location sont généralement régis par les dispositions du dahir n° 1-80-315 du 17 safar 1401 (25 décembre 1980) portant promulgation de la loi n° 6-79 organisant les rapports contractuels entre les bailleurs et les locataires des locaux d'habitation ou à usage professionnel.

[273] Dans les contrats de location, il faut prévoir certaines clauses : les modalités de renouvellement du contrat, le pourcentage d'augmentation du loyer et l'interdiction qui doit être faite pour les locataires de sous-louer les biens avant l'expiration de deux ans à compter de la date d'acquisition du fonds de commerce, et ce, afin d'éviter les spéculations immobilières.

[274] Dahir n° 1-16-99 du 13 chaoual 1437 (18 juillet 2016) portant promulgation de la loi 49-16 relative aux baux des immeubles ou des locaux loués à usage commercial, industriel ou artisanal, *B.O.* 6578 du 20 ramadan 1438 (15-6-2017).

[275] *Bulletin officiel* n° 2224 du 10 juin 1955, p. 826.

[276] Art. 2 du dahir du 24 mai 1955 relatif aux baux d'immeubles ou de locaux loués à usage commercial, industriel ou artisanal. Les dispositions du présent dahir, notamment celles des 2e et 3e alinéas de l'article premier s'appliquent également :
1° aux baux d'immeubles ou de locaux à usage commercial ou industriel consentis à l'État, aux autres collectivités publiques ou aux établissements publics, pour des immeubles ou

un développement dégringolant partiellement, surtout pour ce qui est de notre patrimoine communal : « Les dispositions de la présente loi ne sont pas applicables aux baux relatifs aux immeubles ou locaux entrant dans le domaine public de l'État, des collectivités territoriales, des établissements publics. »

C. L'échange

Le contrat d'échange est une opération volontaire de nature privée portant à la fois acquisition et cession. L'échange se justifie généralement soit par l'utilité, soit par l'insuffisance des disponibilités budgétaires, soit encore par le besoin d'agrandir un terrain en lui adjoignant une parcelle d'un tiers, que la commune acquiert en échange d'un terrain lui appartenant[277].

La valeur des deux terrains à échanger est déterminée par la commission d'expertise,en prenant en considération la superficie du terrain en question, la destination ainsi que la zone de situation de chacun des deux immeubles à échanger.

Dans l'opération d'échange, trois éventualités peuvent se présenter :

- les terrains à échanger ont la même valeur, dans ce cas il n'y aura aucun versement supplémentaire ;
- le terrain de la commune est d'une valeur supérieure, l'opération s'analysera en une aliénation pour la commune ; son cocontractant aura à verser la somme représentant la valeur réelle du bien ;
- le terrain de la commune est d'une valeur inférieure au terrain de son cocontractant, il s'agit dans ce cas d'une opération d'acquisition, la commune doit verser le prix équivalent à la valeur acquise.

La collectivité peut également procéder à l'échange d'un bien immobilier avec une autre collectivité publique (l'État...). L'échange s'analyse en une double opération d'acquisition et d'aliénation avec compensation du prix. La collectivité peut recourir à ce procédé moyennant certaines formalités. Elle doit faire procéder à une expertise du bien qu'elle cède et de celui qu'elle acquiert pour savoir si leurs valeurs sont bien analogues.

L'opération d'échange doit, ensuite, être examinée par les commissions communales et, notamment, la commission des finances et du budget et la commission du patrimoine si elle existe, avant sa soumission aux délibérations des conseils concernés.

---

locaux affectés à des services exploités en régie soit au moment de la location, soit ultérieurement. Si l'affectation en cours de bail est réalisée après la publication du présent dahir, l'application des dispositions ci-dessus est subordonnée à l'accord écrit du propriétaire intéressé ;

2° aux baux d'immeubles ou de locaux occupés par tous établissements d'enseignement ;3° aux baux d'immeubles ou de locaux occupés par des façonniers.

277 Morat François, « Gouvernance locale et développement durable », in *Aménagement du territoire etdéveloppement durable*, sous la direction de A. Sedjari, L'Harmattan, 1999, p. 81.

Deux types d'échange sont à noter : l'échange sans soulte et l'échange avec soulte :

a. l'échange sans soulte ou avec soulte payée par la commune au profit de l'échangiste ; cet échange est considéré comme une opération d'acquisition, et, à ce titre, il est conduit exactement comme une opération d'achat ;

b. l'échange avec soulte payée par l'échangiste au profit de la commune.

Ce genre d'échange est considéré comme une opération d'aliénation car il constitue, en fait, une diminution du patrimoine foncier de la commune, et, à ce titre, il est conduitexactement comme une opération d'aliénation.

Quelle que soit la catégorie d'échange entreprise, le dossier d'échange doitcomprendre, exactement, les mêmes pièces qu'un dossier d'acquisition ou d'aliénation. Seulement, ce dossier d'échange doit être complété par la production d'un titre de propriété de l'immeuble de l'échangiste, d'un plan indiquant la situation de l'immeuble échangé et une attestation justifiant la disponibilité des crédits budgétaires nécessaires visée par le percepteur et signée par l'ordonnateur en cas d'échange avec soulte payée par la commune[278].

En plus de l'approbation de l'opération par les autorités de tutelle, le visa du ministre des Finances et du ministre des Affaires islamiques est nécessaire chaque fois qu'il s'agit d'un échange entre la commune et le domaine privé de l'État ou des habous.

---

[278] Chakor Abdellatif, « Le Marketing territorial au service de la bonne gouvernance locale », in *Du gouvernement à la gouvernance : les leçons marocaines*, Actes du colloque national organisé par l'Université Abdelmalek Saâdi, FSJES, les 21 et 22 mars 2003 à Tanger, Publications de la *Revue marocaine d'audit et de développement*, série Management stratégique, Rabat, 2004, *op. cit.*, p. 182.

Section II. Les tares de l'exploitation du domaine privé communal

Il est aujourd'hui inconcevable, à un moment où le processus de décentralisation engagé depuis plusieurs années a atteint le stade de maturité, qu'une matière aussi vitale que le patrimoine des communes demeure régie par une réglementation ancienne et complexe.

Cette réglementation met l'accent davantage sur les procédures. Or, si ces procédures sont nécessaires, elles ne sont pas tellement indispensables. Elles entravent l'action des communes afin de répondre aux exigences d'une gestion moderne qui suppose l'efficacité et la rapidité dans la prise de décision[279]. Les limites de la gestion du domaine privé communal sont dues, d'une part, à la complexité des procédures relatives aux différentes opérations immobilières conclues par les communes et à l'insuffisance des moyens aussi bien juridiques que financiers, d'autre part, au manque de stratégie claire et visible en matière de gestion du domaine privé communal.

§1. La complexité des procédures et l'insuffisance des moyens

La gestion du domaine privé communal souffre de plusieurs handicaps qui impactent négativement sa rentabilité. Ces handicaps peuvent être scindés en deux grands types de difficultés : la complexité des règles et des procédures régissant les opérations immobilières etl'insuffisance des moyens juridiques et financiers[280].

A. La complexité des procédures des opérations à caractère immobilier

La complexité des procédures relatives aux opérations immobilières peut apparaître à travers les règles régissant les opérations immobilières fondées sur la volonté (a) ainsi qu'à travers les règles des opérations immobilières fondées sur la contrainte (b).

a. Les opérations fondées sur la volonté

Les opérations immobilières réalisées par la commune sont, en principe, des opérations contractuelles fondées sur la volonté des deux parties, à savoir la commune et le cocontractant. Elles s'inscrivent ainsi dans le cadre du droit privé.

Mais étant donné que les opérations immobilières, soit d'acquisition, soit de cession, soit encore de location ou d'échange, doivent être justifiées par

---

[279] Taillefait Alain, « Modalité de vente des biens du domaine privé communal : libre choix de l'acquéreur et respect du principe de non-discrimination », *JCPA* n° 10, 2002, p. 1328.

[280] Baudoin M. E., « L'accessibilité des personnes handicapées aux bâtiments publics : vers la fin d'un bras de ferinégal contre l'État ? », *JCPA* n° 19, 9 mai 2011, 2186, p. 41.

des considérations liées à l'intérêt général, elles impliquent, de ce fait, l'intervention obligatoire de certaines règles de droit public. Ces règles, comme on va le voir ci-dessous, révèlent une certaine centralisation, un chevauchement des opérations et un contrôle très poussé de l'administration centrale sur les opérations immobilières communales[281].

Le conseil communal doit délibérer, préalablement, sur le principe de l'acquisition, de la cession ou de la location projetée. Intervient par la suite la consultation d'une commission administrative locale pour la fixation du prix de l'immeuble concerné. Cette délibération du conseil communal doit être soumise à l'approbation de l'autorité de tutelle.

Un dossier, constatant l'accomplissement de ces formalités et comprenant tous les documents l'attestant, doit être transmis par la commune concernée au ministère de tutelle pour approbation. Il faudra attendre l'intervention, de la part de l'administration supérieure, de l'autorisation d'engagement. Cela atteste de l'aspect particulier et enchevêtré des opérations contractuelles accomplies par les personnes publiques dans le cadre de la gestion de leur domaine foncier, dans la mesure où la volonté de la commune, censée libre, se trouve réduite. En plus de ces règles à caractère général, il en existe d'autres, spécifiques à la nature de l'opération, qui compliquent davantage les procédures se rapportant à ces opérations immobilières.

Ainsi, étant donné que l'acquisition ne pourra être effectuée que si l'intérêt du service public ou de l'utilité publique l'exige, la commune concernée doit, et même si cette opération constitue un fait positif, établir que son projet d'acquérir un bien résulte de l'obligation de satisfaire un besoin public. Le projet d'acquisition doit donc comprendre l'indication de l'utilisation envisagée du bien à acquérir. Il s'agit là, dit-on, d'un contrôle préventif du projet d'affectation.

La commune doit, en plus et avant de s'engager, justifier qu'elle dispose des ressourcesnécessaires au paiement du prix du bien à acquérir. Aussi, les crédits nécessaires doivent être, au préalable, ouverts dans le budget communal. Concernant les libéralités faites à la commune, elles relèvent du droit civil quant au régime applicable à la personne du disposant, à la manifestation de sa volonté et à la liberté de disposer de ses biens[282].

Quant à la commune bénéficiaire de la libéralité, cette dernière est soumise à certaines règles. Elle n'a pas la faculté d'accepter toutes les libéralités, notamment celles grevées de charges ou de conditions, comme nous l'avons déjà signalé[283]. Après l'approbation de l'acte d'acquisition par

[281] Commission du patrimoine, 5e Colloque national des collectivités locales, Rabat, 21-22-23 avril 1992, p. 6.

[282] Ouhmad M'hammed, « La gestion du patrimoine des collectivités locales à la lumière de la nouvelle chartecommunale », *Lettre des collectivités locales*, DGCL, Ministère de l'Intérieur, n° 13, 2005, p. 6.

[283] Voir sur cette question le point relatif aux « acquisitions gratuites » de cette étude.

les autorités de tutelle et le versement du prix d'achat, la commune est tenue d'enregistrer le bien en question auprès de la Conservation foncière et sur le sommier de consistance.

Là aussi, les collectivités locales se heurtent toujours, en plus de l'insuffisance des moyens financiers pour couvrir les frais d'enregistrement auprès de la Conservation foncière, aux problèmes liés à la complexité des règles juridiques relatives à l'enregistrement et à la Conservation foncière[284].

Pour les cessions gratuites sur le domaine de l'État, elles ne profitent qu'à un nombre limité de communes en raison du fait que certains ordonnateurs, bien nombreux, ignorent les textes juridiques prévoyant ces cessions. Cette ignorance se concrétise dans les faits par un nombre important de demandes de cession à titre onéreux pour l'édification des maisons communales et la création de cimetières.

Pour les opérations de cession, le principe est que ces cessions doivent être effectuées sur la base d'un appel d'offres qui fait appel aux règles de la concurrence et de la transparence[285]. Or, la plupart de ces cessions s'effectuent de gré à gré, vu le caractère complexe des règles se rapportant à l'appel d'offres, et à des prix bas, voire dans certains cas à des prix symboliques. Les opérations de cession, telles qu'elles sont pratiquées, ne peuvent que contribuer à la dilapidation des biens communaux[286].

Pour les opérations des baux et de location conclues par les communes, force est de constater que ces baux sont passés de gré à gré et à des prix insignifiants. Les considérations économiques et financières, à l'occasion de la conclusion de ces contrats, ne sont pas observées, voire négligées. Or, le recours aux appels d'offres pour ces opérations est nécessaire si on veut améliorer les ressources provenant de ces locations.

Même la rédaction des contrats y afférents n'est pas confiée à des personnes plus éprouvées et plus qualifiées. La plupart des communes ne disposent pas des moyens humains[287] nécessaires à une gestion rationnelle et performante de ce domaine[288]. À cela s'ajoutent d'autres obstacles qui ne peuvent que compliquer la situation ; il s'agit essentiellement de l'absence

---

[284] D'où la recommandation à l'occasion des colloques nationaux des collectivités locales d'exonérer les biens des collectivités locales des frais d'enregistrement.

[285] Nabil Zahra, *op. cit.*, p. 118.

[286] La TGR (Division des finances locales et du recouvrement) est souvent destinataire de certains dossiers relatifs à des cessions avec des prix symboliques. Le dernier, en date du 15 octobre 2008, concerne la commune rurale Ain Attig qui a cédé de gré à gré à la société ETORIF, pour la réalisation d'un projet touristique, un terrain de 11 hectares au prix de 30,00 dirhams le mètre carré.

[287] Boukhal Liloud et Boujida Mohamed, « L'exploitation rationnelle du patrimoine des collectivités locales », in *REMALD* n° 6, 1994, p. 39.

[288] Zejjari Ahmed, « Le contentieux du domaine public », in *REMALD* n° 6, 1994, p. 29.

de renouvellement des locations arrivées à terme, ce qui ne permet pas une mise à jour de ces loyers[289].

Malgré toutes les irrégularités constatées, on remarque que les autorités de tutelle donnent leur approbation concernant ces opérations immobilières.

D'ailleurs, le contrôle de régularité effectué auparavant en vertu du décret abrogé du 30 septembre 1976 portant règlement de la comptabilité publique des collectivités locales et de leurs groupements[290] par les comptables publics a permis, plusieurs fois, de relever ces irrégularités.

En guise de conclusion, la complexité des opérations immobilières fondée sur la volonté provient, généralement, des règles juridiques et des procédures prévues par le législateur en la matière. Cette complexité résulte également de la non-observation et du non-respect de ces règles et de ces procédures par les ordonnateurs des communes. La preuve en est que les ressources financières provenant de la gestion du domaine privé sont faibles, voire marginales, par rapport au volume global des ressources financières locales. Les opérations immobilières fondées sur la contrainte souffrent, elles aussi, des entraves et des difficultésqu'il faut soulever.

b. Les opérations fondées sur la contrainte

La procédure de l'expropriation pour cause d'utilité publique apparaît comme le moyen le plus immédiat pour la puissance publique de se constituer une réserve foncière et de maîtriser le marché foncier[291], car en recourant à ce procédé, la commune bénéficie du facteur temps, en ce sens qu'elle peut intervenir quand bon lui semble, et du facteur lieu, dans la mesure où elle est libre de déterminer le lieu de son intervention et de choisir, en fonction des données de la planification urbaine, les terrains à exproprier. L'expropriation, de ce fait, constitue le moyen le plus efficace pour la régulation du marché foncier.

Or, malgré les avantages prévus par la loi sur la procédure de l'expropriation pour cause d'utilité publique, cette procédure se heurte à des obstacles de nature à l'empêcher d'êtrel'outil providentiel de l'indispensable rééquilibrage du marché foncier. Il s'agit de deux sortes d'obstacles : les obstacles en défaveur de l'exproprié et les obstacles en défaveur de l'administration expropriante.

1. Les obstacles en défaveur de l'exproprié

L'examen approfondi de la procédure d'expropriation pour cause d'utilité publique révèle un régime très enchevêtré et contraignant. L'importance et

---

[289] La plupart des cas parvenus à la Division des finances locales et du recouvrement relevant de la Trésoreriegénérale du Royaume confirment ce constat.

[290] Modifié et complété par le décret n° 2-17-449 du 23 novembre 2017 relatif à la comptabilité publique desrégions et de leurs groupements.

[291] Blanc-Patin Michel, Chevalier Jacques, *L'Expropriation en question*, édition du Centre national de larecherche scientifique, Paris, 1977, p. 8.

la complexité du contentieux de l'expropriation qui concerne non seulement le régime de l'envoi en possession et le transfert de propriété mais aussi celui de l'indemnisation, de la légalité, de la responsabilité et du paiement attestent de cet aspect contraignant et enchevêtré.

On remarque, également, la lenteur et la complexité qui entourent les deux phases : la phase administrative et la phase judiciaire : en d'autres termes, les délais qui séparent l'envoi en possession et le transfert de la propriété et celui de la fixation de l'indemnité définitive sont très longs[292]. De surcroît, le législateur n'a pas mis en place un régime visant la protection des droits des expropriés. En effet, l'indemnité allouée ne couvre pas, dans la plupart des cas, l'intégralité du préjudice et n'est pas tout à fait préalable à la prise de possession.

De plus, plusieurs facteurs peuvent en retarder le paiement dont, essentiellement, le manque de disponibilités budgétaires, le refus de l'existence de litiges en liaison avec le problème foncier[293]. On trouve également que les incohérences les plus sérieuses de la procédure d'expropriation proviennent de la possibilité donnée à l'exproprié, au niveau de la phase administrative, de déclencher le contrôle juridictionnel de l'utilité publique en vue de demander l'annulation de l'acte administratif la déclarant, sans pour autant lui accorder systématiquement le sursis à l'exécution dans l'attente de l'aboutissement de la procédure ainsiengagée.

Le caractère non suspensif du recours en annulation, la lenteur de la procédure y afférente ainsi que le défaut de coordination dans le temps entre le contentieux de l'annulation et celui du transfert de propriété risquent de rendre illusoire l'effet de l'annulation et militent en défaveur d'une protection maximale des droits des expropriés. S'agissant de la procédure de la réquisition d'emprise totale, la loi n'a pas fixé la forme que doit prendre cette réquisition. Elle s'est contentée, uniquement, de mentionner que le propriétaire peut, par déclaration expresse, adresser à l'expropriant une réquisition d'emprise totale.

En effet, la loi a précisé que le propriétaire est tenu d'exercer ce droit dans un délai de deux mois prévu pour l'enquête administrative que l'expropriant est tenu d'organiser, préalablement, à la désignation officielle des biens à exproprier. La loi n'a pas assorti le non-respect de ce délai de sanctions. Ce silence ne peut-il pas être interprété favorablement par l'exproprié, dans le sens de lui permettre de présenter sa requête même après la clôture de l'enquête ?

Il serait avantageux, en effet, pour l'exproprié qui n'aurait pas pris connaissance de la procédure ou n'aurait pas pris conscience de la gravité de l'expropriation partielle sur le reste de son bien, de pouvoir présenter une

---

[292] Zejjari Ahmed, *op. cit.*, p. 30.

[293] Gerbeau David, « Patrimoine immobilier public, conditions de cessions », in *La Gazette des communes*n° 10, décembre 2010.

requête même hors du délai prévu. Admettre le contrairesignifierait la mise en péril de la procédure d'emprise totale elle-même par la possibilité offerte à l'expropriant de présenter des plans imprécis et des dossiers incomplets, empêchant l'emprise réelle d'apparaître de façon évidente au propriétaire durant le délai de l'enquête administrative[294]. C'est pourquoi il faudrait étendre le délai pour l'exercice de ce droit au-delà de la prise de possession, sinon cette procédure est incertaine. Qu'en est-il des obstacles qui sont en défaveur de l'administration expropriante ?

2. Les obstacles en défaveur de l'administration expropriante

Il s'agit essentiellement de trois séries d'obstacles :

– Des obstacles idéologiques : l'expropriation est l'atteinte la plus manifeste et la plus brutale au droit de propriété consacré par la Constitution et les instruments internationaux des droits de l'homme. Certes, de nos jours, le droit de propriété n'est plus absolu, et il doit remplir,une fonction sociale, mais l'attachement des citoyens à ce droit est tel qu'un recours généraliséà la procédure d'expropriation risque d'engendrer des réactions mitigées pour ne pas dire violentes d'une grande frange de la population[295].

– Des obstacles techniques : la loi n° 7-81 relative à l'expropriation pour cause d'utilité publique ne précise guère le domaine d'utilisation de l'expropriation, ce qui risque de conduire parfois à des abus qui ne manqueront pas de compromettre la stabilité des transactions immobilières[296].

D'un autre côté, l'autorité gouvernementale est chargée de s'assurer, avant de prononcer la déclaration d'utilité publique par décret, qu'il y a un intérêt général à réaliser tel ou tel projet envisagé par l'expropriation en cours. Or, cette autorité éprouve des difficultés quant à la confirmation de cet intérêt général, surtout si l'on considère que l'expropriant n'est pas vraiment tenu de présenter un dossier sérieusement étudié, touchant les délais de l'opération, la rentabilité du projet, des conditions financières et techniques saines et une architecture financière bien organisée, stable, équitable et riche. La pratique communale révèle, en effet, un certain nombre d'anomalies qui affectent le financement du développement communal[297].

L'analyse de la structure des finances locales[298], bien qu'elle révèle une évolution considérable ces dernières années, présente toujours un déficit au niveau du financement du développement communal. Les communes arrivent à peine à financer leurs dépenses de fonctionnement pour garantir la

---

294 Zejjari Ahmed, *op.cit.*, p. 34.
295 Eddahbi Abdelfattah, *op. cit.*, p. 59.
296 *Ibid.*, p. 60.
297 Séminaire sur « Le financement local des collectivités locales en Afrique », organisé en février 2009, Agadir.
298 Eddahbi Abdelfattah, *op. cit.*, p. 66.

continuité de leurs services publics communaux[299]. Les dépenses d'investissement demeurent une préoccupation secondaire des choix financiers deces entités.

Les opérations d'acquisition sont entravées par la non-gratuité des frais d'enregistrement, ce qui décourage ces entités d'y procéder, surtout avec la cherté des terrains fonciers. Certes, les dahirs du 19/10/21 sur le domaine municipal et du 28/6/1954 sur le domaine des communes rurales disposent que les opérations de vente au profit de ces dernières sont exonérées des frais d'enregistrement dans le cas où les propriétés achetées sont destinées à la construction d'établissements d'enseignement public et autres tels que les réalisations sociales et urbaines d'intérêt communal. Mais au-delà de ces cas, la direction de l'enregistrement n'accepte pas ce principe de gratuité des frais d'enregistrement, ce qui rend difficile l'accès à la propriété par les communes[300].

De surcroît, lorsque la commune effectue des ventes pour compenser et renforcer ses moyens financiers, on remarque que la plupart de ces ventes ont une valeur moins élevée que leur valeur marchande. À cela s'ajoute le fait que les communes ne disposent pas de responsables locaux qui soient en mesure de défendre les crédits qu'elles sollicitent et les recettes de couverture et de préciser le champ du pouvoir discrétionnaire donné à la tutelle.

En effet, une grande partie des décisions négatives prises par ces autorités s'explique par le fait que les présidents des conseils ne connaissent pas en détail les droits et les prérogatives que la loi leur confère. Le but recherché est de sensibiliser le président du conseilqui prépare et ordonnance le budget local à sa nouvelle responsabilité en faisant de lui un véritable chef d'entreprise privée capable d'assimiler les modes d'administration et de gestion financière et budgétaire et de trouver les solutions aux problèmes qui se posent afin d'adapter les moyens aux besoins des citoyens qui l'ont investi. À côté de l'insuffisance des moyens financiers, il existe une autre anomalie qui consiste en l'insuffisance des moyens juridiques.

A. L'insuffisance des moyens juridico-normatifs : le droit de préemption

Comme nous l'avons déjà souligné, l'expropriation pour cause d'utilité publique ne peut, en l'absence des règles de réévaluation précise, être un moyen efficace de lutte contre la spéculation foncière dans la mesure où les juges se laissent influencer par les cours du foncier au jour du prononcé de la

---

299 Rapport établi par l'Association internationale des services du Trésor et le Centre de rencontres et d'études desdirigeants des administrations fiscales, « Mobiliser des ressources fiscales pour les collectivités décentralisées en Afrique subsaharienne », à l'occasion du séminaire organisé à Agadir en février 2009 sur « Le financement des collectivités locales en Afrique ».

300 Eddahbi Abdelfattah, *op. cit.*, p. 62.

décision d'expropriation. Devant cette situation et compte tenu des expériences du droit comparé, le recours au droit de préemption au profit de l'État et des collectivités locales peut constituer une alternative efficace et une technique qui semble avoir donné d'excellents résultats à l'étranger.

En effet, le droit de préemption peut être défini comme étant « un droit accordé à certaines personnes d'acheter un bien par préférence à tout autre si le propriétaire manifeste la volonté de vendre[301] ». Avec Paul Delcroux[302], on peut même parler du droit de retrait qui peutêtre défini comme la faculté d'écarter un acquéreur à la suite d'une vente en lui remboursant leprix.

Or, cette technique, qui est un instrument efficace pour la constitution des réserves foncières, n'a pas été prévue par la législation et la réglementation en vigueur, si l'on excepte l'article 32 de la loi de finances 1/72/532 du 8 janvier 1973 relative au droit d'enregistrement qui a prévu la possibilité pour l'administration fiscale d'État d'exercer ce droit lorsqu'elle estime que les prix déclarés dans les contrats de vente d'immeuble sont trop faibles par rapport à la valeur réelle du bien cédé.

Le but de ce texte est d'ordre strictement fiscal. Il vise uniquement à combattre la fraude et l'évasion fiscales. Par conséquent, il ne saurait être vu comme un moyen de politique foncière, et encore moins comme un instrument de régulation du marché foncier[303]. La même remarque peut être faite pour les communes.

En effet, le droit de préemption n'est prévu ni par la législation ni par la réglementation en vigueur. Ce droit a été, d'ailleurs, toujours recommandé par les élus locaux lors des différents colloques nationaux des collectivités locales.

De là apparaît la nécessité pour le législateur d'adopter un texte législatif en vue d'institutionnaliser ce droit de préemption et de préciser les modalités et les conséquences de son exercice, aussi bien par l'État que par les collectivités locales du fait des avantages qu'il procure.

En effet, le droit de préemption constitue, d'abord, un moyen psychologiquement moins brutal et moins traumatisant que l'expropriation, ensuite, un moyen qui permet de contribuer utilement et efficacement à la régulation du marché foncier par le biais des réserves foncières qu'il permet à la commune de se constituer. D'un autre côté, c'est un moyen moins onéreux que l'expropriation pour cause d'utilité publique car, en principe, le bénéficiaire du droit de préemption n'est tenu qu'au prix du terrain rétrocédé, à l'exclusion de toute autre forme d'indemnisation. C'est, enfin, une technique rapide qui ne nécessite aucunement le recours, avec tout le retard inhérent, à la procédure judiciaire.

---

301 *Lexique des termes juridiques*, 9e édition, Dalloz, 1993.
302 Delcroux Paul, *op. cit.*, p. 301.
303 Massaoudi Layachi, *op. cit.*, p. 60.

En plus des entraves liées à la complexité des procédures se rapportant aux opérations immobilières et à l'insuffisance des moyens juridiques et financiers, il existe d'autres entraves liées cette fois-ci à l'absence de stratégie en matière de gestion du domaine privé, ce qui fera l'objet du paragraphe suivant.

§2. La gestion du domaine privé communal : l'absence de stratégie

Pour permettre aux communes de jouer leur rôle de développement économique et social, il faut les doter de procédés et de moyens nécessaires pour réaliser leurs objectifs[304]. Pour cela, une politique foncière claire et visible doit en principe permettre aux communes le contrôle du marché foncier, la maîtrise de l'urbanisation rapide et de la consistance de ce domaine[305]. Or, les piliers de cette politique font défaut. On constate le manque d'une politique foncière claire et visible (A) et une absence des documents permettant la parfaite connaissance de la consistance matérielle du domaine communal (B).

A. Le laconisme d'une politique foncière

Généralement, le mode de fonctionnement des communes se caractérise par l'absence de tout système de planification et de programmation à long terme qui permettrait d'inscrire leur développement dans une vision d'aménagement spatiale et sectorielle[306].

La gestion du patrimoine communal, qui est souvent très ponctuelle et circonstancielle, manque de stratégie et de visibilité, ce qui s'est traduit par le manque de disponibilités immobilières (a). En effet, l'exercice des attributions communales et la réalisation des projets de développement exigent, en plus des moyens financiers, des moyens immobiliers, voire des disponibilités immobilières, et une gestion performante de cette réserve, lorsqu'elle existe.

Cette carence s'accentue davantage du fait que les dispositions juridiques prévues en lamatière n'aident pas les communes à envisager et à poursuivre une politique foncière à courtet à moyen terme (b).

---

304 Derycke Pierre-Henri, « Espace urbain et économie publique locale : problème de tarification et de congestion », *Revue d'économie régionale et urbaine*, vol. 5, 1997, p. 829-864.

305 Dans la perspective de modernisation des outils de la mobilisation du domaine privé de l'État, la Cour des comptes propose des recommandations et des pistes d'amélioration en mesure d'inciter le dépositaire du foncier privé de l'État à définir des orientations pour la mise en œuvre d'une politique foncière s'inscrivant dans le cadred'une stratégie globale et intégrée de dynamisation du tissu productif. Cette stratégie aura pour objectifs la mobilisation et la rationalisation du patrimoine foncier de l'État valorisé en tant que ressource et érigé en tantque levier stratégique de développement à travers la mise en place de nouveaux outils de gestion et de valorisation et des instruments de bonne gouvernance.

306 Levoyer Loïc, « Le traitement fiscal et financier de l'externalisation des propriétés publiques », *JCPA*, 2012.

a. Les insuffisances des outils prévus par le législateur

Pour parer à la gravité des spéculations immobilières qui font obstacle à la réalisation des projets et pour mettre un terme à la crise du logement, il est du devoir des collectivités de jouer pleinement leur rôle dans les domaines économique et social par la création de lotissements distribuables au profit des faibles et des couches sociales moyennes. Cela implique que ces entités disposent d'une assiette foncière largement suffisante pour la réalisation de ces projets[307].

Or, la plus grande partie des communes souffrent du manque de terrains en raison du cantonnement forcé de certaines villes dans leur périmètre. Cet état de choses est dû à l'existence d'une ceinture formée par les terrains appartenant aussi bien aux habous qu'aux Forces armées royales.

Des terrains périphériques qui n'ont pas été exploités par l'État ou certains organismes publics peuvent être cédés à ces entités, afin de combler ce manque de disponibilité immobilière. Ce manque provient également de l'insuffisance des outils prévus par le législateur marocain afin de résoudre le problème foncier[308]. En effet, comme cité ci-dessus, la procédure d'expropriation constitue le moyen le plus immédiat pour constituer une réserve foncière et maîtriser le marché foncier.

Mais vu les obstacles auxquels est confrontée cette procédure, force est de conclure que ces instruments prévus par le législateur sont loin de permettre à la commune de maîtriserréellement le marché foncier et de lutter contre la spéculation foncière.

Le droit de préemption, en tant qu'instrument de constitution des réserves foncières et outil d'intervention des collectivités publiques dans le marché foncier, n'a jamais été consacré par le législateur marocain.

Conscient du rôle que peuvent jouer les disponibilités immobilières dans le développement local et en vertu du dahir du 8 janvier 1978, il a été créé le Fonds national pour l'achat et l'équipement de terrains (FNAET). Ce fonds est un compte spécial du Trésor destiné à préfinancer l'acquisition et l'aménagement de terrains pour la réalisation de programmes économiques à travers les dotations budgétaires de l'État et les versements des attributaires de parcelles. Pratiquement, le ministère de l'Habitat accomplit les procédures d'acquisition, d'équipement et de cession de terrains, alors que les délégations locales de ce ministère assurent l'instruction des demandes d'attribution et reçoivent les versements[309]. Les ressources des échelons locaux font ensuite l'objet d'une péréquation nationale.

---

[307] Delvolve Pierre, « L'utilisation privative des biens publics », RFDA, 2009, p. 229.

[308] Kaioua Abdelkader, « Gouvernance urbaine et politiques d'agglomération : le cas du Grand Casablanca ». 2009, p. 79-105, *Terrains et échelons de la gouvernance : expériences en France et au Maghreb*, L'Harmattan, sous la direction de J. M. Miossec.

[309] Kaioua Abdelkader, *idem*, p. 102.

Les objectifs assignés à cet organisme étaient doubles : d'une part, acquérir et équiper les terrains nécessaires aux opérations de construction prévues par le plan au profit des catégories sociales défavorisées et, d'autre part, faire, en cas de besoin, des avances aux collectivités locales afin de les aider soit à acheter des terrains, soit à les équiper[310].

Cependant, la lourdeur des procédures ainsi que l'absence d'autonomie financière n'ont pas permis au FNAET d'atteindre ses objectifs. À titre d'exemple, sur les 43 500 lots programmés au Plan intermédiaire 1981-1983, seuls 5 470 lots ont été effectivement réalisés. Les experts de la Banque mondiale ont d'ailleurs souligné à plusieurs reprises la nécessité de modifier le fonctionnement du FNAET et ont notamment proposé de le transformer en société d'équipement dotée de la personnalité civile et de l'autonomie financière. À ces limites s'ajoute le décalage toujours plus grand entre l'acquisition des terrains par le FNAET et leur revente aux usagers, ce qui obligeait le fonds à régler le prix des terrains avant même leur rétrocession. Le retard qui accompagnait le paiement par les établissements publics et les collectivités locales de leurs dettes à l'égard du FNAET et le retard souvent accusé par le FNAET dans le recouvrement de ses créances sur les particuliers engendraient un déficit budgétaire chronique[311]. Force est de conclure que le FNAET était loin de pouvoir réaliser les objectifs qui lui avaient été assignés et d'aider les collectivités locales à constituer une réserve foncière[312].

Le manque de disponibilités immobilières provient également de la procédure prévue pour les acquisitions. En effet, étant donné que l'acquisition ne pourra être effectuée que si l'intérêt du service public ou de l'utilité publique l'exige, la commune concernée doit, même si cette opération constitue pour elle un fait positif, nécessairement établir que son projet d'acquérir un bien résulte de l'obligation de satisfaire un besoin public. Le projet d'acquisition doit donc comprendre l'indication de l'utilisation envisagée du bien à acquérir. Ce qui empêche ainsi de réaliser une politique de réserve foncière.

Une politique efficace des réserves foncières doit permettre à la commune de maîtriserle marché foncier et l'urbanisation rapide et d'assurer ainsi un contrôle préventif pour empêcher les spéculations foncières[313], de telle sorte qu'elle assurera un équilibre entre l'offre et la demande et mettra fin à l'augmentation sans cesse croissante de la valeur du sol urbain. Les instruments fiscaux mis en place ne permettent pas non plus de lutter contre la spéculation foncière.

---

[310] Messaoudi Layachi, *op. cit.*, p. 55.

[311] *Ibid.*, p. 56.

[312] *Ibid.*, p. 58.

[313] Hyacinthe Lena, *Acquisitions publiques et maîtrise urbaine*, CRU, Paris, 1967, p. 171.

b. L'inefficacité des instruments faisceaux

L'intérêt que présente la fiscalité foncière pour les urbanistes réside dans le fait qu'elle peut contribuer à résoudre le problème lancinant du dysfonctionnement du marché foncier. Ainsi la fiscalité foncière est-elle considérée comme un moyen, parmi d'autres, pour réaliser certains objectifs de politique économique et sociale.

La fiscalité foncière a été utilisée, soit pour financer certains équipements publics, soit pour permettre une régulation du marché foncier et lutter contre la spéculation foncière. De plus, la fiscalité foncière constitue une source, non négligeable, de financement des budgets des collectivités locales. C'est dans ce sens que les pouvoirs publics ont pensé à contrôler le marché foncier par l'imposition de plus-values et la taxation des terrains à bâtir[314]. Cependant, la fiscalité foncière, telle que consacrée par la loi n° 47-06 du 1er janvier 2008 sur la fiscalité locale[315] est loin d'atteindre l'objectif qui lui a été assigné.

La taxe d'habitation et la taxe des services communaux sont assises sur la valeur locative fixée d'après la moyenne des loyers pratiqués pour les habitations similaires situées dans le même quartier. Cette valeur locative est révisée tous les cinq ans par une augmentation de 2 %. Or, la valeur locative telle qu'elle est prévue par la loi sur la fiscalité locale ne reflète, ni dans le temps ni dans l'espace, une estimation objective par rapport aux valeurs réelles constatées sur le marché foncier. En plus de la non-actualisation de la valeur locative, la propriété bâtie au Maroc n'est pas imposable. La taxe d'habitation, prévue par la loi sur la fiscalité locale en vigueur, tient compte beaucoup plus de l'occupant que du propriétaire.

En effet, lorsque le propriétaire du sol est différent de celui de la construction, la taxe est établie au nom de ce dernier. Ou encore lorsque l'immeuble est vacant, le redevable peut obtenir décharge de la taxe. De ce fait, un grand nombre de propriétaires, souvent des propriétaires de construction de haut standing, échappent à l'application de la taxe. Or, l'équité fiscale exige que les propriétés bâties soient également imposables.

En France, par exemple, il existe, en plus de la taxe d'habitation qui touche les occupants de la construction, la taxe foncière sur les propriétés bâties et la taxe d'habitation pour les logements vacants[316].

Pour ce qui est de la taxe sur les terrains urbains non bâtis, les taux appliqués sont trop légers pour décourager la spéculation foncière. Bien au

---

314 Lebbertow Jean-Pierre, *Droit de l'urbanisme*, Paris, Éditions Puf, 1993, p. 33.

315 Modifiée et complétée par la loi n° 07.20 publiée au *B.O.* n° 6948 en date du 31 décembre 2020. Notons bien que le principal apport de ce remaniement réside dans l'élargissement de l'assiette fiscale pour les communes ayant un document d'urbanisme en vigueur, en l'occurrence les centres ruraux délimités et les communes dans des zones rurales ayant un plan de développement en vigueur, au sens de la loi sur l'urbanisme n° 12-90 du 17/06/1992 (*B.O.* 15 juillet 1992) ; à côté des plans d'aménagement bien entendu.

316 *Le guide des impôts locaux*, Direction générale des impôts, France, www.impots.gouv.fr

contraire, ils sont de nature à encourager les particuliers, surtout dans les grandes agglomérations, à retenir les terrains urbains en prévision de la hausse du prix du foncier.

En plus de ces taxes locales, il existe une taxe sur les profits fonciers[317] applicable en tant qu'impôt cédulaire qui frappe non pas des revenus professionnels mais les profits réalisés à l'occasion des cessions isolées des terrains accomplies de manière non professionnelle par les contribuables. Elle porte sur toutes les opérations translatives de propriété (vente normale, vente judiciaire, expropriation, apport en société…) et sur toutes les constitutions de droits réels immobiliers (usufruit, servitudes conventionnelles…). Toutefois, les profits résultant de la cession sont exonérés d'impôts.

L'article 6 de la loi sur l'expropriation a prévu l'imposition des plus-values. Il dispose que « lorsque l'exécution des travaux doit procurer aux immeubles (voisins) une notable augmentation de valeur », un remboursement par le propriétaire concerné au profit de l'administration est nécessaire, sous peine de délaisser son immeuble ou la partie de son immeuble correspondant à la valeur de la redevance à payer. L'objectif de cette disposition est donc de permettre de récupérer la plus-value due aux travaux urbanistiques réalisés et qui contribuent d'une manière considérable à l'augmentation de la valeur du sol urbain.

La question essentielle est de savoir si les mécanismes fiscaux prévus ont pu avoir un impact sur la consistance du marché foncier et sur les prix fonciers. Les effets attendus sur le marché foncier ne se sont pas produits, bien au contraire : la rétention des terrains a été plutôt encouragée par la crainte de la taxation, la tendance à l'incorporation de la taxation dans les prix du terrain a poussé à la hausse et le désir d'échapper au supplément d'imposition a encouragé la dissimulation du prix réel[318].

En résumé, la fiscalité foncière n'a pas pu atteindre l'objectif envisagé : celui de la régulation plus ou moins du marché foncier et de constituer, d'un autre côté, un moyen de financement des équipements publics.

En France[319], par exemple, pour faciliter et harmoniser la procédure d'imposition, il a été établi un référentiel national qui constitue la base de calcul de l'imposition. Ce référentiel indique les valeurs de référence, préalablement actualisées pour chaque zone locative et pour chaque type et catégorie de biens. L'objectif est d'instaurer l'équité d'imposition entre les redevables des taxes foncières, d'une part, et entre les zones géographiques des collectivités, d'autre part.

---

[317] L'article 61 du Code général des impôts institué par l'article 5 de la loi de finances n° 43-06 pour l'année budgétaire 2007 promulguée par le dahir n° 1-06-232/décembre 2006.

[318] Messaoudi Layachi, *op. cit.*, p. 60.

[319] *Le guide des impôts locaux*, *op. cit.*

La valeur locative calculée sur la base du référentiel est revalorisée annuellement par un coefficient fixé par la loi de finances en fonction d'indices macroéconomiques. Pour l'imposition de la taxe sur les terrains non bâtis (TNB), un autre coefficient a été ajouté, qui est calculé cette fois-ci en fonction des périodes d'acquisition des terrains : pour un terrain non bâti acquis à une période déterminée et qui n'a fait l'objet ni d'une construction ni d'une exploitation, le calcul de la taxe tiendra compte de sa valeur locative et de sa périoded'acquisition.

Force est de constater, donc, que les communes, dans les conditions actuelles, ne peuvent pas disposer de l'assiette foncière nécessaire pour accomplir efficacement leur mission de développement économique et social en raison des insuffisances des outils prévus par la législation et la réglementation en vigueur[320]. Qu'en est-il des outils prévus pour la gestion de cette assiette foncière, lorsqu'elle existe ?

B. Une documentation relative au domaine communal fait défaut

Pour bien exploiter le domaine communal, une parfaite connaissance de sa consistanceet de sa valeur est nécessaire. Or, la majorité des communes ne procèdent pas au recensement de leurs biens immobiliers, et même les documents permettant la connaissance matérielle de ce domaine ne sont pas tenus ou sont mal tenus, selon les cas (a). À cela s'ajoutent les documents d'urbanisme conçus et la politique urbanistique menée par les communes qui ne permettent pas une bonne maîtrise de l'assiette foncière (b).

Cette situation empêche les communes d'élaborer une politique immobilière rationnelle et de valoriser leur domaine communal[321].

a. Les biens immobiliers non recensés et mal entretenus

Depuis le recensement effectué par l'agence foncière nationale en 1985, les communes n'ont guère procédé au recensement de leurs biens, et, par conséquent, ces entités n'en ont qu'une connaissance incomplète et imprécise. Cette constatation a été confirmée lors de l'enquête communale

---

[320] L'encadrement humain des communes a connu une grande évolution depuis 1977. L'effectif du personnel communal représente environ 25 % de l'ensemble de l'emploi public. Mais, alors que plusieurs communes connaissent une situation de sureffectif, d'autres communes, notamment dans le monde rural, souffrent de sous-encadrement. De même, la structure des effectifs communaux, malgré une sensible amélioration, reste marquée par le faible poids des cadres supérieurs, qui ne représentent que moins de 10 % de l'ensemble des effectifs. Aussi le niveau de qualification du personnel communal ne répond-il pas totalement aux besoins des communes en cadres spécialisés dans des domaines comme la planification stratégique, l'informatique, le management, la comptabilité, la gestion urbaine, les finances locales, l'environnement.

[321] « Le rôle des élus au sein des communes du Maroc : vers une gouvernance locale plus proche des citoyens », OCDE, 2017.

effectuée en 1985[322]. La plupart des communes reconnaissent n'avoir qu'une connaissance partielle et imprécise de la consistance de leurs biens immobiliers et ne disposent pas de sommiers de consistance en dépit des dispositions législatives exigeant la tenue de ce sommier de consistance par les ordonnateurs de la commune et en dépit, également, des circulaires du ministère de l'Intérieur. La plupart des communes, aujourd'hui, occupent des parcelles de terrain sans titre légal.

Pour les communes ayant un sommier de consistance, on constate généralement que celui-ci n'est pas mis à jour et comporte souvent des lacunes : la plupart des biens privés etdes biens publics n'y figurent pas, les changements effectués n'y apparaissent pas, tels que le changement d'affectation ou de construction, les mentions de sortie du bien du domaine publicau domaine privé pour cession…

En vertu de l'article 1 de l'arrêté viziriel du 31 décembre 1921 déterminant le mode de gestion du domaine municipal, « les biens faisant partie du domaine public et du domaine privé municipal font l'objet d'une prise en charge à un sommier spécial dit consistance du domaine municipal[323] ».

Ce sommier doit, selon cet article, mentionner pour chaque bien la nature, l'origine, le titre de propriété, la date d'entrée au domaine municipal et, lorsqu'il s'agit d'immeubles, la contenance et la situation. Il doit également porter mention de la décharge des biens vendusou échangés ou des immeubles lotis. Il doit être divisé en deux parties, l'une réservée au domaine public, l'autre au domaine privé. Les mêmes dispositions sont également prévues pour les communes rurales dans le premier article du décret du 4 février 1959 déterminant le mode de gestion du domaine des communes rurales.

L'objectif de cette règle est de permettre à la commune, d'une part, de maîtriser son domaine en ayant à sa portée un instrument très pratique réunissant tous les renseignements relatifs aux biens des communes, ce qui aurait eu pour effet de faciliter la tâche des équipes successives chargées de la gestion des biens communaux et, d'autre part, de permettre la connaissance précise de la consistance matérielle du domaine communal et permettre également à l'autorité de tutelle d'exercer un contrôle effectif sur les opérations se rapportant au domaine communal. Les sommiers de consistance constituent un outil efficace pour la connaissance matérielle du domaine communal à condition, bien entendu, qu'ils soient correctement et régulièrement servis.

Le sommier de consistance constitue la base d'une organisation permettant de réaliser une véritable gestion de tous les biens. C'est le

[322] Abdellah Lehzam, *Le logement urbain au Maroc : les ménages et l'État face à l'accès à la propriété et la location*, Éditions CCMLA, 1994, p. 130-131.
[323] Eddahbi Abdelfattah, *op. cit.*, p. 25.

premier document à constituer, et sa tenue devra être bien signée, car c'est à partir des renseignements qui y seront portés que seront prises des décisions, lesquelles décisions s'insèrent dans le cadre de la politique immobilière de la collectivité construite sur la base des données recensées et de l'étude de leursrépercussions sur le budget.

Le sommier de consistance permet aux élus locaux[324] :

– de connaître les caractéristiques de chaque bien ;

– de recenser les différents utilisateurs et exploitants de chaque immeuble ;

– d'établir la liste des différents types de contrats : contrat d'exploitation-location, contrat de concession, contrat d'affermage… ;

– de suivre l'évolution du patrimoine et son développement ;

– de faciliter aux élus locaux la gestion des biens et leur exploitation.

En plus du non-respect des dispositions juridiques relatives à la tenue des sommiers par les ordonnateurs, la cherté des opérations d'immatriculation des biens relevant de la commune et des opérations d'enregistrement rend également difficile la connaissance de ces biens.

On comprend alors les difficultés pour un grand nombre de communes à tenir un sommier de consistance fiable et actualisé.

Une gestion fiable des biens communaux nécessite un recensement détaillé et exhaustif des différents biens relevant de la commune[325].

Malgré les efforts déployés pour remédier à cette carence et malgré la soumission des sommiers de consistance à un visa de conformité par l'autorité de tutelle, la mauvaise tenue desdits sommiers, pour ne pas dire leur absence, est donc quasi générale et se traduit par une difficulté toujours croissante à connaître avec précision la consistance du domaine communal[326].

N'est-il pas paradoxal que les documents qui permettent de connaître le domaine communal soient si mal servis, particulièrement à un moment où le problème foncier prend une place de plus en plus importante en raison de l'ampleur considérable que connaît de nos jours l'urbanisation ?

b. Les documents d'urbanisme : une inadaptation notoire

Vu les moyens juridiques et managériaux dont disposent les communes, ces dernières se heurtent au fait qu'elles ne peuvent mener une politique

---

324 Boukhal Miloud et Boujida Mohammed, « Le domaine des collectivités locales et de leurs groupements », *op. cit.*, p. 70.

325 دورية وزير الداخلية رقم 109 بتاريخ 24 أبريل 1980 حول إحصاء الأملاك التابعة للمجال الحضري للمدن والمراكز المحددة

326 Les recommandations des actes des colloques des Collectivités locales, les circulaires du ministère de tutelle (circulaire n° 101 PCL/DP/1 du 6 avril 1978, circulaire n° 125 PCL/DP/1 du 4 mars 1984), les séminaires organisés par cette autorité. 387 N. Zahra, *op. cit*

foncière et urbanistique efficiente et efficace qui permettrait une bonne maîtrise de l'assiette foncière.

En effet, les documents d'urbanisme fixent d'une manière plus ou moins précise la destination des sols de la cité. Le statut foncier et la réglementation de chaque zone dans une agglomération par les documents d'urbanisme ont non seulement un effet sur l'utilisation des terrains mais aussi sur leur valeur. Le plan d'urbanisme est l'expression définitive de l'état dela ville qu'il faut maintenir à tout prix.

Dans ce cadre, la possibilité de dérogation n'est pas envisagée. Or, la nécessité de concilier la stabilité et la flexibilité de la règle de l'urbanisme est importante pour répondre de manière efficace à des enjeux économiques et sociaux nouveaux et imprévus[327]. La règle de l'urbanisme ou, plus précisément, les documents d'urbanisme doivent pouvoir être adaptés en fonction d'opportunités qui n'étaient, éventuellement, pas prévisibles au moment de l'établissement de cette règle. C'est dans ce sens qu'une certaine souplesse est sollicitée.

La problématique du développement urbain au Maroc réside généralement dans l'opposition entre les pratiques anarchiques et aléatoires croissantes et les réglementations de plus en plus contraignantes. De là, il faut concevoir les règles d'urbanisme non comme des objectifs à atteindre mais plutôt comme des instruments pour pouvoir changer si nécessaire, et dont l'application fait, à cette fin, l'objet d'évaluations périodiques. L'objectif n'est pas de maintenir l'application de document élaboré, mais l'évaluation permanente de son exécution, la mesure des résultats atteints au regard des objectifs fixés et la mise en évidence des orientations nouvelles résultant d'événements nouveaux[328].

En plus, l'application de la loi se heurte aussi à l'insuffisance ou à l'absence des documents d'urbanisme dans certaines régions, lesquels, même s'ils existent, sont difficiles à appliquer.

À cela s'ajoutent l'absence d'un pouvoir de décision effectif des autorités locales et la répartition des tâches imprécises en matière de police d'urbanisme, ce qui entraîne un manque de suivi de l'exécution des dispositions des plans d'aménagement puisque ce domaine reste partagé entre l'autorité locale et le conseil communal. La police de l'urbanisme a pour objectif d'assurer le respect des dispositions législatives et réglementaires relatives à l'utilisation de l'espace urbain. Elle relève de la compétence du président du conseil communal, sous le contrôle du ministère de tutelle.

---

[327] Lacaze Jean-Paul, *Permanence et logiques du partenariat, public-privé : quel aménagement pour demain ?*, Paris, Ariella Masboungi, Direction de l'architecture et de l'urbanisme, Ministère de l'Équipement, du Logement, des Transports et du Tourisme, Éditions Villes et Territoires, 1995, p. 108-113.

[328] Chaline Claude, *La Régénération urbaine*, Paris, PUF, Coll. Que sais-je ?, n° 3496, 1999.

En matière de police spéciale de l'urbanisme, le législateur a réservé certaines attributions aux gouverneurs, surtout après l'élargissement des pouvoirs de ces derniers en matière d'urbanisme et d'investissement. L'imprécision des compétences engendre des conflitsou des chevauchements de compétences, car dans les domaines réservés à la commune, la procédure en vigueur fait intervenir d'autres instances à côté de la commune[329].

En plus du chevauchement des compétences, la commune ne dispose pas du pouvoir de décision nécessaire pour agir en la matière. Il s'agit notamment de l'octroi des autorisations, qui est subordonné à l'avis conforme de l'agence urbaine ou du droit de regard ou de répression, qui relève de la compétence des autorités locales en matière de fermeture des chantiers et de démolitions.

Cette imprécision des tâches est à l'origine de multiples violations qui mènent à l'irrégularité devant laquelle se trouve la commune désarmée. La gestion du domaine privé communal est une gestion complexe et lourde. Elle met davantage l'accent sur le souci de garantir l'application des procédures que sur une vision positive liée à la notion moderne de gestion rentable.

En plus de l'insuffisance des moyens financiers, la législation actuellement en vigueur ne prévoit pas les instruments juridiques à même de permettre aux communes de constituer des réserves foncières pour la régulation du marché foncier. Les insuffisances de la gestion du domaine privé communal s'aggravent, d'autant plus qu'une stratégie foncière claire et visible n'est pas poursuivie.

Conclusion de la première partie

Les développements de cette première partie nous ont permis de constater la caducité et la complexité du cadre juridique régissant le patrimoine communal. Malgré son importance dans le renforcement des ressources financières des communes, le patrimoine communal est toujours régi par des textes qui datent du Protectorat. Ces textes qui font référence à une terminologie et à des procédures révolues ne prennent pas en considération l'unification du cadre légal applicable aux communes urbaines et rurales intervenue depuis la charte communale du 30 septembre 1976. Ils ne tiennent pas compte non plus des nouveaux défis lancés, parmi d'autres, par la raréfaction croissante des ressources financières.

La gestion des biens communaux répond avant tout à des critères administratifs et pas nécessairement à des critères économiques. On se préoccupe davantage que les décisions relatives aux ressources financières et celles des dépenses soient prises dans la limite des autorisations budgétaires et suivant les procédures établies pour garantir le respect de l'intérêt général.

---

[329] Claisse Gérard, Didier Duchier, « Les observatoires des effets TGV : réflexions méthodologiques », Sixièmes entretiens Jacques Cartier, Actes du colloque Villes et TGV, Laboratoire d'économie des transports, 1993, p. 219-238.

En d'autres termes, la gestion économique des biens communaux est le plus souvent négligée au profit de la gestion administrative[330].

Or, la mobilisation des recettes patrimoniales est largement liée à l'existence d'un cadre juridique approprié et précis et à la promotion d'un développement local. Ce cadre juridique doit dépasser la logique d'administration des affaires communales pour passer à une vraie logique de gestion permettant de générer des ressources financières suffisantes pour la promotion du développement local.

La révision de la réglementation régissant les biens immobiliers des communes, dans le sens de sa simplification et du renforcement des pouvoirs des autorités décentralisées, s'impose. De plus, le développement urbain, la croissance démographique et le transfert aux collectivités locales de nouveaux secteurs aussi sensibles que l'enseignement et la santé rendent encore plus urgente une action visant le renforcement de l'assiette foncière[331].

Il s'agit, en fait, de libérer les communes des lourdes contraintes qui pourraient bloquer leurs initiatives à un moment où les pouvoirs publics comptent beaucoup sur leurs capacités pour remédier aux lacunes et aux défaillances des anciennes méthodes de gestion. La Commission consultative de la régionalisation a recommandé la refonte des textes régissant le patrimoine des collectivités territoriales. Cette réforme leur permettra de faire face à lamobilisation de l'assiette foncière nécessaire aux projets de développement économique et social, notamment par le biais de :

- la refonte de l'arsenal juridique en vue de sa modernisation et de son actualisation, mais aussi pour la simplification des procédures et des modalités d'exploitation ;
- le recensement exhaustif de l'ensemble des biens en vue de déterminer leur consistance et assurer leur suivi. Cette opération s'impose surtout pour la tenue de la comptabilité patrimoniale projetée dans le cadre du plan comptable des collectivités territoriales ;
- l'appel aux règles de la concurrence quant aux opérations de location, de cession et d'exploitation, sur la base d'une démarche d'évaluation et d'estimation juste de la valeur du bien.

---

330 « La valorisation des patrimoines : authenticité et communication », Colloque international, Facultépolydisciplinaire de Taroudant du 20 au 23 avril 2015.

331 Naciri Mohamed, « L'aménagement de l'espace territorial au Maroc : lieux d'autonomie et centralisationétatique », *in* P. R. Baduel (dir.), *États, territoires et terroirs au Maghreb*, Paris, CNRS, 1985, p. 225-242.

Deuxième partie
Une vision de la gestion du patrimoine communal : pour une contribution au développement territorial

Chapitre I
Les biens communaux : les nécessités de rénovation et de valorisation

La dérogation au principe de gratuité ne peut se faire par l'administration qu'en vertu d'un texte législatif ou réglementaire qui l'autorise. Ce sont là les différents principes qui gouvernent l'utilisation du domaine public communal tant que l'utilisation est normale et conforme à la destination donnée aux biens. Les biens du domaine public sont affectéségalement aux services publics[332].

L'utilisation du domaine affecté au service public se fonde normalement sur un acte juridique prononçant l'affectation de la dépendance domaniale à un service public. Ce service public peut relever de la personne publique propriétaire du domaine. On parle, dans ce cas, d'une affectation interne. Comme il peut relever d'une autre personne publique que la personne propriétaire. Il s'agit, dans ce cas, d'une affectation externe établie soit par un acte unilatéral, soit par un contrat administratif ou civil. Ces affectations internes et externes ne concernent pas uniquement le domaine public, elles s'étendent également à des biens relevant du domaine privé[333].

À cet égard, plusieurs cas sont à distinguer. L'utilisation de ce domaine par le service public exclut son utilisation par le public. En effet, le public est parfois rigoureusement exclu de ces dépendances domaniales sous peine éventuellement de sanctions pénales : il en va ainsi des casernes ou des arsenaux.

Parfois, le public a la possibilité d'accéder à ces dépendances, c'est le cas des bâtiments administratifs ; mais cette faculté peut être restreinte par l'autorité administrative. Parfois encore, le public est normalement admis à accéder à ces dépendances en vue d'utiliser le service public auquel elles

[332] *L'évolution contemporaine du droit des biens*, 3e journée, René Savatier, Publications de la Faculté de droitde Poitiers, PUF, 1991.

[333] Courcier Sabine, « Les consultations publiques du Vieux-Port de Montréal : éléments clés dans la définition du parti d'aménagement et l'effet structurant de ce grand projet urbain », Robert le Duff et Jean-Jacques Rigal (dir.), *Démocratie et management local : premières rencontres internationales*, Paris, Dalloz, p. 195-204, 2004.

sont affectées, il s'agit, dans ce cas, des usagers du chemin de fer par rapport au domaine ferroviaire[334]. Dans ce cas, les usagers utilisent non pas la dépendance domaniale, mais le service public lui-même ; ils n'ont accès au domaine que dans la mesure rendue nécessaire par l'utilisation du service.

Pour ce qui est de l'utilisation du domaine public par les délégataires du service public,ceux-ci peuvent disposer de facultés d'utilisation de l'espace ; il peut y avoir, d'une part, utilisation de dépendances non affectées aux services publics mais pouvant être également utilisées par des services publics et, d'autre part, utilisation des dépendances exclusivement affectées aux services publics.

Dans la première hypothèse, plusieurs cas sont à distinguer : parfois, la faculté d'utiliser le domaine public par le délégataire peut résulter de la gestion déléguée elle-même, comme dans le cas des délégations de distribution d'eau et d'électricité. Les délégataires utilisent les biens publics pour l'accomplissement de leur mission. Parfois, le droit d'utiliser le domaine public peut résulter de la loi ; il en va ainsi du service public des télécommunications,qui utilise le domaine public routier[335]. Parfois encore, la délégation ne constitue pas le titre juridique permettant l'utilisation du domaine, dans ce cas, le délégataire est tenu d'obtenir une permission de voirie ou de conclure des contrats comportant occupation du domaine public.

La situation du délégataire utilisant une dépendance affectée à l'usage du public est, en ce qui concerne l'occupation, identique à celle des autres bénéficiaires d'occupation privative du domaine[336].

Dans la seconde hypothèse, le délégataire utilise des dépendances exclusivement affectées au service public délégué. Il en va ainsi des délégataires du chemin de fer. Dans ce cas, le délégant est fondé à demander une indemnité au délégataire.

La commune, pour sa part, ne peut déléguer que le service public communal d'intérêt local. Cela n'est envisageable que si l'activité à déléguer est susceptible de réaliser desbénéfices. En effet, on a remarqué récemment le recours excessif des communes à la technique de la gestion déléguée, notamment dans les domaines des transports urbains, de la distribution de l'eau et de l'électricité ou des déchets ménagers.

---

334 Beckerich Christophe, « La capitalisation immobilière de l'offre de biens publics locaux : une application à l'offre de transport à Lyon », Communication à la 8e World Conférence on Transport Research, Anvers, juillet 1998, 26 p.

335 Foret C, « Les habitants inventeurs ou le projet urbain à l'épreuve de la valeur d'usage », dans Jean-Loup Gourdon *et al.* (dir.), *Ville, espace et valeurs*, Paris, L'Harmattan, p. 507-520, 1995.

336 Chaline Claude, *La Régénération urbaine*, Paris, Presses universitaires de France, coll. Que sais-je ?, nº 3496,1996.

Section I. Facteurs endogènes inhérents à la gestion du patrimoine communal

Face à la rareté des ressources financières et à l'évolution que connaissent actuellement les modes de gestion publique, les biens publics, leur régime juridique et leurs méthodes de gestion connaissent la forte contestation de leurs logiques traditionnelles, et, par conséquent, on assiste à un recul de la part de l'administration dans l'application de certaines règles traditionnelles relatives à l'utilisation du domaine public.

Aujourd'hui, on assiste à l'apparition d'une nouvelle voie doctrinale qui conteste le régime traditionnel régissant les biens publics et plaide pour la mise en place d'un nouveau cadre juridique fondé sur le management public et axé sur les résultats. Cette voie doctrinale aété couronnée par le législateur en reconnaissant des droits réels à certains exploitants du domaine public.

§1. La mise en cause de la doctrine traditionnelle des biens publics

Aujourd'hui, il y a une quasi-unanimité sur l'inadaptation du cadre juridique régissant la gestion des biens communaux et les méthodes classiques de gestion qu'il préconise. On assiste à un fort plaidoyer pour la pénétration et l'introduction de la logique managériale dans la gestion des biens publics[337].

Les critiques sont même allées jusqu'à contester la logique même du droit administratif et du droit public dans la mesure où elle est en contradiction avec les impératifs de la performance auxquels la gestion des biens publics devrait répondre[338]. Selon ces auteurs, le droit administratif est désormais perçu comme un cadre rigide constituant un obstacle à éviter car il est, par essence, de l'inégalité et des privilèges marqué « du secteur de l'unilatéralité[339] ».

Les thèmes de la souplesse et de l'efficacité impliqueraient, dès lors, un desserrement des contraintes du droit public. De ce fait, ils ont recommandé de restreindre, faute de pouvoir le supprimer purement et simplement, le champ d'intervention du droit administratif en le

« privatisant » en quelque sorte par l'extension de la sphère d'application du droit privé à l'ensemble du patrimoine public et en alignant progressivement ce droit administratif sur le droit privé. Certains auteurs ont contesté également la logique du régime juridique régissant les biens

---

[337] Selon la doctrine, le service public peut être défini comme une activité d'intérêt général assurée par une autorité publique et dont l'organisation ainsi que les modalités de fonctionnement doivent tenir compte des exigences variables de l'intérêt général.

[338] Caillosse Jacques, « Le Droit administratif contre la performance publique », *AJDA* n° 195-211, 1999, p. 298.

[339] *Ibid.*, p. 300.

publics, laquelle est fondée davantage sur la protection du domaine public que sur l'exploitation économique[340].

D'autres ont choisi d'évoquer les dysfonctionnements du cadre juridique régissant les biens publics communaux pour contester le régime juridique classique dans lequel s'exerce l'activité patrimoniale[341].

Les actes des colloques[342], les conférences et les séminaires… organisés dans ce sens n'ont pas manqué, à leur tour, de mettre l'accent sur les principales limites entravant la gestion patrimoniale et dont le cadre juridique traditionnel, qui ne s'adapte guère à une gestion moderne, constitue la principale limite entravant jusqu'à présent cette gestion.

Ainsi, on assiste à la naissance d'une doctrine contestant le régime traditionnel des biens publics et plaidant pour un autre régime juridique qui prend en considération les nouvelles valeurs d'efficacité et de performance qui doivent gouverner dorénavant la gestion des biens publics communaux. La reconnaissance de droits réels à certains exploitants du domaine public constitue également une évolution importante dans le sens de sa généralisation à toute la domanialité des collectivités publiques.

A. Les droits réels reconnus aux exploitants du domaine public

Malgré les règles protectrices prévues pour la protection du domaine public et les conséquences qui en découlent, l'adoption, récemment, de certains textes juridiques permettra de dégager une tendance certaine vers la reconnaissance au profit des investisseurs privés des droits réels sur le domaine public. Il s'agit notamment de l'article 41 de la loi n° 10-95 sur l'eau[343] qui a reconnu en faveur des délégataires du domaine public hydraulique, de durée limitée, des droits réels.

Il y a lieu de rappeler, à cet égard, que les droits réels sont subdivisés en deux catégories : les droits réels principaux et les droits réels accessoires.

1. Les droits réels principaux sont la propriété et son démembrement. Le démembrement dela propriété est constitué de deux notions :

– l'usufruit qui est la possibilité de pouvoir jouir (*usus*) d'un bien sans en avoir la propriété (*abusus*) ;

– la (les) servitude(s) : une servitude est le fait pour un bien immeuble d'être grevé d'une charge, comme, par exemple, un droit de passage ou un droit de vue ;

---

340 Caillosse Jacques, *op. cit.*, p. 310.

341 M'hmed Boujida et Miloud Boukhal, « Les dysfonctionnements du cadre juridique et réglementaire des biens des collectivités locales », *op. cit.*, p. 19-28.

342 À titre d'exemple, « La propriété publique », Actes du colloque tenu à Tunis les 12 et 13 avril 2001, « La gestion et valorisation du domaine public », Actes du colloque tenu à Casablanca le 15 avril 2008, Des collectivités locales ont contesté, à travers les commissions du patrimoine à cet effet, le cadre juridique des biens publics communaux actuellement en vigueur.

343 Dahir n° 1-95-154 du 18 rabii I 1416 (16 août 1995) portant promulgation de la loi n° 10-95 sur l'eau.

2. Les droits réels accessoires se subdivisent à leur tour en deux types : le gage des biens meubles et l'hypothèque des biens immeubles.

D'après l'article 41 susvisé, les délégataires du domaine public hydraulique se voient reconnaître les droits réels principaux et accessoires. Ces droits réels ne portent pas sur le domaine public hydraulique mais bien évidemment sur les constructions qui y seraient établies et qui demeurent propriété privée pendant toute la durée du contrat du délégataire. En cas de résiliation du contrat, la collectivité propriétaire aura la faculté de se substituer au preneur dans la charge des emprunts ou de substituer au preneur partant un tiers de son choix.

Cette reconnaissance des droits réels aux investisseurs privés permettra d'avoir les garanties nécessaires aux emprunts qui seront contractés pour financer la réalisation, la modification ou l'extension des ouvrages, constructions édifiées sur le domaine public hydraulique. L'hypothèque sera donc limitée aux installations et à la durée du contrat[344].

À cela s'ajoute la possibilité reconnue par la loi sur la gestion déléguée aux établissements publics de prévoir dans les contrats de gestion déléguée que les biens de retour puissent faire l'objet d'une hypothèque.

Cette possibilité pourrait autoriser le délégataire à constituer un droit réel sur les biens de retour. Admettre des droits réels sur les ouvrages du domaine public pour faciliter et pour encourager le financement des projets entamés constitue une ouverture. Elle traduit la volonté du législateur de prendre en compte les intérêts des investisseurs privés candidats à l'exploitation des biens publics. Grâce aux droits réels qui leur sont conférés se trouvera résolu l'un de leurs soucis majeurs en la matière, à savoir le financement de leurs projets. Sachant que les banques prêteuses cherchent toujours à garantir le remboursement de leurs prêts par le biais de sûretés réelles, les investisseurs privés étaient quasiment sûrs auparavant que leurs demandes seraient rejetées[345].

Désormais, une telle crainte de rejet n'est plus d'actualité. Si cette possibilité de constitution des droits réels n'est reconnue qu'aux seuls délégataires du domaine public hydraulique et des délégataires des établissements publics, elle est la preuve, néanmoins, des possibilités offertes.

Il existe également des formes de gestion des services publics qui reconnaissent l'existence de droits réels au profit des investisseurs privés et qui, malheureusement, ne trouvent pas application au Maroc. Il s'agit notamment du bail emphytéotique[346], qui est un bail immobilier de très

---

[344] M'hmed Boujida et Miloud Boukhal, « Les dysfonctionnements du cadre juridique et réglementaire des biensdes collectivités locales », *op. cit.*, p. 32-34.

[345] M'hmed Boujida et Miloud Boukhal, *idem*, p. 34.

[346] Le bail emphytéotique a été introduit à la fin du XIXe siècle pour limiter la spéculation immobilière lors de l'extension d'Amsterdam, la mairie faisant l'acquisition des terrains

longue durée, le plus souvent 99 ans, qui confère au preneur un droit réel sur la chose donnée à bail, à charge pour lui d'améliorer le fonds en échange d'un loyer modique, les améliorations bénéficiant au bailleur en fin de bail sans que ce dernier ait à indemniser l'emphytéote.

La situation des parties, dans un bail emphytéotique, est assez particulière puisque le locataire (emphytéote) se voit reconnaître un véritable droit réel sur le bien qui lui est donné à bail. L'emphytéote est un quasi-propriétaire du bien qui lui est donné à bail.

Le bail emphytéotique avait été à l'origine conçu pour la mise en valeur et l'entretien de grands espaces ruraux, mais il a vu son cadre d'application s'étendre à toutes sortes de biens immobiliers et s'applique donc aujourd'hui aux immeubles à usage industriel ou commercial, au même titre qu'aux immeubles agricoles ou d'habitation[347]. Il peut être utilisé pour mettre à disposition d'une entreprise des biens (terrain, usine) contre l'engagement du preneur d'y réaliser des améliorations et des constructions déterminées devenant propriété du bailleur en fin de contrat. C'est donc l'entreprise qui construit et finance les équipements.

La contrepartie de cet engagement est une redevance de mise à disposition équivalenteà un loyer. Il existe, également, le bail emphytéotique administratif (BEA). En France, ce type de bail est réservé aux seules collectivités territoriales et aux établissements publics de santé[348].

Le bail emphytéotique administratif se définit comme la permission donnée à une collectivité territoriale propriétaire d'un bien immobilier de le louer à un tiers qui pourra construire un ouvrage sur le domaine public et ensuite le louer à la collectivité propriétaire du terrain.

Cette spécificité juridique autorise une collectivité à utiliser ce type de bail locatif dans le but d'accomplir une mission de service public ou de réaliser une opération d'intérêt général relevant de sa compétence. Vu les avantages qu'il présente, l'introduction de ce mode de gestion dans notre arsenal juridique revêt une importance capitale.

---

constructibles en bordure de la ville et lui permettant de contrôler l'aménagement du territoire.

[347] Hazzan Gaëlle, « Le bail emphytéotique et la mise à disposition des terrains par les collectivités locales au profit des investisseurs privés : recherches pratiques fondées sur le droit positif », Mémoire pour l'obtention du DESS en économie, construction et aménagement, Université de droit, d'économie et des sciences d'Aix-Marseille, 1997-1998, p. 75, 405.

[348] L'article L. 1311-2 du Code général des collectivités territoriales (CGCT). Ce code est divisé en deux parties : partie législative adoptée par la loi n° 96-142 du 21 février 1996 (*JO* du 1er janvier 1997) et partie réglementaire adoptée par le décret n° 2000-318 du 7 avril 2000 (*JO* du 24 septembre 2000).

B. Des investisseurs privés : de véritables associés à la gestion du bien communal

Les besoins en infrastructures, la nécessité de développer la production des biens publics, les besoins en savoir-faire et la nécessité d'appliquer des prix économiques plus proches de la vérité et de la réalité des coûts des services publics, tous ces facteurs ont poussé les pouvoirs publics à associer davantage le secteur privé à leur gestion et à élargir le domained'application du partenariat public-privé non seulement à des secteurs marchands mais aussi à des secteurs non marchands[349].

Ceci a amené le législateur à mettre en place un cadre juridique régissant le partenariatpublic-privé en améliorant davantage les droits et les garanties accordés aux partenaires privés. Certes, l'association des entreprises privées à la réalisation des travaux ou à la gestion des services publics locaux ne date pas d'hier, mais ce qui est un peu différent avec les PPP, selon la formule en vogue actuellement, c'est une plus grande implication du partenaire privé, notamment dans le financement des immobilisations et une plus longue durée des engagements mutuels[350].

L'association du secteur privé constitue, de ce fait, un mode de financement et de gestion par lequel une autorité publique fait appel à des prestataires privés pour leur confier, dans un cadre de longue durée, la mission globale de financer, concevoir tout ou partie, construire, maintenir et gérer des ouvrages, des équipements publics et des services concourant aux missions de service public de la collectivité.

§2. Le déclin des prestations gratuites

Au niveau de ce paragraphe, nous nous limiterons à mettre en évidence l'évolution ayant affecté le principe de la gratuité d'utilisation du domaine (A) et celui du libre usage (B).

A. La règle de la gratuité en décadence

La gratuité des utilisations communes connaît depuis plusieurs années de multiples dérogations. L'administration n'entend plus faire des occupations privatives la seule source de ses revenus domaniaux.

En effet, l'administration elle-même n'est pas restée à l'abri de cette tendance contestant les méthodes de gestion des biens publics communaux. Traditionnellement présentée comme l'un des principes essentiels de l'utilisation collective du domaine public communal, à côté de la liberté et de l'égalité, la gratuité apparaît comme le support et le corollaire de la liberté, notamment, la liberté d'aller et de venir. Tenue par le respect de ce

---

[349] Beckerich Christophe, « Les prix des biens immobiliers et l'offre de biens publics locaux : un état de l'art de la capitalisation », *in* Calcoen F. et Cornuel D., *Marchés immobiliers, segmentation et dynamique*, ADEF, 1999, p. 27-64.

[350] *Ibid.*, p. 68.

principe, l'administration communale, tout en maintenant formellement le principe, se trouve aujourd'hui dans l'obligation de contourner son application. Les sites archéologiques, les musées, les péages sur le réseau autoroutier, le stationnement payant et les pièces introduites dans l'horodateur témoignent de cette tendance[351].

Le souci des communes de trouver les moyens financiers nécessaires pour assurer la couverture des charges de construction, d'exploitation et d'entretien d'équipements collectifs très onéreux et la volonté d'éviter le recours aux contribuables dans une période où la pression fiscale est dénoncée, poussent à chercher d'autres sources de financement et en particulier à se tourner vers les usagers et non vers les contribuables. Dans un souci de gestion économique, ces équipements sont de plus en plus largement financés par les redevances supportées par leurs usagers.

B. Le recul de la règle du libre usage

En plus du déclin de la gratuité, le principe du libre usage du domaine public a connu, à son tour, des restrictions qui viennent de plus en plus en limiter l'application, de sorteque le régime de liberté d'utilisation en est de plus en plus limité, en raison des difficultés liées à la circulation automobile et au stationnement dans les régions fortement urbanisées[352].

L'administration se voit donc tenue de réglementer la circulation des personnes et des marchandises sur la voie publique et de la limiter dans un but de sécurité et de commoditédes passagers.

De nombreuses mesures sont donc édictées par les autorités administratives compétentes pour faciliter la circulation et le stationnement à certains endroits et à certaines heures, comme, par exemple : l'interdiction de stationner ou circuler dans des rues piétonnes etl'obligation de circuler à sens unique. Comme l'affirme le Conseil d'État français, tout en défendant l'affectation du bien à l'usage du public ou d'un service public, un assouplissement des principes traditionnels s'impose.

« Il ne s'agit pas de faire de l'immeuble en cause une mainmorte, mais il s'agit seulement de défendre l'affectation du bien à l'usage du public ou d'un service public, parce qu'elle répond à la mission même des personnes morales de droit public[353]. »

---

351 Gugliemi Gilles, *L'introuvable principe de gratuité du service public*, L'Harmattan, 2003, p. 39. Voir aussiKoubi Geneviève, Gilles J. Guglielmi (dir.), *La gratuité, une question de droit ?*, L'Harmattan, 2003, p. 135.

352 Sagot-Duvauroux Jean-Louis, « La gratuité, le chemin d'émancipation », *Revue du MAUSS*, 2010, n° 35, p. 123. Voir aussi Olivier Tambou, « La taxe trottoir : outil pour valoriser l'utilisation privative du domainepublic des communes », *AJCT*, 2012, p. 86.

353 CE 9-12-1991, « Ville dangers contre société Auto ».

Section II. Les réformes mises en place à des fins d'efficacité

Il s'agit des réformes juridiques entreprises ces dernières années dans les domaines financier, budgétaire, fiscal et administratif des collectivités territoriales qui ont commencé à poser les jalons d'une gestion moderne basée sur la performance et l'efficacité.

Ainsi, en introduisant la planification et la programmation dans la gestion communale et en responsabilisant davantage les ordonnateurs des collectivités territoriales, ces réformes ont mis en place un des outils nécessaires à une gestion communale visible, transparente et éthique qui se répercute notamment sur l'amélioration de la gestion des biens publics communaux[354].

De même, l'enrichissement des formes de partenariat public-privé permettra pour la commune, en concertation avec les autres entités territoriales voisines, d'envisager et d'élaborer ensemble des projets de territoire intégrés, liant l'économique, le social et le patrimonial dans un cadre intercommunal. Il sera question tout au long des développements de ce chapitre de présenter le contenu de ces réformes juridiques tout en démontrant leur impact sur l'amélioration de la gestion des biens publics communaux.

Depuis 2007, une réforme du cadre budgétaire, financier et fiscal des collectivités territoriales a été entreprise[355]. L'orientation majeure de cette réforme est l'introduction de la performance quant à l'exécution des budgets locaux. Les méthodes de gestion, sans porter préjudice à la régularité et au respect des procédures administratives, privilégient désormais la logique de résultat et la performance basée sur plus de liberté pour plus d'efficacité.

Cette notion de performance peut être définie comme étant « le résultat ultime de l'ensemble des efforts d'une entreprise ou d'une organisation. Ils consistent à faire les bonnes choses, de la bonne façon, rapidement, au bon moment, au moindre coût pour produire les bons résultats répondant aux besoins et aux attentes des clients et plus généralement des parties prenantes de l'entreprise et atteindre les objectifs fixés par l'organisation[356] ». Le renforcement des instruments de programmation et la réorientation de la

---

[354] Ballet Jérôme, « Propriété, biens publics mondiaux, bien(s) commun(s) : une lecture des concepts économiques », *Développement durable et territoires* n° 10/2008. Voir aussi Bourjol Maurice, *Les Biens communaux, voyage au centre de la propriété collective*, LGDJ, coll. Décentralisation et développement local, Paris, 1989, p. 452.

[355] Date de l'adoption du décret n° 2-06-388 du 5 février 2007 fixant les conditions et les formes de passation desmarchés de l'État ainsi que certaines règles relatives à leur gestion et à leur contrôle.

[356] OCDE, « Colloque organisé sur l'audit des performances et modernisation de l'administration par le service dela gestion publique (PUMA) de l'OCDE », 6 au 7 juin 1995.

fonction du contrôle vers les résultats plutôt que les moyens témoignent de cette tendance.

§1. L'amélioration de la performance des communes

L'une des principales manifestations de la consécration de la performance dans la gestion communale est l'amélioration des instruments de programmation et d'exécution. Presque inexistante, laissant les communes dans le pilotage à vue de leurs actions de développement, la planification (A), en tant que processus formalisé de prise de décision qui présente la vision future de la collectivité et spécifie les modalités de mise en œuvre de cette vision, contribue certainement à l'amélioration de la visibilité de la collectivité pour davantage de rationalité dans les choix communaux (B).

A. Les dispositifs de la planification et de programmation triennale à mettre en place

C'est la loi n° 17-08 du 18/02/2009 modifiant la loi n° 78-00 portant charte communale qui a introduit l'obligation de l'adoption du Plan de développement communal par les communes. Ce Plan de développement communal (PDC) décrit pour six années, dans une perspective de développement durable et sur la base d'une démarche participative prenant en considération notamment l'approche genre, les actions de développement dont la réalisation est prévue sur le territoire de la commune. Sa mise à jour peut se faire à compter de la troisième année de sa mise en œuvre jusqu'à la première année du mandat suivant au cours delaquelle est élaboré le Plan de développement communal relatif au nouveau mandat.

La procédure d'élaboration du plan PDC étant du domaine du réglementaire, la loi fixe néanmoins les éléments devant figurer dans ce document, à savoir :

- un diagnostic mettant en évidence le potentiel économique, social et culturel de lacommune ;
- les besoins prioritaires identifiés en concertation avec la population, les administrations et les acteurs concernés ;
- les ressources et les dépenses prévisionnelles afférentes aux trois premières années demise en œuvre du Plan de développement communal.

Ainsi, les communes ont été dotées d'une compétence absolue en matière de planification communale, en ce sens que le Plan de développement communal, défini et établi par la commune n'est pas soumis à l'approbation préalable de l'autorité de tutelle. Les communes sont appelées, de ce fait, à quantifier leurs besoins, à fixer des objectifs et à mobiliser les ressources nécessaires pour les atteindre.

Dans l'orbe des nouvelles lois organiques relatives aux collectivités territoriales, en parlant du PAC (Plan d'action communal), il est impératif d'invoquer le PDR[357] (Programme de développement régional) et le PDP (Programme de développement provincial et préfectoral), chacun des plans et programmes dépend de l'autre : le PAC doit être en conformité avec le PDP et le PDR.

C'est ainsi que la demande d'appui technique, formulée par les collectivités territoriales auprès des administrations déconcentrées dans le cadre de la nouvelle charte de déconcentration[358] doit prendre en considération aussi les décrets relatifs à l'élaboration et à l'évaluation des PDR, PDP et PAC[359].

La planification stratégique demeure boiteuse en l'absence d'une planification opérationnelle à même de convertir les plans en programmes budgétaires pluriannuels traduisant des actions coordonnées pour les différents domaines d'intervention de la collectivité. L'article 14 de la loi n° 45-08 relative à l'organisation des finances des collectivités locales et de leurs groupements[360] a introduit la programmation triennale de l'ensemble des ressources et des charges de la collectivité.

Cette programmation est faite, à l'instar de l'État, sur la base du Cadre de dépenses à moyen terme (CDMT) qui fixe la limite supérieure des dépenses totales de la commune et fonde la projection des charges et des ressources de la commune à moyen terme.

Permettant de placer le budget dans une perspective pluriannuelle, ce cadre constitue un instrument de programmation budgétaire indicative qui ne doit se substituer ni au budget local ni au Plan de développement communal. Il vise à assurer une meilleure déclinaison des stratégies sectorielles et des programmes d'action au niveau du budget et contribue ainsi à renforcer l'efficacité de la dépense locale.

Le CDMT apparaît donc comme le cadre le plus approprié qui permet d'orienter les dépenses communales, tout en tenant compte des priorités sectorielles et des réalités budgétaires communales. Il vise, de ce fait, à :

357

358 Décret n° 2-16-300 du 23 ramadan 1437 (29 juin 2016) fixant la procédure d'élaboration du programme de développement de la préfecture ou de la province de son suivi, de son actualisation, de son évaluation et des mécanismes de dialogue et de concertation pour son élaboration. Décret n° 2-16-301 du 23 ramadan 1437 (29 juin 2016) fixant la procédure d'élaboration du plan d'action de la commune, de son suivi, de son actualisation, de son évaluation et des mécanismes de dialogue et de concertation pour son élaboration. Décret n° 2-16-299 du 23 ramadan 1437 (29 juin 2016) fixant la, procédure d'élaboration du programme de développement régional, de son suivi, de son actualisation, de son évaluation et des mécanismes de dialogue etde concertation pour son élaboration.

359 À signaler que parmi les minimes bienfaits des lois organiques figure le fait de relier les plans et programmes d'action et de développement PAC, PDP et PDR à la planification du budget et son exécution, autrement dit, le budget est lié à la planification. Mais qu'en est-il de l'application !?

360 Rappelons que cette loi a été abrogée par la loi organique n° 113-14 relative aux communes, article 280, et remplacée par le Titre V : « Du régime financier de la commune et de l'origine de ses ressources financières » : de l'article 152 à l'article 208.

• renforcer la qualité des allocations des ressources budgétaires au sein de lacommune ;

• renforcer les liens entre les documents stratégiques et le budget communal ;

• livrer une meilleure connaissance des tendances des dépenses et des ressources etune meilleure connaissance des implications à moyen terme de nouvelles actions éventuelles.

Cette perspective à moyen terme peut aider la commune à identifier tôt, et rectifier, lesécarts entre ressources et dépenses en vue d'éviter le problème de l'adoption de nouvelles actions qui ne coûtent pas beaucoup à court terme mais qui deviendront trop chères dans le futur ; à mieux maîtriser les dépenses en raisonnant sur des budgets exhaustifs qui intègrent toutes les dépenses communales (fonctionnement, investissement et charges récurrentes),quelles que soient leurs sources de financement.

Il s'agit de définir un cadre pluriannuel stable, cohérent et réaliste des ressources pour éviter le plus possible que les impératifs de court terme ne dominent les décisions budgétaires, que des coupures soudaines de crédits créent des incertitudes et des comportements négatifs, que les fonds destinés aux services d'exécution arrivent de façon tardive et irrégulière[361]. L'introduction de la planification et de la programmation pluriannuelle a impacté largement l'amélioration de la visibilité de la commune.

B. L'amélioration de la visibilité de la commune

Parmi les limites entravant la gestion des biens publics communaux figure l'absence d'une stratégie claire et visible en matière de définition et de conception d'une politique foncière et urbanistique permettant une bonne maîtrise de l'assiette foncière. D'ailleurs, le mode de fonctionnement des collectivités territoriales a été marqué pendant plusieurs décennies par l'absence de tout système de planification et de programmation pluriannuelle permettant d'inscrire le développement des collectivités et des secteurs dans une vision d'aménagement spatial et sectoriel[362].

Or, l'instauration d'un système de planification stratégique au niveau communal permet de stimuler une réflexion tournée vers le futur, d'aider à la prise de décision, d'améliorer la faisabilité des plans de développement, de définir des choix adaptés aux besoinsdes populations en les associant au processus de planification et de garantir une appropriation effective des investissements par les populations locales.

Ainsi, en renforçant la planification et la programmation pluriannuelle, les ordonnateurs auront travaillé pour des objectifs. Il sera question pour eux de décliner l'objectif général de la stratégie déjà fixée par la commune et

---

[361] El Yaagoubi Mohammed, *Réflexion sur la démocratie locale au Maroc*, Édition El Maârif Al Jadida, 2007.

[362] Le Duff Robert, *Le Management public en mutation*, L'Harmattan, 2008, p. 16.

les objectifs spécifiques qui en découlent et de fixer les résultats attendus pour chaque projet-programme[363].

Tout en identifiant les différents projets de développement, la commune sera appelée à envisager également son programme d'investissement immobilier ou plus particulièrementson plan d'immobilisation à long terme nécessaire à la réalisation des projets dedéveloppement inscrits dans le PDC. Il s'agit notamment de fixer et de définir sa stratégie d'acquisition, d'entretien, de recapitalisation classée par degré de priorité et d'aliénation.

La détermination du plan d'immobilisation aidera également les communes à repérer les biens immobiliers qui ne sont plus nécessaires à la mise en œuvre des programmes ou des activités et les biens immobiliers susceptibles de le devenir[364]. Cette planification, qui doit tenir compte de l'analyse des indicateurs de rendement et des besoins actuels ou prévus du programme touché, permettra à la commune d'envisager le renouvellement ou l'aliénation avant qu'un bien donné ne parvienne à l'obsolescence et que sa capacité à répondre aux besoins du service des programmes communaux ne soit compromise.

La commune sera appelée, à cet effet, à décider s'il faut louer ou devenir propriétaire d'un bien immobilier ou encore aliéner ses biens. À titre d'exemple, lorsque les besoins sontde courte durée, ou de durée moyenne ou lorsque leur durée est incertaine afin d'éviter les coûts et les incertitudes liés à l'acquisition et à l'aliénation des biens immobiliers dont on est propriétaire, la location apparaît la solution la plus adéquate[365].

Lorsque des coûts d'aménagement et de déménagement importants sont prévus, ou quand les besoins des programmes sont de longue durée et qu'il faut garantir la disponibilité des locaux, ou lorsque les conditions du marché, par exemple, une offre limitée, excluent d'autres solutions tel le recours à un bail, le recours à l'acquisition de la propriété convient le mieux.

L'élaboration d'un programme d'investissement immobilier ne peut pas s'établir indépendamment d'un programme de financement de l'ensemble des opérations immobilières inscrites dans ce programme. En effet, la budgétisation au niveau des budgets locaux et des CDMT devra être également envisagée[366]. Ce qui permettra à la commune de définir ses

---

[363] Gourdon Jean-Loup et E. Perrin, « Valeur, valorisation et économie urbaine microspatiale, note de problématique initiale du séminaire », dans Jean-Loup Gourdon *et al.* (dir.), *Ville, espace et valeurs*, Paris, L'Harmattan, 1995, p. 551-582.

[364] Naciri Mohamed, « L'aménagement de l'espace territorial au Maroc : lieux d'autonomie et centralisation étatique », *in* P. R. Baduel, *États, territoires et terroirs au Maghreb*, Paris, CNRS, 1985, *op. cit.*, p. 232. Voir aussi Verpeaux Michel, *La Constitution et les collectivités territoriales*, R.D.P., 1998.

[365] Rouault Marie-Christine, *L'Intérêt communal*, Presses universitaires de Lille, 1991, p. 309.

[366] Le contrôle financier de l'État sur les établissements et les entreprises publics mérite d'être traité sur tous les plans vis-à-vis des établissements et entreprises publics, à travers ses intervenants (contrôleur d'État, contrôleur-payeur) et ses outils et instruments recommandés par la loi (la comptabilité publique, la contractualisation et les marchés publics). Voir aussi El

besoins de financement et de mobiliser, par conséquent, toutes les voies possibles pour couvrir ces besoins.

En introduisant la planification stratégique et la programmation pluriannuelle des budgets locaux, une nouvelle approche de programmation prospective est en train d'être installée, offrant une meilleure visibilité quant à la gestion des biens publics communaux.

§2. Le circuit administratif d'exécution des budgets locaux : les atouts d'une rénovation

L'orientation majeure de la réforme financière et budgétaire engagée récemment est également l'amélioration du circuit administratif. Cette amélioration passe par la réforme en profondeur du contrôle des dépenses des communes et sa réorientation d'une logique de régularité juridique vers une logique de responsabilisation des gestionnaires, avec comme corollaire l'allègement du contrôle *a priori* et le renforcement des contrôles *a posteriori* et des contrôles d'audit et d'évaluation de la performance (A).

L'amélioration du circuit administratif ne concerne pas uniquement les modes de contrôle des dépenses locales, elle s'étend également à l'assouplissement de l'ensemble des procédures administratives relatives à l'exécution de ces dépenses (B).

A. L'allègement du contrôle *a priori* et sa réorientation vers les résultats

Les modalités de contrôle, ayant souvent privilégié la notion de vérification de conformité, ont évolué pour recouvrir également la notion de contrôle maîtrisé. Les modalités de contrôle sont perçues comme un système permettant, notamment, de responsabiliser les ordonnateurs sur les résultats de leur gestion et d'introduire, en temps opportun, les ajustements nécessaires à la correction des dysfonctionnements éventuels (a). Le contrôle *a posteriori* commence de plus en plus à englober la notion de contrôle de performance (b).

a. La réduction du contrôle *a priori* et agissements des compétences

Afin de raccourcir et d'alléger le circuit du contrôle et d'en réduire le coût, la loi n° 45-08 relative à l'organisation des finances locales et de leurs groupements a modifié les modalités d'exercice du contrôle *a priori*.

Le budget des collectivités locales et les actes modificatifs y afférents sont désormais, soumis uniquement à l'approbation du ministère de tutelle. Le visa du ministère des Finances sur le budget communal et les actes

---

Gadi Abdelhamid, *Audit des performances et contrôle de gestion dans le secteur public*, imp. Rabat net Maroc, 2006.

modificatifs y afférents, qui a été longtemps dénoncé par la plupart des auteurs du fait de la complexité du circuit qu'il entraîne, n'est plus requis[367].

Le cadre juridique financier mis en place récemment augmente également la liberté et la flexibilité accordées aux ordonnateurs quant à l'exécution de leurs budgets. Ils ont plus de marge de manœuvre pour utiliser les crédits budgétaires qui leur sont accordés pour s'adapter aux exigences du service public, au quotidien, de faire le meilleur usage des fonds qui leur sont attribués. Ainsi, les ordonnateurs, appelés à devenir des gestionnaires, ont la liberté de choisir entre des dépenses de fonctionnement, de recourir ou non à la sous-traitance, de prioriser telle action sur une autre…

L'approbation de la tutelle des actes modificatifs du budget n'est requise que lorsque les prélèvements au titre des virements se font sur les crédits prévus au titre des dépenses du personnel ou dépenses relatives aux engagements financiers résultant des conventions et contrats conclus par la collectivité territoriale. Au-delà de ces deux cas, l'ordonnateur est libre de procéder à des virements de crédits[368] au sein des dépenses de fonctionnement.

Le contrôle est allégé, et, pour l'essentiel, il s'applique désormais *a posteriori* aux résultats et non aux moyens. En contrepartie de cette flexibilité, une plus grande exigence en termes de résultat est attendue des ordonnateurs.

De ce fait, on constate un changement dans les rôles des deux principaux acteurs de la dépense communale, l'ordonnateur et le comptable public en sa qualité de contrôleur de l'engagement et de contrôleur de la validité. Leurs rôles et responsabilités se trouvent assez substantiellement modifiés.

L'ordonnateur est aujourd'hui placé au centre du système financier : son pouvoir et sa responsabilité sont plus importants, alors qu'auparavant, son rôle était plus effacé. Le contrôle de régularité est désormais confié à l'ordonnateur de la collectivité. Ce qui est plus épanouissant et plus motivant et donne un sens au service public.

Ce nouveau mode de contrôle promeut le rôle des ordonnateurs dans la chaîne d'exécution de la dépense locale. Il ne s'agit pas uniquement de procéder au transfert du contrôle de la dépense vers l'ordonnateur, mais également de s'assurer que celui-ci garantisse la sécurité et la qualité des procédures de dépense dans son rôle de service dépensier.

Le comptable public en tant que contrôleur financier, par contre, s'efface à des degrés divers mais ne disparaît pas totalement. Son contrôle devient moins détaillé. Il ne s'agit que d'un contrôle budgétaire qui porte sur la

---

[367] El Yaagoubi Mohammed, « Visa et approbation en droit marocain », in *Réflexions sur la démocratie localeau Maroc*, El Maârif Al Jadida, Rabat, 2007, p. 180.

[368] L'article 28 de la loi n° 45-08 relative à l'organisation des finances locales et de leurs groupements.

disponibilité des crédits et des postes budgétaires, l'imputation budgétaire[369], l'exactitude des calculs du montant de l'engagement et le total de ladépense à laquelle la collectivité locale ou le groupement s'obligent pour toute l'année d'imputation. Il n'exerce plus le contrôle de régularité des dépenses communales comme il était prévu par l'ancien décret n° 2-76-577 d 30 septembre 1976 relatif au contrôle de la régularité des engagements de dépenses des collectivités locales et de leurs groupements.

S'agissant de son rôle en tant que contrôleur de validité, le comptable public, tout en gardant le contrôle du paiement des dépenses communales[370], devient un fournisseur d'informations de gestion au profit de l'ordonnateur. Ce dispositif juridique a permis de fluidifier le processus d'exécution de la dépense communale et réduire les coûts et les délais.

b. La réorientation du contrôle vers les résultats

Désormais, l'examen des Cours régionales des comptes (CRC) ne se limite pas seulement au respect des autorisations budgétaires et des règles juridiques qui encadrent les finances locales, mais il s'étend également à la réalisation des objectifs qui ont justifié ces autorisations. Pour renforcer le contrôle d'efficacité des finances locales, le législateur a attribué aux Cours régionales des comptes d'autres activités qui ne relèvent pas de la juridiction pure ; il s'agit notamment de l'activité de contrôle de la gestion.

Conformément aux dispositions du code des juridictions financières[371], la Cour régionale contrôle la gestion des collectivités locales afin d'en apprécier la qualité et d'exprimer, le cas échéant, des recommandations sur les dispositifs susceptibles d'en améliorer les méthodes et d'en augmenter l'efficacité et le rendement. Ce contrôle porte sur tous les aspects de la gestion, en appréciant d'abord la réalisation des objectifs assignés, les résultats obtenus ainsi que le coût et les conditions d'acquisition et d'utilisation des moyens de mise en œuvre.

Le contrôle de la gestion porte également sur la régularité et la sincérité des opérationsréalisées, ainsi que sur la réalité des prestations fournies, des fournitures livrées et des travauxeffectués.

Ensuite, l'exercice de cette activité permet à la Cour régionale de s'assurer que les systèmes et les procédures mis en place garantissent la gestion optimale de leurs ressources et de leurs emplois, la protection de leur patrimoine et l'enregistrement de toutes les opérations réalisées.

---

[369] L'article 55 du décret n° 2-09-441 du 3 janvier 2010 portant règlement de la comptabilité publique des collectivités locales et de leurs groupements. Modifié et complété par le décret n° 2.17.449 du 23 novembre 2017relatif à la comptabilité publique des régions et de leurs groupements.

[370] L'article 74 du décret n° 2-09-441 susvisé.

[371] Les articles 147 à 153 du dahir n° 1-02-124 du 13 juin 2002 portant promulgation de la loi n° 62-99 formant code des juridictions financières.

La Cour régionale peut, en outre, effectuer des missions d'évaluation des projets publics, afin d'établir, sur la base des réalisations, dans quelle mesure les objectifs assignés à chaque projet ont été atteints au regard des moyens mis en œuvre. Ainsi, le contrôle de la gestion est-il assimilé à un examen rétrospectif sur l'ensemble des aspects de la gestion publique. Il vise davantage la mesure et l'appréciation des résultats de la gestion de l'entité contrôlée, tout en procédant parallèlement à l'examen de la légalité et de la régularité des mesures prises par les gestionnaires[372] (les formalités d'acquisition et de cession des immeubles ou matériels, la sincérité de ces opérations…). Il étudie la rationalité des choix adoptés, la convenance et l'efficacité des moyens mobilisés. De cette manière, il sera alors possible de mesurer l'écart entre les prévisions des dépenses destinées à réaliser l'objectif fixéet le coût final de l'opération, ainsi que l'efficacité économique des mesures adoptées.

Les missions des Corps d'inspection générale des finances et l'Inspection générale de l'administration territoriale se sont orientées de plus en plus vers l'audit. L'audit, qui consiste en un examen occasionnel ou périodique sur pièces et sur place des activités et des aspects de la gestion d'une organisation, permet d'aider les responsables à améliorer la qualité de la gestion et des résultats. Il peut toucher tous les aspects des activités de la commune et s'applique à toutes ses fonctions.

D'ailleurs, la loi n° 45-08 sur l'organisation des collectivités locales a autorisé les collectivités locales à effectuer des audits financiers. Les rapports desdits audits sont délibérés par le conseil de la collectivité et adressés au ministère de tutelle.

En matière de marchés publics, des audits internes peuvent également être réalisés et qui portent sur la préparation, la passation et l'exécution des marchés. Ces audits sont obligatoires pour tout marché dont le montant excède 5 millions de dirhams, quelle que soit sanature (travaux, services ou fournitures)[373].

Dans cette optique, l'audit permet à la haute hiérarchie de disposer d'une appréciation indépendante de l'efficience, de la rentabilité et de l'efficacité des lignes de conduite, des pratiques et des contrôles de la gestion interne, et il permet ainsi de mettre en lumière les possibilités d'amélioration. L'amélioration du circuit administratif d'exécution des dépenses concerne également la simplification des procédures administratives.

---

[372] El Arafi Hassane, *Gestion des finances de l'État, finances publiques marocaines*, REJLES, 1re édition, 2006.

[373] Mottoul Jean-Marie, « Gouvernance, audit et contrôle interne », SWEP, atelier, mars 2010, p. 9.

B. Des procédures administratives simplifiées

Le champ de la simplification des procédures ne se limite pas au seul mode de contrôle des dépenses locales, il concerne aussi le dispositif régissant la commande publique, avec comme objectif fondamental la simplification des formalités d'octroi et d'exécution des marchés publics et la dématérialisation du processus d'achat[374].

La réforme financière ainsi engagée permet de fluidifier le processus d'exécution des dépenses, notamment en matière d'opérations d'acquisition, d'exploitation et de cession des biens domaniaux caractérisées par des circuits de procédures complexes, souvent coûteuses en termes de temps et de ressources (par exemple, la procédure d'expropriation).

Le processus d'exécution des dépenses communales est en train d'évoluer vers plus de transparence, de rendement, d'efficacité et de moralisation. Le procédé d'appel à la concurrence devient la règle pour l'octroi des marchés publics et leur exécution. Les conditions du recours aux marchés négociés, quand un appel d'offres est déclaré infructueux ou fait l'objet d'annulation sont précisées et délimitées.

De plus, les ordonnateurs des communes, en contrepartie de la flexibilité qui leur est accordée dans la gestion, sont obligés de fonder leur choix de l'attributaire du marché sur des critères objectifs et non discriminatoires, préalablement définis et mis à la disposition de tous les concurrents.

Les considérations politiques ou électorales dans le choix des attributaires des marchés, notamment en matière domaniale, n'y seront plus présentes. De surcroît, et afin de réduire l'intervention humaine en la matière, les ordonnateurs sont également tenus de publier, sur le site des marchés de l'État, le programme prévisionnel des achats, les dossiers d'appel d'offres, les résultats des appels d'offres, les rapports d'achèvement ainsi que les décisions d'exclusion des concurrents ayant fraudé ou ayant fait de fausses déclarations[375].

Le respect de telles dispositions, et de manière générale l'ensemble des dispositions juridiques régissant l'exécution des dépenses des collectivités locales, s'impose aux ordonnateurs d'autant plus que la loi n° 61-99 relative à la responsabilité des ordonnateurs, des contrôleurs et des comptables publics a engagé leur responsabilité personnelle.

Chaque ordonnateur est, aujourd'hui, responsable des actes qu'il a pris, visés ou exécutés, depuis la date de sa prise de service jusqu'à celle de la

---

[374] Le décret n° 2-06-388 du 5 février 2007 fixant les conditions et les formes de passation des marchés de l'État ainsi que certaines règles relatives à leur gestion et à leur exécution. Modifié par le décret n° 2-12-349 du 8 joumada I 1434 relatif aux marchés publics (*B.O.* n° 6140 du 4 avril 2013).

[375] Mottoul Jean-Marie, « Gouvernance, audit et contrôle interne », SWEP, atelier, mars 2010, *op. cit.*, p. 13.

cessation de ses fonctions et du respect, parmi d'autres, des règles de gestion du patrimoine de la collectivité dont il assure la gestion[376].

La simplification des procédures apparaît également au niveau de la limitation des délais d'ordonnancement et de paiement des dépenses des collectivités locales. Le décret n° 2-03-703 du 18 ramadan 1424 relatif aux délais de paiement et aux intérêts moratoires en matière de marchés de l'État[377] prévoit que toute dépense résultant de l'exécution d'un marché passé pour le compte de l'État ou des collectivités locales doit être ordonnancée et payée dans un délai n'excédant pas quatre-vingt-dix (90) jours.

L'ordonnancement de cette dépense a lieu dans un délai maximum de soixante-quinze (75) jours à compter de la date de constatation du service fait dans les conditions fixées par le règlement général de la comptabilité publique et les cahiers des charges des marchés publics et après présentation à l'ordonnateur de toutes les pièces justificatives dont la production est mise à la charge du titulaire du marché. Le visa et le règlement de ladite dépense par le comptable doivent intervenir dans un délai de quinze (15) jours à compter de la date de réception par ledit comptable de l'ordonnance ou du mandat de paiement.

Le défaut d'ordonnancement et du paiement des sommes dues dans les délais impartis fait courir de plein droit et sans formalité préalable des intérêts moratoires au bénéfice du titulaire du marché, lorsque le retard incombe exclusivement à l'administration.

À cela s'ajoute l'obligation faite par le législateur aux ordonnateurs et aux autorités de tutelle de motiver les actes qu'ils prennent dans le cadre de l'exercice de leurs missions. Entant que technique améliorant le contenu de la décision, et, par conséquent, son efficacité, les actes concernés par cette motivation sont multiples et couvrent la quasi-totalité des domaines d'intervention de ces autorités[378].

À titre d'exemple, le refus de l'approbation du budget par les autorités de tutelle doit être motivé sous peine de nullité de l'acte pris par ces autorités. Plus encore, l'obligation est désormais faite aux ordonnateurs d'informer systématiquement et par écrit les concurrents des raisons de leur éviction sans attendre qu'ils en fassent la demande…

Ainsi, la modernisation du cadre budgétaire et financier, même s'il ne touche pas de près la gestion des biens publics communaux, a des répercussions certaines sur cette gestion. Le caractère complexe et coûteux des procédures relatives aux opérations immobilières communales, le

---

376 *B.O.* du 2 mai 2002.

377 *B.O.* du 4 décembre 2003.

378 El Yaagoubi Mohammed, « Motivation des actes administratifs et décentralisation territoriale au Maroc », in*Réflexions sur la démocratie locale au Maroc*, El Maârif Al Jadida, Rabat, 2007, p. 214.

contrôle poussé dont souffrent ces opérations, l'absence d'une visibilité immobilière... toutes ces insuffisances sont atténuées, pour ne pas dire supprimées, par cette nouvelle réforme, laquelle sera appelée à évoluer davantage dans le cadre du projet relatif à la régionalisation avancée.

Chapitre II.
Pour une gestion rationnelle du patrimoine communal

Le développement communal devient aujourd'hui une affaire purement locale. L'État n'est plus en mesure d'accomplir seul cette mission. L'implication de l'ensemble des partenaires – établissements publics, collectivités locales, secteur privé, société civile – deviendra une condition indispensable pour réaliser cette mission. L'exercice de cette mission dépendra principalement de l'importance du capital foncier[379] des collectivités territoriales et des ressources financières dont disposent ces entités.

L'amélioration de la qualité de la gestion du patrimoine permettra à la fois de générer des ressources financières à la hauteur des compétences communales et de disposer d'une assiette foncière suffisante pour la réalisation des différents projets d'investissement.

Une gestion rationnelle du domaine communal est devenue aujourd'hui impérieuse compte tenu de la dégradation perpétuelle des ressources financières et compte tenu également des nouvelles missions et des nouvelles responsabilités dévolues aux communes en tant qu'acteurs du développement économique et social.

---

379 Rapport de la Commission consultative de la régionalisation avancée, Livre III : « La régionalisation avancéeau service du développement économique et social », p. 141. Ladite commission a souligné que « le foncier constitue l'une des problématiques les plus complexes [...] sur lesquelles doivent intervenir les CL afin de favoriser les investissements et de promouvoir l'entreprenariat de manière générale ».

Section I. La gestion rationnelle, une réponse à la rareté du foncier

Afin d'assumer efficacement leurs missions, les communes sont dotées de plusieurs ressources financières. Ces ressources financières peuvent être scindées en deux catégories : des ressources financières propres et des ressources financières non propres[380]. Les ressources financières propres de la commune sont constituées de la fiscalité locale, des recettes patrimoniales et des produits de services.

Les ressources non propres de la commune sont constituées des ressources provenant du produit de la TVA, celles provenant des emprunts FEC et celles provenant des fonds de concours[381].

Depuis la mise en place des structures communales au Maroc, l'expérience a démontré que ces entités souffrent d'une pénurie, voire d'une carence des ressources financières propres[382], ce qui consacre leur dépendance au pouvoir central à travers notamment les ressources non propres. Ces ressources, qui constituent une alternative pour combler le manque au niveau des ressources propres, demeurent néanmoins insuffisantes par rapport auxbesoins proclamés.

§1. La carence des ressources communales propres

Les ressources financières propres[383] dont bénéficient les communes sont destinées généralement à financer la première partie du budget communal consacré au fonctionnementet permettent ainsi de mesurer le degré de leur

---

[380] L'article 30 du dahir n° 1-09-02 du 18 février 2009 portant promulgation de la loi n° 45-08465 relative à l'organisation des finances des collectivités locales et de leurs groupements énumère l'ensemble de ces ressourcesfinancières qui comprennent : « Les impôts et taxes que la collectivité territoriale est autorisée à percevoir par la législation en vigueur, les redevances et rémunérations pour services rendus, les ressources provenant du transfert de la part des impôts et taxes de l'État affectés aux collectivités locales, les subventions accordées par l'État ou par d'autres personnes morales de droit public, le produit des emprunts autorisés, les revenus de la propriété et des participations, les fonds du concours, les dons et legs et les recettes diverses et autres ressources prévues par les lois et règlements. »

[381] D'autres sources de financement pour les communes existent comme le financement externe par les emprunts auprès des opérateurs internationaux, le financement par la conclusion des accords de partenariat avec différents opérateurs privés ou publics nationaux ou internationaux... Ce genre de financement connaît une importance croissante dans la mesure où il constitue un moyen efficace de financement pour les communes qui éprouvent des difficultés financières à réaliser leurs projets.

[382] Rapport mondial sur la décentralisation et la démocratie locale, « Le financement des collectivités locales : lesdéfis du XXIe siècle », GOLD II, 2010, p. 25.

[383] Les ressources propres sont prévues par le dahir n° 1-07-195 du 30 novembre 2007 portant promulgation de la loi n° 47-06 relative à la fiscalité des collectivités locales et le dahir n° 1-07-209 du 27 décembre 2007 portant promulgation de la loi n° 39-07 édictant des dispositions transitoires relatives à certains droits, taxes, contributions et redevances dues aux collectivités locales (la loi n° 30-89 du 21 novembre 1989).

autonomie financière ; l'indépendance de toute commune est conditionnée par l'évolution et le développement de ces ressources propres.

Les ressources financières propres des communes peuvent également contribuer à la couverture des charges d'équipement. À la fin de l'exercice budgétaire et à l'occasion du règlement du budget, l'excédent budgétaire de la première partie de fonctionnement est reporté à la deuxième partie du budget.

La pénurie de ressources financières propres se manifeste à travers la faiblesse du produit de la fiscalité locale (A) et la carence du produit des recettes patrimoniales et des produits de service (B).

A. La faiblesse des ressources de la fiscalité locale

La fiscalité locale est régie par les dispositions du dahir n° 1-07-195 du 30 novembre 2007 portant promulgation de la loi n° 47-06 modifiée et complétée par la loi n° 07.20[384] précitée[385]. Elle représente 33 % des recettes totales des communes urbaines et 14 % des recettes totales des communes rurales. Cette part demeure limitée et ne contribue que marginalement dans la formation des ressources propres communales.

Un examen de l'évolution des performances réalisées en matière de fiscalité locale au cours des années 2008, 2009 et 2010 permet de confirmer ce constat (a). Cette situation de faible contribution de la fiscalité locale dans le financement du budget communal peut être expliquée par différentes raisons (b).

a. La part résiduelle du produit fiscal dans le budget communal

Il faut préciser, tout d'abord, que les taxes locales sont divisées en deux catégories : lestaxes locales gérées par la direction générale des impôts pour le compte des communes : la taxe professionnelle, la taxe d'habitation et la taxe des services communaux (ex. impôts rétrocédés), et les taxes locales gérées directement par la commune elle-même[386].

Ensuite, les recettes totales du budget principal[387] hors excédent[388] ont enregistré une évolution qui est passée de 20 346 millions de dirhams en 2009 à 21 320 millions de dirhams en 2010. La contribution de la fiscalité

---

[384] *B.O.* n° 6948 du 31 décembre 2020.

[385] *B.O.* n° 5584 du 6 décembre 2007.

[386] Il s'agit notamment des taxes suivantes : taxe sur les terrains urbains non bâtis ; taxe sur les opérations de construction ; taxe sur les opérations de lotissement ; taxe sur les débits de boissons, taxe de séjour ; taxe sur les eaux minérales et de table ; taxe sur le transport public de voyageurs ; taxe sur l'extraction des produits de carrière.

[387] Il y a lieu de préciser que les chiffres et les statistiques figurant tout au long de ce chapitre concernent uniquement le budget principal hors excédent. Les budgets annexes, les comptes spéciaux et les excédents des années antérieures ne seront pas pris en compte. Ces chiffres concernent uniquement les communes. Les chiffres sur les provinces et préfectures et les régions ne seront abordés que pour des fins de comparaison.

[388] Les excédents antérieurs au titre de l'année 2010 ont atteint 18 329 millions de dirhams.

locale dans les recettes totales du budget principal hors excédent se présente comme suit :

Tableau n° 1 : La contribution de la fiscalité locale entre 2008 et 2010

Nature	2008		2009		2010	
	En Mdh hors excédent	% Part dans le BP	En Mdh excédent	% Des recettes totales hors excédent	En Mdh	% Des recettes totales hors excédent
Taxes gérées par la commune	1 891	10,6 %	2 136	10,4 %	2 265	10,6 %
Taxes gérées pour le compte de la commune	3 669	20,6 %	4 246	20,8 %	4 490	21 % 66 %
Total de la fiscalité locale	5 560	31 %	6 382	31 %	6 755	31,6 %

La contribution de la fiscalité locale dans les recettes totales hors excédent reste marginale. Elle représente 31 % des recettes totales du budget principal hors excédent. Cette contribution se trouve en dégradation.

Elle est dominée essentiellement par les taxes gérées pour le compte des communes (ex. impôts rétrocédés). Cette dernière présente au titre de l'année 2010 66,5 % du produit de la fiscalité locale.

La taxe sur les services communaux reste la principale composante avec une part de 56 % dans le total des taxes gérées pour le compte des communes, suivie de la taxe professionnelle et de la taxe d'habitation avec des parts respectives de 36 % et 8 %. Les taxes gérées par la commune ne représentent que 33,5 % du produit de la fiscalité locale. Le produit de la fiscalité locale provient donc essentiellement des taxes gérées pour le compte des communes.

b. Les éléments explicatifs

La part réduite de la fiscalité locale dans le financement du budget communal peut êtreexpliquée par différentes raisons :

1. Des raisons relatives à l'assiette

C'est la fiscalité locale gérée par la commune qui est concernée par ces raisons qui peuvent se résumer comme suit :

– Les services d'assiette de la commune, faute de moyens humains et matériels, ne procèdent pas annuellement aux opérations de recensement prévues par la loi, ce qui se répercute négativement sur la maîtrise de la base imposable. Certes, la nouvelle loi sur la fiscalité locale a introduit le système déclaratif, mais le recensement par les services d'assiette de la commune demeure important pour toutes les taxes, y compris celles déclaratives. De surcroît, ces services n'exploitent pas les recensements déjà effectués par d'autres administrations. À titre d'exemple, le recensement effectué annuellement par la Commission de recensement pour la taxe d'habitation et celui effectué par les services locaux du cadastre et de la conservation foncière pour les terrains urbains non bâtis.

– Le manque de coordination et de communication de la part de la commune avec les services concernés par la délivrance des autorisations et des agréments pour les activités imposables. Les services de la province sont concernés par la délivrance des autorisations des débits de boissons et des agréments de transport public de voyageurs. La commission régionale de l'extraction des carrières est concernée par la délivrance des autorisations pour l'extraction des carrières, les services du ministère du Tourisme sont concernés par la délivrance des autorisations d'ouvertures des établissements touristiques… La communication entre la commune et ces différents organismes concernés par la délivrance des autorisations permettra d'assurer un suivi régulier de la base imposable relevant du ressort territorial de la commune et contribuera ainsi à l'aboutissement des opérations de recensement.

– Le défaut de la mise à jour des arrêtés fiscaux : la plupart des communes, pour des raisons politiques qui sont en relation avec les cycles électoraux, ne procèdent pas à la mise à jour de leurs arrêtés fiscaux. Le résultat est l'adoption du taux le plus bas. De plus, les communes ne disposent pas des outils d'analyse et d'aide à la prospective susceptibles de leur permettre de prendre en toute connaissance de cause les décisions relatives à la fiscalité locale.

– La non-actualisation des valeurs locatives qui ne reflètent guère l'évolution du marché. La première révision de la valeur locative telle que modifiée par l'article 11 de la loi des finances 2002 s'appliquera au titre de l'année 2006 sur la base de la valeur locative retenueau titre de l'année 2001.

– Les dysfonctionnements dans l'organisation de la régie des recettes des communes. Ces régies sont des services au sein des communes qui exercent simultanément les tâches de recensement, d'assiette, de liquidation et de recouvrement. Le cumul de toutes ces attributions au niveau d'un seul service est source de risques qui nuisent à une mobilisation optimale des ressources fiscales de la commune.

2. Des raisons relatives au recouvrement

– Le défaut de motivation des agents communaux qui ne bénéficient pas d'une indemnité de recouvrement à l'instar des agents de recouvrement de l'État.

– La non-identification des redevables : les ordres de recettes émis par les ordonnateurs des communes à l'encontre des redevables récalcitrants ne contiennent pastoutes les informations nécessaires à leur identification ; cela complique davantage le travail des agents de notification et d'exécution du Trésor (ANET) lors de l'exercice de leur mission de notification et d'exécution des actes de recouvrement forcé (problème de localisation des redevables).

– Le poids des petites cotes dans le stock global des restes à recouvrer pour les taxes et produits locaux. 54 % du stock des restes à recouvrer correspondent à des cotes inférieures ou égales à 100 dirhams[389]. Cela complique davantage le travail des ANET en ce sens qu'ils ne peuvent pas

389 Voir les dispositions du Code du recouvrement des créances publiques n° 15-97.

engager des actions de recouvrement forcé à l'encontre de ces redevables récalcitrants.

– L'étendue géographique des secteurs et le nombre élevé d'articles (notamment pour l'ex-taxe d'édilité et l'ex-taxe urbaine). La majorité des redevables au titre des taxes et produits locaux se situe dans des secteurs présentant des difficultés pour les ANET ; et enfin, le refus de ces redevables de s'acquitter des arriérés de leurs dettes.

3. Des raisons inhérentes au contrôle des déclarations des redevables

Les communes ne disposent pas des services dédiés au contrôle des déclarations des redevables. Ce contrôle est désormais confié à la régie des recettes chargée en principe du recouvrement des taxes et produits locaux.

À cela s'ajoute la non-qualification des agents communaux responsables d'effectuer cette tâche de contrôle et de vérification fiscale. Les déclarations des redevables manquent souvent de véracité soit par manque de connaissance et donc involontairement, soit encore dans un but de fraude.

L'encadrement de ces agents s'impose afin de pouvoir détecter les anomalies contenuesdans ces déclarations. Les communes ne procèdent pas aux recoupements nécessaires avec lesservices concernés par le contrôle des déclarations des redevables. Il s'agit notamment des recoupements qu'il faut faire avec les services des impôts chaque fois que l'imposition porte sur le chiffre d'affaires.

Le faible produit de la fiscalité locale dans les recettes totales du budget principal hors excédent peut être expliqué également par l'entrée en vigueur de la nouvelle loi n° 47-06 sur la fiscalité locale[390] qui a eu un impact financier non moins important sur les recettes fiscales en raison de :

– la suppression de certaines taxes prévues par l'ancienne loi n° 30-89 sur la fiscalité locale à faible rendement ; la taxe additionnelle à la taxe sur les contrats d'assurance[391], la taxesur les opérations de morcellement et la taxe additionnelle à la taxe communale sur l'extraction des produites de carrières représentent 93 % du manque à gagner ;

– la suppression des centimes de l'État (12 %) et des décimes additionnels des chambres professionnelles ;

– le relèvement de la franchise de la taxe de 10 à 100 dirhams et sa généralisation pour toutes les taxes locales ;

---

[390] Modifiée et complétée par la loi n° 07-20 BO n° 6948 du 31 décembre 2020.

[391] Le produit de cette taxe était à l'origine destiné aux communes, et selon l'article 204 de la loi n° 47-96 relativeà l'organisation régionale, ce produit égal à 13 % du montant de la taxe est perçu au profit des régions. Il est versé mensuellement par le service de l'enregistrement et du timbre à la caisse du Trésorier général du Royaume qui affecte les montants encaissés au compte spécial de dépenses sur dotation n° 36-09 relatif au Fonds de développement des collectivités locales et de leurs groupements.

– les exonérations permanentes et temporaires prévues par cette loi. Les dépenses fiscales résultant de ces exonérations ne sont pas compensées par l'État à l'instar des impôts del'État.

Il est donc nécessaire d'assurer une gestion performante des taxes locales. Agir sur les taux des taxes locales, mettre à jour les arrêtés fiscaux, assurer un suivi de la base imposable pour élargir l'assiette fiscale, actualiser la valeur locative des biens imposables, assainir les restes à recouvrer des taxes locales, mettre à niveau de l'administration fiscale de la commune... sont autant d'actions nécessaires pour l'amélioration de la rentabilité de la fiscalitélocale[392].

La mobilisation des ressources supplémentaires pour optimiser le rendement des recettes locales est indispensable. D'où la question : dans quelle mesure les ressources patrimoniales communales et celles du produit de services contribuent-elles au renforcement de cesrecettes ?

B. Le produit du patrimoine communal : des insuffisances perceptibles

L'examen des ressources provenant de l'exploitation de ce patrimoine[393] dévoile la faible contribution de ces ressources dans le total des recettes communales. Le patrimoine communal demeure généralement sous-exploité et souffre d'une gestion défaillante et d'une négligence patente de la part des ordonnateurs[394].

Le faible rendement du produit patrimonial des communes s'aggrave davantage avec leproblème des restes à recouvrer de ces produits (a).

Au produit résultant de l'exploitation du patrimoine communal, on peut ajouter une autre catégorie de produits, dite « produit de services ». Elle est constituée de l'ensemble des taxes, redevances et droits des communes dus en contrepartie d'un service rendu de nature administrative, industrielle et commerciale ou d'une utilisation du domaine. L'analyse de l'évolution des performances réalisées quant aux produits de services au cours des années 2008, 2009 et 2010 permet de confirmer le rendement limité de ce produit. Plusieurs facteurs peuvent être évoqués pour expliquer cette faible

---

392 Annouz N., « La gestion des ressources financières communales face aux impératifs du développement local », thèse de doctorat en droit, FSJES-Meknès, 2005, p. 65, 478.

393 Le patrimoine communal recouvre l'ensemble des biens immobiliers et mobiliers appartenant à la commune. Le produit de l'exploitation de ce patrimoine provient généralement des revenus des biens domaniaux, du produitd'aliénation des biens, du produit de l'exploitation du domaine forestier, des dividendes d'action des participations des communes dans les sociétés de développement local (SDL), des intérêts des fonds placés au Trésor en application de la règle du dépôt obligatoire des fonds des collectivités locales au Trésor et qui sont rémunérés au taux de 1 % l'an...

394 Les différents rapports des Cours régionales des comptes ont souligné la sous-exploitation de ce patrimoine et sa négligence de la part des ordonnateurs des communes. À titre d'exemple, « rapport relatif au contrôle de la gestion de la commune de Bijaad », mai 2011, p. 25-27.

contribution des recettes provenant du patrimoine et des produits de services (b). Aussi allons-nous consacrer ce point à l'étude des revenus du domaine dont la gestion incombe directement à la commune[395] telle que prévue par l'article 37 de la loi n° 78-00 portant charte communale[396].

a. L'analyse des performances du patrimoine communal et du produit des services

On va aborder, d'abord, la structure des revenus des biens des collectivités territoriales (CT) et, ensuite, la structure des revenus du produit de services.

1. Structure des revenus des biens des CL, 2010-2015

L'évolution des revenus des biens des collectivités territoriales telle qu'elle ressort des tableaux ci-dessous laisse apparaître une modeste tendance à la hausse : 1 515 millions de dirhams au 31 décembre 2010 contre seulement 1 403 millions au 31 décembre 2009. Ainsi, pour la même période, la part des revenus des biens dans les ressources propres desdites entités est respectivement de l'ordre de 16,5 % et 16,7 %. Malgré cette évolution, ces parts sont faibles et ne sont pas assez significatives eu égard à la consistance et à la variété des biens des communes urbaines et rurales (cf. tableau ci-dessous).

Par conséquent, la contribution des revenus des biens dans le total des recettes hors excédent est aussi faible. Ces revenus se sont élevés à 1 515 millions de dirhams en 2010, soit 7 % du total des recettes hors excédent.

---

[395] « Pour ce qui est des modes de gestion impliquant le secteur privé ou d'autres partenaires : gestion déléguée, intercommunalité », SDL, voir *supra* de cette étude.

[396] L'article 37 de la charte communale dispose : « … Il veille sur la gestion, la conservation et l'entretien des biens communaux. À cet effet, il procède, conformément à la législation et à la réglementation en vigueur, au classement, au déclassement et à la délimitation des biens du domaine public communal ; il statue sur les acquisitions, les aliénations, les échanges, les baux et toutes les transactions portant sur les biens du domaine privé ; il approuve tous les actes de gestion ou d'occupation du domaine public communal ; il décide de l'affectation ou de la désaffectation des bâtiments publics et des biens communaux, conformément aux lois et règlements en vigueur ».

Tableau n° 2 : La part des revenus de biens des communes dans les ressources propreset dans les recettes totales hors excédent entre 2008 et 2010
(en millions de dirhams)

	2008	2009	2010
Revenus des biens	1 442	1 403	1 515
Ressources propres	7 668	8 467	9 051
Part dans les ressources propres (%)	18,8 %	16,5 %	16,7 %
Part dans les recettes totales hors excédent	8 %	6,8 %	7 %

Source : TGR

Analysées par structure, les recettes des biens des communes présentent les caractéristiques ci-après :

– elles sont essentiellement dominées par le produit de la location des locaux à usage commercial ou professionnel, 44,3 %, suivi par les redevances d'occupation temporaire du domaine public communal, 19,1 % ;

– les autres catégories de biens ne participent que faiblement dans la formation des recettes totales provenant de l'ensemble des biens des communes.

Tableau n° 3 : La structure des recettes patrimoniales au 31 décembre 2009

Natures des revenus des biens	Recettes	%
Produit de la location des locaux à usage commercial ou professionnel	623	44,4
Redevance d'occupation temporaire du domaine public communal	268	19,1
Redevance d'occupation temporaire du domaine public communal par des biens meubles et immeubles liés à l'exercice d'un commerce, industrie ou profession	129	9,2
Droits perçus sur les marchés aux bestiaux	85	6,1
Droits de stationnement et d'entrée dans les souks hebdomadaires	63	4,5
Produit de la location d'autres biens	54	3,8
Droits perçus sur les marchés et lieux de vente publics	25	1,8
Produit de la location d'immeubles à usage d'habitation	23	1,6
Concession pour l'exploitation des aires et parcs de stationnement	18	1,3
Droits perçus sur d'autres lieux de vente publique	17	1,2
Produit des ventes de plans, d'imprimés et de dossiers de concours	14	1,0
Concession pour la distribution d'énergie	13	0,9
Produit de l'exploitation des piscines	11	0,8
Produit des ventes d'objets mobiliers ou de matériaux hors service	11	0,8
Produit des campings et camping-caravanings	10	0,7
Produit des ventes d'animaux et d'objets mis en fourrière non retirés	9	0,6
Concession pour transport urbain	8	0,6
Redevances sur les saillies situées sur le domaine public communal	5	0,4
Autres recettes patrimoniales	17	1,2
Total	1 403	100,0

Source : TGR.

D'après le tableau ci-dessous, l'évolution des recettes provenant du produit d'aliénation du domaine privé révèle une dégradation notable de ce produit : de 723 millions de dirhams en 2008 à seulement 186 millions de dirhams en 2010. Cela dénote le manque d'intérêt qu'accordent les élus locaux à la gestion de leurs biens communaux. Tout en constatant le surenchérissement du marché foncier, paradoxalement, les biens immobiliers des communes se voient cédés à des prix plus bas.

Par conséquent, leur contribution dans le financement du budget communal reste modeste. Ledit produit est affecté au financement de la deuxième partie du budget communal relative à l'équipement. Or, vu son faible rendement, ce produit ne répond même pas aux besoins les plus modestes des projets d'investissements communaux.

Tableau n° 4 : Le produit d'aliénation du domaine privé
(en millions de dirhams)

	2008	2009	2010
Le produit d'aliénation du domaine privé	723	228	186
Part dans les recettes totales hors excédent	4 %	1 %	0,87 %

Source : TGR.

En plus du produit des revenus des biens, les communes urbaines et rurales, territorialement concernées[397], se voient également attribuer le produit de l'exploitation du domaine forestier. Or, ce produit est loin d'être une source de financement puisqu'il ne contribue que marginalement dans la formation des ressources financières communales. Letableau ci-après confirme ce constat.

Tableau n° 5 : Le produit forestier
(en millions de dirhams)

	2008	2009
Le produit forestier	37	33
Part dans les recettes totales hors excédent	0,20 %	0,16 %

Source : TGR.

2. Structure des revenus du produit des services des communes, 2012

L'évolution du produit des services[398], telle qu'elle ressort du tableau ci-dessous, laisse apparaître une modeste tendance à la hausse : de 682 millions de dirhams en 2009 à 781 millions au 31 décembre 2010.

---

[397] Communes urbaines Ifrane, Azrou, Kénitra, Khémisset…

[398] Selon la nomenclature budgétaire, les produits de services sont : droit d'état civil, numérotation d'immeubles, enregistrement de la vente du bétail, frais d'enquête de *commodo* et *d'incommodo*, ristourne sur les recettes réalisées pour le compte des tiers, droits de fourrière, remboursement des frais de transport par la grue, produit des sabots, remboursement des frais de transport effectué par l'ambulance communale, produit du service de vidange de fosses et curage d'égouts, raccordement au réseau d'égouts, raccordement au réseau d'eau, remboursement des frais de désinfection, reversement à la commune pour travaux de salubrité et de sécurité par ses soins pour le compte des propriétaires défaillants, produit de la morgue, produit de l'école communale des beaux-arts, produit de la bibliothèque communale, produit du conservatoire de musique, produit de la galerie d'exposition, produit

Ainsi, pour la même période, la part de ces produits dans les ressources propres desdites entités est respectivement de l'ordre de 7,6 % et 8,6 %. Par conséquent, leur contribution dans les recettes totales hors excédent est aussi faible. Ils ne représentent que 2,6 % de ces recettes.

Tableau n° 6 : La structure des revenus du produit de services des communes, 2008-2010

	2008	2009	2010
Revenus du produit de services	665	682	781
Ressources propres	7 668	8 167	9 051
Part dans les ressources propres (%)	8,6 %	8 %	8,6 %
Part dans les recettes totales hors excédent (%)	3,7 %	3,3 %	3,6 %

Source : TGR.

3. Poids des restes à recouvrer relatifs aux produits des biens

Au 31 décembre 2007, les restes à recouvrer au titre des revenus des biens s'élèvent à743,7 millions de dirhams (tableau suivant).

Analysé par structure, ce stock est dominé par les natures suivantes :

- redevance d'occupation temporaire du domaine public communal (26,4 %) ;
- produit de location des locaux à usage commercial ou professionnel (23,8 %) ;
- redevances sur les saillies situées sur le domaine public communal (14,9 %) ;
- produit de location d'autres biens (6 %) ;
- produit d'affermage des souks (5,3 %) ;
- droits perçus sur les marchés aux bestiaux (4,6 %) ;
- concession pour transport urbain (4,2 %) ;
- produit de location d'immeubles à usage d'habitation (4 %) ;

---

de cimetière et inhumation, taxe d'enlèvement des déchets des jardins, industriels et matériaux ou déblais abandonnés sur la voie publique, produit des pompes funèbres, droit d'équarrissage, taxe d'échaudage des porcs et des abats, fournitures d'armes et munitions, taxe sur les visites vétérinaires à l'occasion des abattages, taxe d'utilisation de la triperie, taxe frigorifique, taxe de stabulation, droit de criée, redevances sur les recettes des mandataires du marché de gros, des fruits et légumes, redevances sur les recettes des mandataires des halles aux poissons, redevances sur les halles aux peaux et cuir, produit du poids public et taxe de pesage et de mesurage, produit de l'exploitation du service des eaux, produit de l'exploitation du service de distribution de l'énergie électrique, taxe sur les viandes foraines, produit de la gare routière, produit des garages à vélocipèdes et parcs autos, droit de stationnement sur les véhicules affectés à un transport public de voyageurs, transport de viande.

• droits de stationnement et d'entrée sur les souks hebdomadaires (2,8 %).

Tableau n° 7 : La structure des restes à recouvrer au titre des revenus de biens parnature au 31 décembre 2007

Nature des revenus des biens	RAR	%
Produit de locations des locaux à usage commercial ou professionnel	173 915 346,95	23,38
Redevance d'occupation temporaire du domaine public communal	196 789 361,05	26,46
Redevances sur les saillies situées sur le domaine public communal	111 171 197,44	14,95
Produit de location d'autres biens	45 410 142,10	6,11
Produit d'affermage sur les souks communaux	39 812 514,71	5,35
Droits perçus aux marchés aux bestiaux	34 179 770,98	4,60
Concession pour transport urbain	31 812 163,82	4,28
Produit de location d'immeubles à usage d'habitation	30 239 579,99	4,07
Droits de stationnement et d'entrée dans les souks hebdomadaires	20 950 442,70	2,82
Produits des autres concessions	11 799 440,36	1,59
Droits perçus sur les marchés et lieux de vente publics	8 228 271,59	1,11
Autres recettes patrimoniales	39 402 588,08	5,30
Total	743 710 819,8	100,00

Source : TGR.

b. Les éléments explicatifs de la faible contribution des recettes des biens et du produit des services dans le financement du budget communal

Plusieurs facteurs peuvent être évoqués pour expliquer ce constat. Ils concernent respectivement les services ordonnateurs et les services de la régie de recettes.

1. Au niveau des services ordonnateurs

La gestion du patrimoine communal est caractérisée par une défaillance et unenégligence résidant dans :

– la méconnaissance et la faible maîtrise des communes de la consistance de leur patrimoine : absence de recensement systématique, mauvaise tenue des sommiers de consistance (non-exhaustivité, faible actualisation). Or, la tenue de ces sommiers de consistance permet aux services ordonnateurs de connaître les caractéristiques de chaque bien, de recenser les différents utilisateurs et exploitants de chaque immeuble, d'établir la liste des différents types de contrats d'exploitation (contrat de location, contrat de concession, contrat d'affermage…) et, enfin, de suivre l'évolution de l'état du patrimoine et de son développement ;

– l'absence de documents juridiques permettant l'identification de ces biens (titres de propriété, plans, documents cartographiques, décisions d'aliénation ou d'expropriation…) ;

– le manque de prise de conscience de l'importance des biens et de leur valeur. Il est à noter dans ce cadre que les opportunités économiques offertes[399] (lotissements communaux, projets commerciaux, zones d'activités économiques, etc.) sont faiblement mises en valeur par les communes concernées ; aussi, la sous-location irrégulière et l'absence de renouvellement de locations arrivées à terme entraînent-elles le maintien de loyers faibles et ne reflétant pas lavaleur réelle du service ;

– la sous-gestion des services publics locaux générateurs de revenus (les abattoirs, par exemple) ;

– l'obsolescence, la multiplicité et la complexité de la législation applicable en la matière laquelle ne répond plus aux exigences des collectivités territoriales et aux dispositions de la nouvelle organisation communale ;

– la dimension politique de l'action au niveau local (cycle électoral…) ;

– l'absence d'outils modernes dans la gestion du patrimoine communal (absence de système d'information, non-consécration de la dimension patrimoniale dans les organigrammes communaux et non-qualification des ressources humaines…).

---

[399] Boujida Mohamed et Boukhal Miloud, « Le domaine des collectivités locales et de leurs groupements », in *REMALD*, coll. Guides de gestion, n° 5, 1998, p. 28.

2. Au niveau des régies de recettes des CL

Les performances de recouvrement des revenus des biens et du produit de services auniveau des régies de recettes demeurent en deçà des attentes pour plusieurs raisons :

– le caractère incomplet et non actualisé des informations sur les redevables (nom,adresse résidentielle…) ;

– l'absence de l'état de l'actif décrivant toutes les propriétés privées de la collectivité territoriale et qui ne permet pas de vérifier si toutes les recettes sont bien encaissées et si elles

correspondent à la nature et à la consistance des immeubles appartenant à la collectivitéterritoriale concernée ;

– la défaillance dans le fonctionnement des régies de recettes.

Tableau n° 8 : La contribution des ressources propres dans les recettes totales du budgetprincipal hors excédent
(en millions de dirhams)

	2008	2009	2010
Ressources propres des communes	7 668	8 467	9 051
Recettes totales du BP hors excédent	17 730	20 346	21 320
Part dans les recettes totales	43 %	41,6 %	42 %

Source : TGR.

Si la part des ressources propres dans les recettes totales du budget principal hors excédent apparaît un peu élevée – 42 % du total des recettes en 2010 – elle peut être justifiée par la contribution élevée des taxes locales gérées pour le compte des communes qui concourent, désormais, dans la composition de la fiscalité locale.

Après cet aperçu sur la contribution des ressources propres dans le financement du budget communal, on peut conclure que la fiscalité locale, à l'instar de la fiscalité nationale, doit jouer un rôle prépondérant dans la promotion du développement local dans la mesure où elle constitue un outil privilégié d'intervention des autorités publiques en matière économique et sociale.

Toutefois, malgré la réforme engagée en 2008 et ses principales innovations, l'analyse de l'état de ces ressources permet de constater la médiocrité du rendement des taxes gérées par les communes devant la prédominance du produit des taxes gérées pour leur compte. Les recettes de la fiscalité locale n'arrivent pas à couvrir les dépenses de fonctionnement.

Les raisons de cette faible contribution sont liées tantôt à l'assiette, en ce sens que les services d'assiette n'ont qu'une faible maîtrise de la base imposable relevant de leur ressort territorial, tantôt au manque des moyens humains qualifiés nécessaires au recouvrement et au contrôle des déclarations des redevables. Pire encore, les communes ne reçoivent aucune compensation du manque à gagner généré par les exonérations prévues par la loi sur la fiscalité locale[400].

L'analyse des performances des recettes provenant du patrimoine et du produit de services a révélé, également, un faible rendement de ces produits et une faible contribution dans le financement du budget communal.

La non-maîtrise de l'assiette foncière, la mauvaise gestion du patrimoine communal et les pratiques malsaines de certains élus communaux impliqués notamment dans des spéculations sur des propriétés foncières et immobilières du domaine communal expliquent en partie ce faible rendement.

L'analyse des performances des recettes provenant de ressources propres permet aussi de relever un grand déséquilibre quant à la productivité, aussi modeste soit-elle, des taxes et produits locaux entre communes rurales et communes urbaines au profit de ces dernières. Cette situation de faible rendement se complique davantage avec le stock important des restes à recouvrer accumulé jusqu'à présent par les communes et qui nécessite un effort considérablepour être assaini.

Enfin, pour les ressources propres, les communes, en principe, doivent disposer, d'une grande autonomie de gestion. Or, les communes n'ont qu'un pouvoir bien encadré par la loi. La fixation des taux et tarifs de toutes les taxes locales ainsi que la détermination du champ de leur application et les modalités de leur recouvrement sont déjà fixées par la loi. Autant dire qu'il est difficile de parler d'une politique fiscale façonnée par les communes pour la promotion du développement local indépendamment de la politique générale décidée par l'État en la matière. Si on a pu constater, à travers les développements ci-dessus, que la contribution des ressources propres dans le financement des budgets communaux est faible, qu'en est-il des ressources non propres ?

---

400 Boujida Mohamed et Boukhal Miloud, *op. cit.*, p. 31.

Section II : L'investissement et la consolidation de l'assiette foncière communale

La propriété foncière est la base de tout investissement. Une ville ou une localité qui s'agrandissent trop vite, ce sont une ville ou une localité qui s'approprient de plus en plus ; et pour les communes, les provinces et préfectures, nous avons besoin de construire des écoles, des salles de sport, des piscines, des théâtres, des médiathèques, des bâtiments sociaux, des maisons de la culture[401]...

A. La question du patrimoine communal

En revanche, la mission c'est aussi d'améliorer ce patrimoine, le conserver, pour qu'il ne se dégrade pas. Rappelons les dispositions des lois sur le patrimoine communal, le dahir du 19 octobre 1921 sur le domaine municipal dans ses articles 8 et 9.

De ce fait, les biens du domaine public de l'État qui seront affectés au domaine public des villes de notre empire présentement constituées en municipalités leur seront transférés gratuitement. Ils feront l'objet d'arrêtés de classement pris par le Grand vizir sur la proposition de nos directeurs généraux des travaux publics et des finances et de notre directeur des affaires civiles.

Il faut signaler aussi que la propriété est remise gratuitement auxdites municipalités pour être comprise dans leur domaine privé ; les immeubles qui, faisant partie du domaine privé de l'État chérifien, sont actuellement affectés aux divers services publics d'intérêt municipal, à charge pour les municipalités intéressées de les entretenir et d'assurer l'exercice des servitudes et autres obligations dont ils peuvent être grevés[402].

La liste de ces immeubles sera arrêtée par le Grand vizir, sur la proposition de nos directeurs généraux des finances et des travaux publics et de notre directeur des affaires civiles. À l'arrêté viziriel seront annexés un état de consistance et les plans des immeubles remis, indiquant la destination actuelle de ces immeubles[403].

Le dahir du 26 chaoual 1373 (28 juin 1954) relatif au domaine des communes rurales dans certaines dispositions : les biens du domaine public

---

[401] Decoux Paul, *Droit foncier marocain*, Éditions La Porte, 2002, p. 12. Voir aussi Stéphane Gignoux,
« Appréhender le droit marocain de l'immobilier : une approche transversale "droit privé-droit public", essai sur le droit foncier marocain », collection électronique, Les études et essais du *Centre Jacques Berque*, Rabat,n° 30, avril 2015, Maroc, p. 4, www.cjb.ma.

[402] M'hassni Mohamed, Felji Mohamed et Khalali Hamid, « Le système foncier au Maroc, une sécurité et un facteur de développement durable, au milieu urbain et rural », 2nd FIG régional conférence, Marrakech, Morocco, december 2-5, 2003, www.fig.net

[403] Dahir du 17 safar 1340 (19 octobre 1921) sur le domaine municipal (*B.O.* n° 470 du 25 octobre 1921).

ou du domaine privé de l'État cédés aux groupements dotés de *jemâas* administratives pour être affectés au domaine public de ces derniers leur seront transférés gratuitement dans les formes prévues à l'article 4, à charge pour eux de les entretenir, d'en maintenir l'usage public et d'indemniser éventuellement les bénéficiaires de servitudes du ou des droits de toute nature pouvant exister sur ceux de ces biens qui appartenaient précédemment à l'État[404].

La rétrocession à l'État des biens prévus à l'article 3 du présent dahir qui ont été acquis gratuitement de celui-ci sera effectuée à titre gratuit dans les formes prévues à l'article 4.

B. Terres dotées de *jemâas* administratives

La dérogation est mentionnée par le dahir du 27 avril 1919 (26 rejeb 1337) organisant la tutelle administrative des collectivités indigènes et réglementant la gestion et l'aliénation des biens collectifs ; l'imprescriptibilité, l'inaliénabilité et l'insaisissabilité de ces biens ne seront pas opposables pour la constitution du domaine public des groupements dotés de *jemâas* administratives. La cession de ces biens à titre gratuit ou à titre onéreux, en vue de leur incorporation au domaine public, s'effectuera dans les formes et selon les modalités prévues par l'article 11 du dahir précité du 27 avril 1919 (26 rejeb 1337)[405].

Le projet Nour Guercif, sur 400 hectares de terres collectives, tenu par l'Agence marocaine pour l'énergie solaire (Moroccan Agency For Solar Energy [MASEN]), va impacter indirectement, socialement et économiquement, la commune de Saka, car le terrain est sur son territoire.

Rappelons que la plus grande quantité d'énergie disponible sur Terre est d'environ 173 000 térawatts, soit plus de 10 000 fois la consommation d'énergie de la planète. Les laboratoires Bell ont été les premiers à fabriquer une cellule solaire en silicone, en 1954, ce qui a conduit au développement actuel de l'énergie solaire.

Les sociétés spatiales ont été les premières à utiliser l'énergie solaire en 1960, créant ainsi le premier satellite dans les années 50 appelé Vanguard. L'énergie solaire est la solution la meilleure et la moins chère dans les maisons et les magasins aux États-Unis et dans le monde.

Pour ce qui est du domaine privé de l'État, voyons le cas de la commune de Guercif : celle-ci occupe des terres du domaine privé de l'État, sans pour autant régulariser leur situation qui date de l'époque de leur appartenance à la province de Taza. À l'avènement de la Province de Guercif, les services

---

[404] Eddahbi Abdelfattah, *Les Biens publics en droit marocain*, Édition Afrique Orient, 1992, *op. cit.*, p. 22.

[405] Dahir du 26 chaoual 1373 (28 juin 1954) relatif aux domaines des groupements dotés de *jemâas* administratives (relatif aux domaines des communes rurales) (*B.O.* n° 2177 du 16 juillet 1954) tel qu'il a été complété par le dahir n° 1-58-344du 18 joumada I 1378 (25 novembre 1958) (*B.O.* n° 2407 du 12 décembre 1958).

provinciaux ont incité la commune de Guercif à régulariser la situation de ces terres ; l'administration du domaine a répondu que l'ère des occasions était terminée, la commune doit acquérir et respecter un cahier des charges, sinon elle n'aura pas la terre en question et sera obligée de louer le terrain.

À côté des terres collectives de tribu, il y a aussi d'autres catégories de terres. L'État possède un domaine propre qu'il a pu se constituer à l'origine par voie de conquête, mais qui résulte, plus ordinairement, de confiscations sur des tribus trop remuantes ou révoltées, ou sur des fonctionnaires révoqués. Cette catégorie de biens constitue les biens Maghzen.

Les sultans, peu enclins à faire la discrimination entre leurs biens propres et ceux de l'État, ont puisé largement dans ces terres soit pour leurs besoins personnels, soit pour récompenser certains de leurs serviteurs, des membres de leur famille, des *chorfa* auxquels ils concédaient gratuitement la jouissance ou la pleine propriété de parcelles du domaine de l'État. C'est également parmi les terres préalablement incorporées au domaine de l'État, après refoulement des occupants, que furent prélevées celles nécessaires à l'installation des tribus Guich. Ces tribus Guich étaient de véritables colonies militaires[406]. En échange du service militaire qu'elles devaient au souverain, elles recevaient une exemption d'impôt et des concessions de terres en jouissance.

Leur origine remonte assez loin dans le passé, mais c'est Moulay Ismail, le contemporain de Louis XIV[407], qui leur a donné leur organisation définitive et leur plein développement.

Ces tribus constituaient le meilleur soutien de la dynastie, aussi les sultans les avaient-ils placées de préférence aux abords de leurs capitales et sur les axes de déplacement de leurs *méhallas*. Elles n'avaient sur les terres mises à leur disposition qu'un droit de jouissance à titrecollectif, l'État s'en étant réservé la nue-propriété. Nous sommes ici en présence d'une nouvelle catégorie de terres, les terres *guich*, qui subsiste toujours[408].

Quant aux terres de propriété privée, elles répondent à un état d'organisation déjà avancé des sociétés, lesquelles évoluent naturellement vers l'individualisation. Les terres de propriété privée ou terres *melk* résultent soit de la vivification d'une terre morte soit de donations du souverain, soit d'une usurpation à la suite d'une occupation prolongée.

En droit musulman, en effet, il suffit de jouir paisiblement d'une terre pendant au moins dix ans pour avoir sur cette terre tous les droits d'un propriétaire. Ce que l'on appelle communément un titre de propriété est en

---

406 الى ص 31، ص 1991عبد الواحد شعير الممتلكات العقارية للجماعات المحلية بالمغرب، مطبعة فضالة المحمدية
41 .

407 Claisse Alain, « Quelle décentralisation pour quel développement au Maroc et en France, présentation de la problématique du colloque », *Revue marocaine d'administration locale et de développement* n° 22, janvier-mars 1998, p. 11.

408 Eddahbi Abdelfattah E, « La propriété traditionnelle au Maroc », *Revue marocaine d'administration locale et de développement* n° 35, novembre-décembre 2000, p. 106-107.

réalité un témoignage de possession signé par deux *adoul*[409] ou par douze témoins ordinaires, ou encore par six témoins ordinaires et un *adel*. Ces témoins se bornent à certifier que l'intéressé satisfait aux conditions suivantes : il jouit en qualité de propriétaire ; il se considère lui-même comme réellement propriétaire et le public lui attribue cette qualité. La durée de son occupation ou de celle de son auteur, c'est-à-dire de celui dont il a acquis l'immeuble, est au moins de dix ans. Il n'a pas aliéné pendant cette période, son occupation n'a fait l'objet d'aucune contestation.

La propriété indivise, qu'il ne faut pas confondre avec la propriété collective, n'est qu'une modalité de la propriété *melk*[410]. La propriété indivise appartient à plusieurs individus bien déterminés, généralement les membres d'une même famille : chacun d'eux possède des droits bien définis pouvant être immédiatement matérialisés sur l'immeuble. La terre collective, au contraire, appartient à la personne morale du groupe dont chaque chef de famille n'a que des droits temporaires d'usufruit sur les parcelles qui lui sont attribuées chaque année par la *jemâa*.

C. Les terres collectives et le problème des forêts

En ce qui concerne les terres collectives de la commune de Houara Oulad Rahou, à côté du parc, les cinq hectares réservés au parc (dont une partie de la superficie est réservée au centre provincial d'éducation routière de Guercif), c'est-à-dire 7 000 mètres carrés, une convention a été conclue entre le Comité national de prévention des accidents de la circulation (CNPAC), la province de Guercif, la commune de Houara Oulad Rahou, la Direction provinciale de l'éducation nationale et la délégation provinciale de la jeunesse et du sport à Guercif. C'est le troisième centre au niveau national, il est le seul au Maroc qui détienne des critères techniques et d'équipement[411].

Le domaine forestier est l'un des domaines fonciers les plus protégés, il est inaliénableet imprescriptible, la loi comme la pratique ne permettent que l'échange immobilier.

Certaines collectivités territoriales sont entourées par des forêts relevant du domaineforestier, et enclavées par des lacs ou par un périmètre irrigué. À titre d'exemple, nous citons le cas de la commune d'Aklime dans la province de Berkane[412], qui a échangé un ensemble deterrains fonciers avec

409 سمير آيت ارجدال، خصوصيات المنازعات العقارية المتعلقة بأراضي الجموع، جهة الشاوية ورديغة نمودجا منشورات مجلة الحقوق المغربية، سلسلة " الأنظمة والمنازعات العقارية " أراضي الجماعات السلالية، الناشر : دار الافاق المغربية للنشر والتوزيع بالدار البيضاء، مطبعة المعارف الجديدة~الرباط، الطبعة الثانية 2012، ص

410 بشأن تنظيم الوصاية الادارية على الجماعات السلالية 1919 أبريل 27محمد لمزوغي، تطبيق مقتضيات ظهير . 16وضبط شؤون الاملاك الجماعية وتفويتها، المردع السابق، ص

411 Interview de Mohamed Najib Boulif, secrétaire d'État auprès du ministre de l'Équipement, du Transport, de la Logistique et de l'Eau, chargé du Transport.

412 Entretien avec le chef de la Division des collectivités locales relevant de la province de Berkane.

le Haut-Commissariat aux Eaux et forêts et à la lutte contre la désertification, sachant que le régime juridique applicable au domaine forestier exige un ensemble de conditions, même en cas d'échange foncier, autrement dit doit être favorable à l'administration forestière, comme cela est bien précisé dans l'article 2 du dahir du 10 octobre 1917 sur la conservation et l'exploitation des forêts : « Le domaine forestier est inaliénable. »

La distraction du régime forestier ne peut intervenir que dans un but d'utilité publique ; elle est prononcée par décret, après avis d'une commission dont la composition et le mode de fonctionnement sont fixés par décret. Le gouverneur de la province, le ministre de l'Intérieur, le vice-président du Conseil, le ministre de l'Économie et des Finances, le ministre qui a demandé la distraction et le ministre de l'Agriculture donnent également leur avis au vu du procès-verbal rédigé par la commission.

Toutefois, la distraction est de droit lorsqu'elle résulte d'une expropriation pour cause d'utilité publique prononcée en application du dahir susvisé du 26 joumada II 1370 (3 avril 1951) ou d'un échange immobilier dans les conditions prévues à l'article 2 (a) ci-après.

Les biens collectifs soumis au régime forestier ne peuvent être aliénés qu'avec l'autorisation préalable du ministre de l'Agriculture. Article 2 (a) : Il peut être procédé au remembrement du domaine forestier par voie d'échange immobilier, avec ou sans soulte en argent.

L'échange immobilier est autorisé par décret :

– En cas d'aliénation du domaine forestier après distraction du régime forestier et, éventuellement, en cas d'échange immobilier, le produit de la cession ou le montant de la soulte sont versés au Fonds de remploi domanial, institué par le dahir du 5 rejeb 1348 (7 décembre 1929) réglementant les remplois domaniaux, pour être réemployés à l'acquisition de terres à reboiser.

– Sur les bois et forêts non soumis au régime forestier, les propriétaires exercent tous les droits résultant de la propriété, sauf les restrictions prévues par le dahir du (7 décembre 1929) sus-référencé en matière de défrichement et d'exploitation.

– L'administration du domaine forestier et des autres biens soumis au régime forestier est confiée au ministre de l'Agriculture ; la police en est exercée par l'administration des eauxet forêts, qui est également chargée du contrôle de l'application du dahir du dahir du (7 décembre 1929) sus-cité et notamment des restrictions que ce texte apporte aux droits des propriétaires de bois et forêts non soumis au régime forestier.

Le ministre de l'Agriculture a seul la qualité pour intervenir, au nom des intérêts du domaine forestier, dans la procédure de délimitation et d'immatriculation, ainsi que pour ester en justice. L'occupation temporaire du domaine forestier est autorisée par le ministre de l'Agriculture.

Selon l'article 2, « les pouvoirs peuvent être dévolus au ministre de l'Agriculture. Ces pouvoirs peuvent être exercés par l'autorité habilitée par lui à cet effet[413] ».

D. La problématique des cimetières

L'histoire d'un cimetière, d'une superficie de 7 549 m², remonte à l'ère coloniale, certains prétendent même qu'il existait avant le Protectorat français un lieu d'enterrement des juifs marocains et des chrétiens ; mais cette version est infondée car il n'existe pas jusqu'à maintenant d'études sur ce genre de sujet.

Cependant, nous présumons que le cimetière juif existait avant l'occupation française, car les juifs marocains y étaient enterrés. Nous déduisons donc que ce cimetière est subdivisé en deux lots à l'intérieur du même mur de clôture, une partie réservée aux juifs, isolée par un mur, une autre partie réservée aux chrétiens.

La propriété de ce lot de terrain abritant ledit cimetière est transférée à la commune de Guercif ; il se situe en plein centre-ville de Guercif, dans un lieu stratégique et peuplé, entouré par des marchés, des administrations, un lycée et un collège ancestraux, un internat, un ancien hôpital et un centre de santé… avec pour seul espace vert le cimetière dégradé contenant un patrimoine arboré important, actuellement dégradé et déserté. En 2002, le Conseil communal de Guercif, avec le concours et même la pression d'une personne de la province de Taza, qui détient une propriété foncière attachée audit cimetière, a tenté de déménager ledit cimetière en vue de gagner cette réserve foncière située dans un endroit stratégique de la ville[414].

Après la création de la province de Guercif, la personne concernée a pris une responsabilité plus importante et a pris au sérieux la libération du grand lot de terrain contigu, en transférant les deux cimetières.

Toute une série d'écrits et de rappels au sujet du transfert dudit cimetière a été adressée au consulat général de France à Casablanca, entre 2012 et 2015, date de la préparation du plan d'aménagement et son adoption ; l'intégration du terrain du cimetière dans le nouveau plan d'aménagement était l'un des objectifs majeurs de la personne en question.

Ces écrits faisaient référence, par exemple, aux écrits n° 350 du 11/02/2002 et les rappels aux écrits n° 1168 du 24/04/2012 et n° 2228/MS/SG du 1er/09/2015. Mais ils ont commencé seulement par l'objet de déménagement du cimetière chrétien vers la ville de Fès ou de Casablanca ; la commune de Guercif attend toujours une suite favorable à

---

[413] Dahir du 20 hija 1335 (10 octobre 1917) sur la conservation et l'exploitation des forêts (*B.O.* du 29 octobre1917).

[414] Garaudy Roger, Le procès du sionisme israélien (aaargh, 1998), *in* http://aaargh.vho.org/fran/livres/RGps.pdf:
« Le Christ de Paul n'est pas Jésus », dans *Vers une guerre de religions en 1995*, p. 22-23.

ses demandes et le Conseil communal de Guercif s'engage à prendre en charge et à financer l'ensemble des étapes nécessaires y compris l'exhumation, la mise en bière, le transport jusqu'au cimetière éventuel d'accueil, celui de Fès ou celui de Casablanca.

Les services communaux suivis par la personne concernée ont fourni un maximum d'efforts en vue de séduire et convaincre que les opérations se composent comme suit :

1. Achat d'un terrain dans le cimetière d'accueil, construction d'un grand caveau avecstèle pour regrouper les boîtes d'ossements ;
2. Fourniture d'une boîte à ossements pour chaque corps exhumé (0,60 mètre delongueur sur 0,30 mètre de largeur et 0,25 mètre de hauteur) ;
3. Démontage des tombes, casse des dalles, creusement et comblement des fosses ;
4. Exhumations à Guercif et réinhumations dans le cimetière d'accueil ;
5. Dans le cas où il y aurait des corps momifiés, fourniture de cercueils d'adulte.

La personne en question n'a pas cessé de relancer l'ensemble des parties prenantes, même les services provinciaux de Casablanca, entre autres. Après ce processus d'envois et de relances sans répit, après l'avènement de la personne en cause à Guercif, de nouveaux envois ont été adressés au consul général de France à Casablanca, cette fois-ci pour l'informer que, lors de la session ordinaire du 30 avril 2015, le Conseil communal de Guercif a voté à l'unanimité le transfert du cimetière chrétien de Guercif.

Lesdits services communaux ont motivé leur position par la nécessité de déménager le cimetière qui n'a pas connu d'enterrement depuis plus de soixante ans et pour la raison que sa propriété a été transférée dans la commune de Guercif, qui depuis lors s'appelle municipalité de Guercif, pour l'enrichissement de son patrimoine immobilier, et par sa situation dégradée au centre de la ville, ce qui rend sa présence incompatible avec le tissu urbain de la ville qui connaît une croissance remarquable.

Finalement, la personne concernée, en coordination active avec les services communaux de Guercif, a pu intégrer ce lot de terrain au Plan d'aménagement comme un espace vert (EV8), alors qu'aucune démarche n'avait été faite pour le déménagement du cimetière juif situé au cœur dudit terrain.

La raison pourrait en être l'impossibilité de demander aux juifs de déménager leur cimetière, vu les multiples sensibilités existant à ce sujet. Un peu plus loin, un cimetière dans un endroit aussi stratégique, entre la délégation provinciale de la santé à Guercif et le lycée Hassan Dikhil et son internat, le cimetière de Sidi Moha Bernhard, d'une superficie de 6 000 mètres carrés, a été fermé pour être réinvesti comme réserve foncière[415] dans le futur ; d'ailleurs, déjà, une petite portion de forme triangulaire dans la partie sud dudit cimetière est réservée pour un espace vert dans le Plan d'aménagement de 2015 en vigueur, après démolition d'une partie du mur de clôture et reconstruction d'un autre en deçà du futur espace vert pour réaliser ce projet.

Dans le même ordre d'idées, toujours en ce qui concerne l'enrichissement de la réserve foncière par des cimetières, figure le cas de la commune d'Oujda, souk de Milia : un ancien cimetière en plein centre d'Oujda, sur un terrain donné par une dame[416] de la famille dite Al Jaarbouaa[417] ; l'objet dudit don était de conférer le terrain en vue de garantir un intérêt généralaux musulmans pour trouver un lieu d'enterrement après la fermeture du cimetière[418]. Après des décennies, le terrain se situant sur le territoire de la commune d'Oujda était utilisé par des marchands aux baraques, un souk informel : souk Melilla.

Un drame fut l'occasion de sceller le sort dudit terrain : l'incendie qui ravagea le souk le 26 août 2011. Les habous saisirent l'occasion[419] pour réclamer la propriété du terrain, car ils'agissait d'un cimetière, ce qui a incité la famille Al Jarbouaa à réclamer à son tour la propriété du terrain et porter l'affaire devant la justice. La propriété du terrain revenant finalement à la *nedharat* des habous, cette dernière avait la certitude que la commune d'Oujda projetait de reconstruire un souk moderne.

La commune d'Oujda entra en négociations avec les habous, dont la réglementation ne tolère que l'échange foncier, comme nous allons voir ensuite ; le wali intervint pour débloquer la situation : il s'agissait d'un projet économique et social, vu la situation des commerçants.

---

415 À Guercif, des projets sont programmés pour l'exploitation de la réserve foncière existante, et cela, grâce à la présence de l'autorité provinciale sur place, à Guercif. Citons, par exemple, le grand parc de la commune de Guercif qui va être transformé en marché aux légumes et poissons, le cas échéant, plus spacieux que l'ancien et situé seulement à 500 mètres ; alors que l'actuel marché aux légumes et poissons, très ancien, situé en plein centre de la ville et près de la place publique Bir Anzarane, va être démoli et être remplacé par un jardin public. Ceci, sur les instructions du gouverneur, car l'initiative ne vient jamais du Conseil communal, seulement s'il s'agit d'intérêts personnels de ses membres, bien entendu ! De même, se trouve un espace de 800 mètres carrés près de la grande fontaine du boulevard Mohamed VI et au sein de la caserne des Forces auxiliaires ; à l'extrême sud de cette caserne, dont le mur de clôture est juste en face de la fontaine, de l'agence Maroc Télécom, de la Maison de la culture, cet espace, bien qu'il se trouve derrière le mur de clôture et à l'intérieur de la caserne, la propriété en a été transférée à la commune de Guercif par le domaine privé de l'État dans le but de construire un théâtre. L'appui de l'autorité provinciale est toujours présent.

416 Enquête par entretien que nous avons mené à ce sujet à Oujda avec des anciens Oujdi et des marchands.

417 Entretien avec Mahdi Chourag, un ancien chef du service Patrimoine de la commune d'Oujda.

418 Selon Mahdi Chouraq, le collège Alouahda à Oujda est construit sur un cimetière.

419 Entretien avec Mohamed Belgaid, chef du service Patrimoine communal dans la wilaya de la région del'Oriental.

Une convention fut signée après l'accord de principe de l'échange foncier, entre l'association des marchands[420], la commune d'Oujda, la *nedharat* des habous et la société Al Omrane ; cette convention déterminait un partage des revenus du souk.

Des propositions furent faites par la commune d'Oujda à la *nedharat* des habous, en vue de procéder à l'opération de l'échange foncier avec un terrain d'un hectare se situant près de Aswak Assalam ; la *nedharat* des habous accepta enfin cette proposition. Or, selon le plan d'aménagement en vigueur, cette zone proposée n'était pas compatible avec les attentes des habous, qui envisageaient d'édifier un immeuble pour investir. L'opération d'échange foncier n'est pas encore réalisée.

C'est l'une des facettes de la procrastination des collectivités territoriales pour régulariser la situation de leur foncier. La commune d'Oujda pourrait être dans une situation plus confortable si elle avait anticipé dès le début en régularisant l'ensemble de son actif immobilier, en élargissant son assiette et sa réserve foncière par l'acquisition, l'enregistrement des dons, l'échange foncier, la délimitation de son domaine public ou l'immatriculation immobilière… L'essentiel étant d'avoir un actif foncier riche et diversifié, servant de réserve stratégique.

En France à Paris, par exemple, comme en Grande-Bretagne à Londres ou en Italie à Rome, on trouve des catacombes, et derrière chaque catacombe, il existe toute une histoire à part entière. La croissance accélérée des villes européennes a eu besoin de foncier, c'est-à-dire d'un espace supplémentaire pour son développement économique et social.

En France entre les XIIe et XIIIe siècles, la croissance des villes avait besoin de matière première et de matériaux de construction ; on choisissait donc d'étendre l'exploitation des pierres de construction au souterrain de la capitale pour l'édification d'un ensemble d'édifices comme la cathédrale Notre-Dame de Paris et le célèbre château du Louvre, les pavés[421]…

Ces carrières de pierres qui s'étendent sur des milliers d'hectares sont converties pour être des dépôts des ossements des cimetières qui ont été vidés et transformés en souterrains et descendus par des puits. En France, les catacombes sont devenues des musées de 6 millions desquelettes, soit trois fois à peu près la population de Paris ; 2 kilomètres de souterrains sur300 kilomètres au total sont visités par 480 000 visiteurs en 2018[422] ; le reste est

420 Chacun selon la superficie occupée.

421 Casteigts Michel, « La gouvernance environnementale, entre management des organisations et management des territoires », 3e rencontres Ville-Management, *in* Le Duff R. et Rigal J. J. (dir.), 2000, *Maire et environnements, menaces ou opportunités ?*, Paris, Dalloz, 1999.

422 In : http://www.club-innovation-culture.fr/frequentation-musees-patrimoine-france-monde-2018/ consulté, le 17/01/2019, à 15 heures.

interdit à la visite mais il y a des aventuriers, les cataphiles[423], qui tentent chaque fois de franchir ces 300 kilomètres. Seulement 250 kilomètres sont connus par l'Inspection générale des carrières,une vraie ville souterraine sous Paris. Il y a ceux qui pratiquent clandestinement des rituels et des fêtes dans ces catacombes.

Une brigade spéciale souterraine « les cataflics[424] » a été créée pour préserver l'ordre souterrain et réguler la population « souterraine » de ce « Paris souterrain ». À Paris, à Londres, à Rome, chaque catacombe a une histoire. En France, dans ces souterrains, sont gravés les noms des jardins et des rues du XVIIIe siècle pour l'éternité ; c'est une grande ville souterraine : il y a des salles, des tunnels et des bassins d'accumulation d'eau de source, par exemple, sous le jardin du Luxembourg ; on parle de musées des catacombes : des galeries d'os et de crânes, bien organisées et façonnées d'une manière artistique et décorative, font l'objet d'une attraction touristique, un vrai patrimoine à préserver et à protéger avec ses carteset ses galeries d'ossements.

Ses monuments et son histoire, patrimoine souterrain, difficile à gérer, entretenir et valoriser par les autorités publiques, ce qui nécessite des fonds colossaux et beaucoup d'efforts pour pouvoir manipuler un lieu si vide et si immense et compliqué avec des trésors cachés.

Certains cataphiles nous amènent à penser aux tumulus de Marzouga et du sud du Maroc, 70 000 ans. Les habitants de l'ancienne Marzouga ont un rituel : une famille, qu'elle soit grande ou petite, riche ou pauvre, creusait une grande tombe pour tous ses membres, avec leurs biens précieux ; cette tombe est creusée soit en dessous, au milieu ou en au-dessus d'une colline, selon leur position sociale, et ils se suicidaient tous après avoir pénétré dans la grande tombe en se faisant écraser par de grosses pierres en guise d'inhumation, car ils craignaient le mépris de leurs dieux après chaque défaite[425].

---

[423] Des cataphiles sont sensibilisés à préserver ce patrimoine et à protéger avec des cartes son histoire ; ils ont des codes, « les catatractes », qui les laissent entre eux dans les tunnels des couloirs des catacombes et leurs salles, ils cherchent l'isolation et une société propre à eux ; ils parlent de la personnalité solutréenne, la « communauté cataphile », il y a une lutte entre ceux qui préservent et restaurent pour garder les traces du passé et ceux qui dégradent et volent ce patrimoine.

[424] « Les cataphiles ont creusé des chatières, des raccourcis pour lier les galeries, ils ont aussi des cartes des catacombes dites aussi l'ossuaire, un vrai danger pour les cataphiles et les cataflics : Le carrefour de morts », in http://paranormal-history.over-blog.com/2015/12/les-catacombes-de-paris.html.

[425] Entretien avec l'un des grands fondateurs de la Fédération des associations mondiales Al Amal, écrivains et chercheurs. La Fédération des associations Al Amal est une partenaire active de l'Association des agents et fonctionnaires de la province de Guercif pour les œuvres sociales, dont nous sommes membre et avons été vice-président. Notons aussi que cette association n'accepte pas les dons de l'État, mais seulement les cotisations de ses membres.

À Guercif en 2012, le gouverneur a confié à Acima et Autohall un terrain de 4 hectaressur la route nationale n° 6 dont la condition était d'accepter leur investissement en contrepartie de recruter le plus grand nombre d'habitants de la province. Les deux sociétés n'ont pas accepté, l'investissement n'a pas été effectué.

Le terrain appartenant actuellement au domaine privé de l'État, le Conseil communal de Guercif entend y élaborer certains projets, dont des espaces verts et des terrains de sport, à côté de l'unique salle couverte actuelle de Guercif. L'administration des domaines à Oujda n'a pas accepté la cession de son terrain ; toutefois, en contrepartie, elle a proposé au Conseil communal la location du terrain en application, bien entendu, d'un cahier des charges.

Les services de la province de Guercif, dans le but d'avoir une réserve foncière stratégique, ont procédé, *via* le Conseil provincial de Guercif, à l'acquisition de 15 hectares, juste après le nouveau siège de la province sur la route nationale n° 6, vers Taza, afin d'édifier plusieurs projets et équipements stratégiques :

– Un complexe religieux, administratif et culturel ;

– Un complexe sécuritaire ;

– Un complexe sportif, des terrains de sport, notamment de tennis.

Ladite zone a été réservée aussi à un noyau universitaire[426], comme a proposé l'ex-gouverneur de la province de Guercif, autrement dit une faculté pluridisciplinaire ; néanmoins, l'actuel gouverneur de la province a décidé de chercher un autre endroit pour des raisons de sécurité, car cette zone est située directement sur la route nationale, tout en gardant ledit terrain comme réserve foncière stratégique pour d'autres projets éventuels.

---

426 Même avant la proposition de celle de Taourirt. Les services provinciaux n'ont pas présenté au gouverneur un nouvel endroit, cela va attendre l'avènement du Programme de développement intégré (PDI) pour planifier ce projet dans le cadre de ce programme.

Chapitre III
La gestion rationnelle, un élément déclencheur du développement territorial

Le cadre juridique inadéquat et obsolète, l'absence d'une structure spécialisée et dédiée à la gestion du patrimoine au sein de l'administration communale, le problème de l'affectation de ressources humaines spécialisées capables d'opérer un suivi et une analyse financière de la situation domaniale… et, enfin, l'absence d'une vision et d'une volonté réelle de la part des conseillers communaux pour la conception et la mise en œuvre d'une politique rationnelle de gestion du domaine constituent les principaux facteurs qui entravent, jusqu'à présent, une gestion performante du patrimoine[427].

D'autres contraintes s'imposent aux communes et rendent urgente une gestion optimisée du patrimoine. Il s'agit, premièrement, de la contrainte réglementaire résultant de l'entrée en vigueur du décret portant comptabilité des collectivités locales et de leurs groupements obligeant les communes à tenir une comptabilité générale conformément aux normes du Plan comptable[428]. Par ailleurs, nous signalons à cet égard que le décret n° 2.17.451 du 23 novembre 2017 relatif à la comptabilité publique des communes et des établissements de coopération entre les communes[429] n'a

---

[427] Charles Jean, *Gestion et valorisation du patrimoine communal*, les Éditions de Edilivre-Aparis, Paris, 2015. Voir aussi Bellaoui A., « L'organisation régionale au Maroc : vers une plus grande artificialisation de l'espace géographique », in *Les territoires à l'épreuve des normes : référents et innovations : contributions croisées sud-africaines et marocaines*, LERMA et *Montagnes méditerranéennes*, 2009, p. 79-92.

[428] Dans ce cadre, les établissements, confrontés à une complexité de contraintes, dont celle du déséquilibre de leurs relations avec la collectivité où ils sont implantés n'est pas la moindre, doivent pouvoir disposer d'une structure d'assistance qui leur permette, sur la base d'une saisine volontaire, de conduire des négociations de cession dans une relation plus équilibrée tant avec les communes qui maîtrisent leur plan local d'urbanisme qu'avec des acquéreurs potentiels.

[429] *B.O.* n° 6626 du 30 novembre 2017.

pas été suffisamment évoqué dans cette thèse, cela, dans le but d'élargir la liberté d'action des conseils communaux dans la gestion de leurs finances, autrement dit le décret de 2017 a apporté le contrôle de régularité aux actes pris par ces conseils des élus. Néanmoins, nous allons traiter seulement de décret du 2010 sur la comptabilité générale des collectivités locales et de leurs groupements en vue de mettre en lumière la liberté d'action octroyée auxdits conseils communaux, et qui a été mal utilisée par ces conseils.

Le patrimoine des collectivités territoriales se situe au cœur des politiques locales d'aménagement et de développement durable. À ce titre et pour répondre aux besoins croissants de la population, les communes et leurs groupements sont amenés à acquérir des biens immobiliers et à les mettre en valeur pour la réalisation de divers objectifs d'intérêt général : habitat, accueil ou extension des activités économiques, opérations d'urbanisme, de construction, de protection de l'environnement, actions en faveur des loisirs et du tourisme[430].

La contrainte, liée au coût élevé de la maintenance et de l'entretien des biens supporté par le budget communal, et la contrainte, résultant de la nécessité de dégager des espaces financiers suffisants pour financer le développement local, obligent les communes à envisager de mettre en place une gestion optimisée du patrimoine communal.

De ce fait, seule une véritable réforme du régime juridique pourra libérer le domaine communal pour qu'il puisse remplir réellement sa fonction économique et financière. La nécessité d'adopter des outils modernes de gestion du patrimoine communal s'ajoute à celle d'entamer une réforme juridique pour dessiner les contours d'une gestion rationnelle du patrimoine communal.

---

[430] Charles Jean, *Gestion et valorisation du patrimoine communal*, *op. cit.*, p. 25.

Section I. La reconsidération du cadre juridique régissant le patrimoine communal

Le régime juridique régissant le patrimoine communal est devenu obsolète et inadéquat[431], son actualisation et sa reconsidération sont devenues une nécessité impérieuse. Cette actualisation doit tenir compte de l'évolution actuelle de la décentralisation et desdifférentes réformes financières engagées. Elle doit tenir compte, également, du contexte général visant le renforcement de l'investissement et l'encouragement du secteur privé, et, enfin, elle doit satisfaire aux nouveaux besoins résultant de l'urbanisation rapide et de la pression démographique[432].

Une réconciliation des intérêts des particuliers (utilisateurs et exploitants) avec ceux des communes propriétaires est impérative.

Pour ce faire, l'esprit de cette réforme doit être guidé par les soucis de gestion économique et de valorisation afin d'en tirer le meilleur profit. Elle doit s'inscrire dans un processus de simplification et d'assouplissement des procédures et doit, de ce fait, écarter toutes les formes de gestion stériles[433].

Les développements qui suivent seront consacrés à la présentation de la nouvelle configuration de cet arsenal juridique et aux principaux éléments qui devront être pris en compte lors de l'élaboration de ce nouveau texte juridique. Mais avant d'évoquer ce point, il est primordial d'aborder l'une des principales expériences étrangères réussies en matière de réforme domaniale pour s'en inspirer et pour en tirer les leçons, l'expérience française en l'occurrence. Les conclusions d'une étude comparative avec la France y seront exposées. Une sorte de benchmarking, qui va justifier le choix des modes de gestion à adopter et les manières dont ils vont être assurés.

§1. La réforme domaniale en France

En 2006, la France a engagé une réforme domaniale touchant la propriété de l'ensemble des collectivités publiques. L'objectif de cette réforme était de moderniser le droit de la propriété à travers la simplification de ses règles

---

431 Amougou Emmanuel, *La Question patrimoniale, de « la patrimonialisation » à l'examen de situationsconcrètes*, Paris, L'Harmattan, 2004, p. 86.

432 Hertzog Robert, « La réforme des collectivités territoriales : une ambition financière », *Revue française d'administration publique*, n° 141/2012, p. 121-137. Voir aussi Hastings-Marchadier (Antoinette), « Les financements croisés dans les budgets locaux », *Droit et gestion des collectivités territoriales*, 2011, p. 123 à 137.

433 Il s'agit de la finalité financière qui est une priorité en raison de la crise des finances publiques qui domine toutes les politiques. Si ses manifestations immédiates ont presque épargné les collectivités territoriales, elle exige désormais que celles-ci contribuent à la maîtrise des finances publiques et à l'amélioration des performances des administrations. Cet objectif se traduit par deux séries de mesures.

juridiques et de leur harmonisation afin d'en améliorer la productivité[434]. Alors que les textes qui étaient applicables au droit domanialaccusaient une complexité croissante, renforcée par leur caractère épars, la réforme ainsi engagée a opéré une importante synthèse juridique, en regroupant en un seul code l'ensemble des dispositions afférentes au domaine des collectivités publiques.

L'assouplissement des règles de gestion du patrimoine des personnes publiques (A) et l'introduction de nouvelles règles permettant la gestion économique du domaine public (B) sont les principaux traits marquant cette réforme juridique.

A. L'assouplissement des règles de la gestion du patrimoine des personnes publiques

L'ordonnance n° 2006-460 du 21 avril 2006 a donné naissance à une réforme législative du Code général de la propriété des personnes publiques (CGPP)[435]. Le code ainsi adopté s'applique aux biens et aux droits à caractère mobilier ou immobilier appartenant à l'État, aux collectivités territoriales et à leurs groupements ainsi qu'aux établissements publics[436].

Ce code a commencé, tout d'abord, par une clarification des notions fondamentales permettant la détermination du périmètre domanial (a), et il a, ensuite, introduit des règles permettant une gestion modernisée du patrimoine immobilier des personnes publiques (b).

a. La clarification des notions fondamentales déterminant le périmètre domanial

Ce code a donné une nouvelle définition du domaine public immobilier qui marque une distinction entre les biens affectés à l'usage direct du public et ceux affectés à un service public. Pour la première catégorie, le code a rompu avec le droit antérieur. Désormais, le seul fait qu'un bien soit la propriété d'une personne publique et soit affecté à l'usage direct du public suffit à le faire entrer dans le domaine public. La condition liée à l'existence d'un aménagement spécial a disparu.

S'agissant des biens affectés à une mission de service public, l'exigence d'un aménagement est maintenue mais modifiée. Alors que la jurisprudence exigeait un aménagement spécial, le code a introduit un aménagement indispensable à l'exécution de la mission de service public à condition que

---

[434] Gohin Olivier, Degoffe Michel, Maitrot de la Motte Alexandre, *Droit des collectivités territoriales*, Éditions Cujas, 2015, p. 708.

[435] *JO* du 22/04/2006 : « Dossier législatif de l'ordonnance n° 2006-460 du 21 avril 2006 relative à la partie législative du Code général de la propriété des personnes publiques » ; *JO* du 24/11/2011 : « Décret n° 2011-1612 du 22 novembre 2011 relatif aux première, deuxième, troisième et quatrième parties réglementaires du Code général de la propriété des personnes publiques ».

[436] Article L. I du Code CGPP.

les aménagements soient en cours. Il n'est donc plusnécessaire qu'ils soient achevés[437]. Le code a également consacré la notion de domaine public mobilier en le définissant : font partie du domaine public mobilier de la personne publique propriétaire « les biens présentant un intérêt public du point de vue de l'histoire, de l'art, de l'archéologie, de la science ou de la technique, notamment », une liste non exhaustive est ensuite donnée[438].

La condition de l'affectation à l'usage du public et la condition de l'aménagement ne s'appliquent pas ici. Le code a introduit, également, une innovation concernant la théorie de l'accessoire. Aux termes de ce code, « font également partie du domaine public les biens qui, concourant à l'utilisation d'un bien appartenant au domaine public, en constituent un accessoire indissociable[439] ». Les critères de l'indissociabilité physique et du lien fonctionnel sont figés et fusionnés. L'application de la théorie de l'accessoire est donc conditionnée par la présence de ces deux critères cumulatifs.

Quant au domaine privé, il est défini comme étant l'ensemble des biens ne relevant pasdu domaine public. Toutefois, le code a ajouté une catégorie de biens appartenant au domaine privé. « Font notamment partie du domaine

---

[437] Article L. 2111-1 du CGPP.

[438] L'article L. 2112-1 du CGPP prévoit : « Sans préjudice des dispositions applicables en matière de protection des biens culturels, font partie du domaine public mobilier de la personne publique propriétaire les biens présentant un intérêt public du point de vue de l'histoire, de l'art, de l'archéologie, de la science ou de la technique, notamment :

1. un exemplaire identifié de chacun des documents dont le dépôt est prescrit aux fins de constitution d'une mémoire nationale par l'article L. 131-2 du Code du patrimoine ;

2. les archives publiques au sens de l'article L. 211-4 du Code du patrimoine ;

3. les archives issues de fonds privés entrées dans les collections publiques par acquisition à titre onéreux,donation ou legs ;

4. les découvertes à caractère mobilier devenues ou demeurées propriété publique en application du chapitre 3 du titre II et du chapitre 1er du titre III du Livre V du Code du patrimoine ;

5. les biens culturels maritimes de nature mobilière au sens du chapitre 2 du titre III du Livre V du Code dupatrimoine ;

6. les objets mobiliers classés ou inscrits au titre du chapitre 2 du titre II du Livre VI du Code du patrimoine ou situés dans un immeuble classé ou inscrit et concourant à la présentation au public de parties classées ou inscritesdudit immeuble ;

7. les objets mobiliers autres que ceux mentionnés au 6° ci-dessus, présentant un intérêt historique ou artistique, devenus ou demeurés propriété publique en application de la loi du 9 décembre 1905 concernant la séparation des Églises et de l'État ;

8. les collections des musées ;

9. les œuvres et objets d'art contemporain acquis par le Centre national des arts plastiques ainsi que lescollections d'œuvres et objets d'art inscrites sur les inventaires du Fonds national d'art contemporain dont le centre reçoit la garde ;

10. les collections de documents anciens, rares ou précieux des bibliothèques ;

11. les collections publiques relevant du Mobilier national et de la Manufacture nationale de Sèvres. »

[439] Article L. 2111-2 du CGPP.

privé les réserves foncières et les biens immobiliers à usage de bureaux, à l'exclusion de ceux formant un ensemble indivisible avec des biens immobiliers appartenant au domaine public[440]. »

b. La gestion rénovée du patrimoine immobilier des personnes publiques

Par dérogation à la règle de l'inaliénabilité du domaine public, le Code du CGPP a autorisé les transferts de propriété entre personnes publiques en cas d'un changement de service public qui maintient le bien cédé sous un régime de domanialité publique[441].

En effet, il est permis à la personne publique propriétaire, en cas de cession à l'amiableentre personnes publiques, de s'affranchir expressément de la contrainte du déclassement préalable du domaine public. La même simplification est réalisée pour les échanges d'immeubles, ce qui est de nature à faciliter de nombreuses opérations foncières entre l'État et les collectivités territoriales, notamment en présence d'un domaine public relevant d'unepersonne publique autre que celle qui conduit l'opération[442].

Ces transferts sont subordonnés à la condition que la continuité du ou des services publics qui y sont installés soit préservée par des clauses contractuelles *ad hoc*. Les mécanismes ainsi prévus sont destinés à permettre, lorsque cela s'impose, une redistribution des propriétés publiques.

Il s'agit là d'un assouplissement considérable sollicité depuis longtemps tant par la doctrine que par les praticiens.

Enfin, le code (article L. 3112-3) a permis également des échanges avec des biens appartenant à des personnes privées ou relevant du domaine privé de personnes publiques, dans le but d'améliorer les conditions d'exercice d'une mission de service public[443]. Ce dernier article vise à permettre de réaliser des modifications ou des extensions de l'assise territoriale des services publics. À la différence des deux cas précédents, ces échanges ont lieu après déclassement, ce qui s'explique par le fait que le bien échangé n'est plus destiné à rester affecté à l'exercice de la mission de service public.

B. L'introduction des règles de gestion économique du domaine public

La conception classique de la domanialité publique considère le domaine public comme un domaine improductif. Ce dernier implique, de ce fait, seulement, une protection au sens étroit du terme, et il ne peut être l'objet d'une exploitation économique[444]. Cette protection, certes nécessaire, a des

---

[440] Article L. 2212-1 du CGPP.
[441] Article L. 3112-1 du CGPP.
[442] Article L. 3112-2 du CGPP.
[443] Article L. 3112-3 du CGPP.
[444] Mondou Christophe, « La définition du domaine public des collectivités territoriales depuis le CGPPP », *AJCT*, 2016, p. 600.

conséquences déraisonnables eu égard aux opportunités liées à la valorisation économique de ce domaine. Conscient de ces conséquences déraisonnables, le législateur français a introduit des dispositions permettant la gestion économique de ce domaine. L'octroi aux occupants du domaine public de droits réels (a) et l'admission de servitudes conventionnelles sur ce domaine (b) traduisent cette volonté de fairedu domaine public un domaine d'exploitation économique.

a. L'octroi aux occupants du domaine public communal de droits réels

Le code a apporté une grande nouveauté en permettant aux collectivités territoriales, à leurs groupements ou à leurs établissements publics de délivrer des autorisations d'occupation du domaine public constitutives de droits réels[445]. Ce type d'autorisation s'ajoute à la possibilité déjà existante pour les collectivités territoriales de contracter des baux emphytéotiques administratifs (BEA)[446].

Les collectivités ne peuvent délivrer ces autorisations qu'en vue de l'accomplissement, pour leur compte, d'une mission de service public ou en vue de la réalisation d'une opération d'intérêt général relevant de leur compétence. Le titulaire de ce titre possède un droit réel sur les ouvrages, constructions et installations à caractère immobilier qu'il réalise pour l'exercice de cette activité.

Ce droit réel confère à son titulaire, pour la durée de l'autorisation, les prérogatives et obligations du propriétaire. Ce type d'autorisation se distingue du BEA, notamment par son caractère unilatéral (une autorisation et non un contrat de bail) ou encore par sa durée (70 ans maximum). Cette durée est fixée en fonction de la nature de l'activité et de celle des ouvrages autorisés en tenant compte de l'importance de ces derniers.

L'introduction de cette disposition permet d'ores et déjà aux investisseurs privés d'entamer des travaux de grande envergure sur le domaine public des collectivités territoriales et d'amortir leurs investissements tout en leur garantissant l'accès aux emprunts nécessaires à la réalisation des ouvrages projetés sur le domaine public. Selon les dispositions du code susmentionné, la redevance prévue pour l'occupation temporaire du domaine public doit tenir compte des avantages de toutes natures procurés au titulaire de l'autorisation[447].

---

[445] Articles L. 3112-5 à 3112-8 du CGPP.

[446] Le BEA permet ainsi à une collectivité territoriale propriétaire d'un terrain de le louer à un tiers, qui pourra construire un ouvrage sur le domaine public ensuite, le louer à cette collectivité. Le BEA a pour but soit d'accomplir, pour le compte d'une collectivité territoriale, une mission de service public, soit de réaliser une opération d'intérêt général entrant dans les compétences de la collectivité intéressée, soit d'affecter à une association cultuelle un édifice du culte ouvert au public.

[447] Les articles de L. 2125-3 à L. 2125-5 et de L. 2321-1 à L. 2323-14.

La redevance présente désormais un caractère économique dans la mesure où la commune bénéficiera, au même titre que l'exploitant, des profits tirés par celui-ci du fait de son occupation du domaine public. Auparavant, la redevance ne permettait pas de restituer à la commune une partie des bénéfices que procure à l'occupant l'occupation privative du domaine public.

b. L'admission de servitudes conventionnelles dans le domaine public

Le Code général de la propriété publique des personnes publiques consacre la possibilité de constituer des servitudes conventionnelles sur le domaine public et en détermine les modalités[448]. Il est bien admis que l'interdiction des servitudes sur le domaine public concerne non seulement les servitudes légales, telles la servitude de vue ou la servitude de passage en cas d'enclave, mais également les servitudes réelles du fait de l'homme, qui seraient établies par voie de convention.

Une telle incompatibilité a été posée en principe par la jurisprudence française[449] et affirmée comme une conséquence nécessaire de la domanialité publique : « Aucune servitude ne peut être valablement instituée sur le domaine public ».

L'institution de telles servitudes est totalement exclue postérieurement à l'incorporation d'un bien dans le domaine public. En revanche, la jurisprudence admet l'existence de servitudes préconstituées si elles sont compatibles avec l'affectation du domaine[450] ; et si l'affectation implique leur suppression, celle-ci donne droit à une indemnité[451].

L'insertion d'une disposition reconnaissant la possibilité de constituer des servitudes postérieurement à l'appartenance du bien au domaine public suscite un grand intérêt. Cette disposition est destinée à sécuriser toute une série d'opérations, en particulier celle de la division en volumes, et à assurer une meilleure coexistence des propriétés publiques etprivées[452].

---

[448] Article L. 2122-4 du CGPP.

[449] Alain Pellet et Alina Miron, *Les Grandes décisions de la jurisprudence française de droit internationalpublic*, Éditions Dalloz, 2015, p. 524.

[450] Kiss Alexandre Charles, « Note de jurisprudence française », in *Annuaire français de droit international*, vol. 4, 1958, p. 781-790.

[451] L'idée de gestion caractérise la conception moderne du domaine public, dans laquelle l'affectation domaniale ménage une place à l'exploitation. Parce que la possibilité de tirer parti d'un bien découle ordinairement du droit de propriété, l'idée de gestion confère une légitimité théorique à la valorisation du domaine public ; elle est une conséquence logique de la vision propriétariste. Voir aussi C. Maugüe et Gille Bachelier, « Le Code général dela propriété : le droit des biens enfin modernisé », *Les Cahiers de la fonction publique*, mai 2006, n° 256.

[452] Chevalier Gilles, « Les fondements idéologiques du droit administratif français », in *Variations autour de l'idéologie de l'intérêt général*, vol. 2, PUF, CURAPP, 1979, p. 3 à 57, p. 49.

Des servitudes conventionnelles peuvent désormais être créées sur le domaine public, quelles que soient les personnes publiques propriétaires, et ce, au profit tant de personnes publiques que de personnes privées, sous réserve que ces servitudes soient compatibles avec l'affectation du domaine[453].

Cela permettra d'organiser la coexistence des volumes privés aliénés avec le domaine public conservé, les premiers et le second étant étroitement imbriqués, et d'établir des rapports réels sûrs et stables des voisins du domaine avec le domaine public conservé.

L'existence d'un réseau de servitudes réciproques, négociées et établies conventionnellement est la condition de la bonne viabilité juridique des immeubles complexes. Si la réforme du droit des propriétés publiques en France s'inscrit dans un cadre de valorisation du domaine public et de modernisation de la gestion du patrimoine des personnes publiques, quelle est la situation au Maroc ?

§2. La réforme domaniale en droit marocain

Conscients de la nécessité de renforcer et de rationaliser la gestion du patrimoine communal, les pouvoirs publics ont envisagé un projet de loi sur le patrimoine communal. Son objectif est de combler les lacunes de la loi actuelle qui ne s'adapte pas à l'exigence d'une gestion moderne de ce patrimoine.

Un projet de loi est bloqué depuis 2009, deux propositions de ce projet ont été faites en 2017 et en 2018, promulguées en fin par la loi n° 57-19 relative aux biens immobiliers des collectivités territoriales (*B.O.* n° 7006 en date du 14/07/2021), qui consacre, quant à nous, un tas de critiques et de remarques ; certes, elle a consolidé les deux textes abrogés, alors qu'elle a ancré plus de carences en dépassant un tas de dispositions phares consenties par lesdits textes, ce qui nous amène à juger ce remaniement en tant qu'une tentative inachevée. Toutefois, le projet de loi sur le patrimoine immobilier des collectivités territoriales n° 02-09 est le précurseur de cet amendement. Un focus sur les grandes lignes de ce projet s'avère nécessaire pour pouvoir apprécier son apport à la gestion rationnelle du domaine communal.

---

[453] Dumez Hervé et Jeunemaître Alain, « Les partenariats public-privé, nouveaux venus du management public », revue *Politiques et management public*, vol. 21, n° 4, décembre 2003. Selon les auteurs, les contrats de partenariats sont une nouvelle mode qui touche le management public. Ces contrats peuvent s'analyser comme une nouvelle forme d'« hybridation ». Les PPP seraient censés combiner les points forts de la puissance publique qui régule, du secteur public fort de ses valeurs de dévouement et du secteur privé caractérisé par sa capacité d'innovation et d'efficience gestionnaire. Toutefois, les auteurs ont démontré que la réalité était plus nuancée au regard des projets britanniques d'Airwave et de contrôle aérien.

A. Focus sur les grandes lignes du projet de loi sur le domaine communal

Le projet de loi n° 02-09 relatif au domaine communal est divisé en quatre titres : le titre I est consacré aux dispositions générales ; le titre II concerne le domaine public communal et comprend trois chapitres qui traitent respectivement de la question du classement et du déclassement, de la délimitation et de l'exploitation du domaine public communal ; le titre III est réservé au domaine privé communal qui comprend, à son tour, deux chapitres régissant respectivement les transactions immobilières et l'exploitation de ce domaine ; le titre IV est consacré aux dispositions diverses.

Pour ce qui est du contenu du projet, ses principales dispositions s'articulent autour despoints suivants :

- l'uniformisation des statuts du domaine des communes rurales et du domaine des communes urbaines ;
- la composition du domaine communal qui comprend tous les biens immeublespropriétés de la commune ;
- le maintien du principe de la distinction entre un domaine public communal et un domaine privé communal, malgré toutes les critiques émises ;
- l'institution de l'obligation de la présentation du sommier de consistance à l'examen et au vote du Conseil communal ;
- la consécration du critère de la propriété de la collectivité et du critère de l'affectationformelle soit à l'usage du public, soit pour le fonctionnement d'un service public communal ; ladite affectation sera effectuée sur la base d'une délibération du Conseil communal, approuvée par arrêté du gouverneur, la désaffectation est décidée dans les mêmes formes ;
- le maintien des règles protectrices du domaine public communal qui sont l'inaliénabilité, l'insaisissabilité, l'imprescriptibilité et l'impossibilité de faire l'objet d'expropriation pour cause d'utilité publique ou de donner lieu à des droits réels immobiliers ;
- la détermination de la procédure de la délimitation des biens du domaine public communal, délimitation fixée par arrêté du président du Conseil communal après délibération dudit conseil et après enquête publique de deux mois à compter de la date de publication du projet de ladite délimitation au *B.O.* ; la délimitation de la voirie publique et la reconnaissancede la domanialité publique des routes, pistes ou rues sont toujours régies par les dispositionsde la loi n° 12-90 relative à l'urbanisme ;
- la consécration de l'occupation temporaire du domaine public, avec ou sans emprise, comme mode d'exploitation de ce dernier : l'occupation temporaire sans emprise est autorisée par arrêté du président du Conseil communal, conformément à un arrêté réglementaire pris après délibération du Conseil communal et visa du ministère de l'Intérieur ou son délégué pour

les communes urbaines et après visa du gouverneur pour les communes rurales ; l'occupation temporaire avec emprise est autorisée par arrêté du président du Conseil communal après délibération dudit conseil, cet arrêté n'est exécutoire qu'après visa du gouverneur ;

• la généralisation du recours à l'adjudication publique pour octroyer l'autorisation de cette occupation, notamment lorsqu'il s'agit d'une utilisation pour usage commercial, industriel ou professionnel, le président du Conseil communal a recours à cette adjudication sur la base d'un cahier des charges type et d'un prix d'ouverture préalablement approuvé par le Conseil communal ;

• le maintien de la règle de précarité des autorisations de l'occupation temporaire, délivrée à titre personnel et à titre précaire, quelle que soit la durée fixée par l'arrêté yafférent ;

• la nécessité de motiver l'arrêté portant révocation de l'autorisation de l'occupation temporaire par le président du Conseil communal : lorsque l'intérêt général l'exige, ladite autorisation peut être révoquée sans indemnité dans un délai de trois mois à compter de la date de notification de la révocation au bénéficiaire ;

• la redevance d'occupation temporaire est révisée suivant la durée fixée par l'arrêté d'occupation temporaire ; toutefois, la durée séparant deux révisions successives ne peut dépasser trois ans. Elle est également révisée suivant le pourcentage fixé dans l'arrêté d'occupation temporaire.

Après cet aperçu sur les principales dispositions juridiques de ce nouveau projet de loi, il y a lieu de s'interroger sur leurs apports quant à la gestion rationnelle du patrimoine.

B. Le patrimoine des collectivités publiques : vers une codification cohérente

Malgré les nouveautés apportées par ce projet de loi sur le patrimoine communal, ses dispositions sont encore loin de refléter la réalité et les changements que connaît actuellement le pays. On peut avancer qu'il existe un grand décalage entre le contenu de ses dispositions et l'environnement dans lequel ses dispositions vont être appliquées. La tendance actuelle caractérisant la gestion communale, et qui fait des communes un acteur de développement local, exige que lesdites dispositions se conforment à cette tendance et soient ainsi au service de cette nouvelle mission.

Or, les dispositions juridiques telles qu'elles sont présentées dans le projet de loi ne permettent guère de suivre cette tendance, d'où la nécessité d'introduire et d'envisager d'autres dispositions juridiques à même de répondre à cette exigence (a). Cette réforme ne peut être efficace que si elle est accompagnée par les mesures nécessaires à son implémentation. La réforme domaniale doit être conçue dans sa globalité (b).

a. Les indispensables dispositions supplémentaires

Pour parfaire cette initiative prise pour la réforme du texte juridique régissant le patrimoine communal, ce projet de loi se doit d'être complété par ce qui suit :

– La conception d'un texte juridique global régissant le patrimoine de toutes les collectivités publiques, à l'instar du cas français, est impérative. En effet, la tendance actuelle visant le renforcement de la décentralisation et le chantier de réforme ouvert pour la régionalisation avancée exigent qu'une réforme globale soit adoptée[454].

– La codification de la législation patrimoniale permettra de faciliter les transferts de propriétés entre personnes publiques : que ce soit au niveau des cessions ou au niveau des échanges ou même au niveau des acquisitions gratuites, et de résoudre ainsi les différents problèmes de nature foncière existant entre les personnes publiques et, éventuellement, entre ces personnes et celles de droit privé[455]. Ces transferts, faute de pouvoir supprimer la règle « d'impossibilité d'exproprier le domaine public », doivent préserver la continuité du ou des services publics qui y sont installés et doivent également respecter le droit de propriété de la collectivité dépossédée ainsi que les avantages qui en découlent.

– La consécration de la notion de domaine mobilier est nécessaire. Ce dernier fait partie du patrimoine communal, et sa prise en compte par le projet de loi s'avère importante, d'autant plus que le nouveau décret n° 2-09-441 du 3 janvier 2010 portant règlement de la comptabilité publique des collectivités locales et de leurs groupements[456] a prévu la tenue de la comptabilité générale, conformément à un Plan comptable obéissant aux principes du Code général de normalisation comptable.

– La nécessité de prévoir des règles juridiques de nature à permettre la coexistence du régime du domaine communal avec les régimes de la copropriété et de la construction en volumes, et ce, à travers l'octroi des possibilités de constituer des servitudes conventionnelles sur le domaine public, sous réserve que ces servitudes soient compatibles avec l'affectation dudomaine[457].

---

454 Hussenot Philippe, *La gestion publique par objectifs*, Éditions d'Organisation, Paris 1983, p. 102.

455 Noguellou Rozen, « Le droit des propriétés publiques, aspects constitutionnels récents », *AJDA*, 2013, p. 986.Voir aussi R. Guillien, « Droit public et droit privé », in *Mélanges offerts à J. Brethe de La Gressaye*, Éd. Bière, 1967.

456 Modifié et complété par le décret n° 2.17.449 en date du 23 novembre 2017 relatif à la comptabilité publique des régions et de leurs groupements.

457 Fait plus signifiant, l'émergence d'un droit composite marqué par l'hybridation des catégories traditionnelles ne peut occulter l'importance quantitative et qualitative des mécanismes officiels de production du droit dont la configuration formelle reste inchangée (lois, règlements, permis, prestations, subventions, contrats administratifs). Tous les éléments traditionnels du droit public sont encore fonctionnels. Dans cette perspective marquée par la continuité, la gouvernance constitue une stratégie d'élargissement des mécanismes, des

– L'extension parfois abusive de la domanialité publique par la législation et l'interdiction de constituer des servitudes sur le domaine public ne permettent guère la coexistence entre ce dernier et les différents modes d'utilisation de l'espace. Le marché foncier est devenu, aujourd'hui, un marché de la rareté, d'où la nécessité d'envisager des issues en vue de sortir de la crise de la pénurie des sols.

– La consécration des règles juridiques permettant l'exploitation économique du domaine par ce qui suit :

- Étendre les cas et les motifs de retrait de l'autorisation d'occupation temporaire par la collectivité aux motifs financiers ou d'ordre économique.
- Revoir les redevances instituées par la loi n° 30-89 sur la fiscalité locale et qui sont encore en vigueur en vertu de la loi n° 39-07 édictant des dispositions transitoires en ce qui concerne certaines taxes, droits, contributions et redevances dues aux collectivités locales[458]. La redevance perçue à l'occasion des occupations temporaires devra tenir compte des bénéfices réalisés par l'exploitant du domaine communal, de l'emplacement de la parcelle occupée, de sa valeur locative et de l'activité exercée par l'exploitant du domaine.
- Limiter les effets de la règle de précarité par la délivrance des autorisations d'occupation du domaine public constitutives de droit réel. Ce droit réel confère à son titulaire, pour la durée de l'autorisation, les prérogatives et obligations du propriétaire. Ceci permettra aux investisseurs privés d'entamer des travaux de grande envergure sur le domaine public des collectivités territoriales et d'amortir leurs investissements tout en leur garantissant l'accès aux emprunts nécessaires à la réalisation des ouvrages projetés sur le domaine public. L'indemnisation des installations non amorties en cas de retrait de l'autorisation d'occupation avant le terme prévu devra être également prévue.
- Permettre aux collectivités territoriales de contracter des baux emphytéotiques administratifs (BEA) sur le domaine public communal mais tout en conservant le patrimoine de la collectivité territoriale[459]. Les

---

dispositifs, des choix, quitte en fin de compte à dépasser les frontières du droit pour des impératifs d'efficacité ou dans le but de trouver des solutions de rechange. Nous avons constaté dans des travaux antérieurs l'existence de mécanismes néo-réglementaires qui servent de terrain d'expérimentation pour un double fonctionnel qui est largement le produit du droit officiel. C'est donc entre l'émergence d'un nouveau paradigme propre à la gouvernance publique et la pérennité du modèle classique d'administration publique qu'évoluent actuellement les modes de gestion et la conception des politiques publiques.

[458] *B.O.* n° 5591 du 31/12/2007.

[459] Le BEA a pour but soit d'accomplir, pour le compte d'une collectivité territoriale, une mission de service public, soit de réaliser une opération d'intérêt général entrant dans les compétences de la collectivité intéressée, soit d'affecter à une association cultuelle un édifice du culte ouvert au public.

délégations de services publics permettent uniquement aux particuliers de réaliser un ouvrage public ou d'exécuter une mission de service public.

- Le contrat d'affermage est très proche de la concession et ne permet que l'exploitation d'un service public local. En ce qui concerne l'occupation du domaine public des collectivités territoriales, les A.O.T. (régime classique) n'offrent pas autant de garanties aux investisseurs privés que le BEA. Les investisseurs privés, libres d'accepter et de négocier les conditions du bail, exploitent le domaine public et peuvent en tirer profit.
- Les collectivités territoriales cèdent leurs dépendances pour une durée relative mais les récupèrent enrichies. Assouplir les procédures de constitution du domaine communal, c'est notamment envisager des règles juridiques flexibles, souples et cohérentes pour les opérations immobilières aussi bien celles fondées sur la contrainte que celles fondées sur la volonté.
- Assurer la transparence en ce qui concerne les opérations de cession du domaine communal, en ce sens que le prix de cession des biens doit refléter réellement sa valeur marchande. Pour les cessions à des prix symboliques, elles doivent être limitées aux seuls projets d'investissement qui seront réalisés sur le territoire de la commune. Le non-accomplissement de ces projets durant les deux années qui suivent la date de cession pourrait entraîner la révision du prix de cession initial.
- Envisager des règles juridiques permettant d'encadrer les opérations de location et les baux communaux. Il s'agit notamment des questions de renouvellement des locations arrivées à terme, des sous-locations effectuées par les locataires et, enfin, des prix de ces locations qui ne reflètent guère la valeur locative réelle.

Au-delà de ces propositions qui peuvent être intégrées dans le projet de loi sur le patrimoine communal, l'engagement de certaines mesures d'accompagnement s'avère également impératif.

b. Les préalables réglementaires nécessaires à l'implémentation de la réforme patrimoniale

Ces préalables réglementaires pourraient porter sur les aspects suivants : réformer le texte sur l'expropriation pour cause d'utilité publique, l'actualiser, l'adapter et l'assouplir afin de se conformer aux nouvelles dispositions qui seront prévues par la nouvelle loi sur le patrimoine communal.

L'objectif est de mettre en place un texte juridique garantissant les droits respectivement des expropriés et des expropriants et simplifier les procédures d'expropriation et en particulier ses délais :

- La réforme de la loi sur la préemption ; ce droit ne doit plus être limité seulement à l'État. D'ailleurs, l'étendue de l'application de ce droit aux collectivités territoriales est une recommandation des différents colloques nationaux des collectivités locales.

• La promulgation d'un texte juridique prévoyant l'exonération des communes des droits d'immatriculation auprès de la Conservation foncière afin de permettre à ces entités de bénéficier des mêmes mesures prévues aux opérations immobilières réalisées par l'État.

• La promulgation d'un texte instituant la gratuité de l'enregistrement de tous les biens immobiliers communaux. Les services de l'enregistrement n'acceptent le principe de gratuité que dans le cas où les propriétés achetées par les communes sont destinées à la construction d'établissements d'enseignement public et autres tels que les équipements sociaux et urbains d'intérêt communal. La généralisation de ce principe de gratuité à toutes les opérations immobilières réalisées par les communes est nécessaire afin d'encourager la constitution de réserves foncières et d'inciter les communes à effectuer leur recensement.

• Le renforcement du financement par la technique des comptes d'affectation spéciaux ouverts au titre du budget général de l'État, destinés à financer les programmes de réalisation des infrastructures de base et de promotion du développement local, à l'instar de celui créé en 1973 relatif au Fonds national pour l'achat et l'équipement des terrains et qui a été soldé.

• Certes, il existe plusieurs comptes d'affectation spéciaux qui couvrent plusieurs domaines[460], mais il faut élargir le champ d'application de cette technique pour englober d'autres secteurs comme ceux destinés, par exemple, au développement de l'assiette foncière des communes afin de leur permettre de financer les acquisitions et l'équipement de terrains et d'entamer des opérations de lotissement…

• Le renforcement des comptes de prêts et d'avances accordés par l'État pour combler le recours limité aux emprunts FEC. L'encours des prêts rétrocédés aux collectivités territoriales et notamment à la commune urbaine de Casablanca s'élève en 2009 à 4,2 millions de dirhams contre 5,1 millions de dirhams en 2008. Ces prêts ont été contractés pour contribuer au financement des projets de développement local et à la mise à niveau des infrastructures de base des collectivités territoriales concernées. Néanmoins, ces comptes de prêts et d'avances ouverts au titre des lois de finances sont encore loin de satisfaire les besoins exprimés.

• Valoriser le rôle de la commission d'expertise ou d'évaluation du domaine immobilier et actualiser son fonctionnement. Cette commission a été créée par la circulaire du Premier ministre n° D/209 en date du 26/05/1976 relative aux acquisitions immobilières du domaine privé de l'État. Cette circulaire, qui a été publiée par le ministre de l'Intérieur sous le

---

[460] Voir le rapport sur les comptes spéciaux du Trésor, publié par le ministère de l'Économie et des Finances, autitre de la loi de finances 2011.

n° 1334 en date du 14/04/1978, précise la constitution et les attributions de la commission d'expertise et d'évaluation[461].

Elle est composée de membres permanents et d'autres membres temporaires :

Les membres permanents : un représentant de l'autorité locale (pacha ou caïd), président, le directeur de la délégation provinciale de la direction du domaine, secrétaire, le chef du servicede l'urbanisme à la préfecture ou à la province ou son représentant, et un représentant de la commune concernée.

Les membres non permanents diffèrent selon la nature de l'immeuble :

• Pour les terrains urbains construits ou non bâtis : un inspecteur des impôts ou son représentant et le receveur de l'enregistrement et du timbre ;

• Pour les terrains ruraux bâtis ou non, viabilisés ou non : le directeur de la direction provinciale de l'agriculture ou son représentant, le receveur de l'enregistrement et du timbre et un inspecteur des impôts ou son représentant.

Le rôle de cette commission devrait être renforcé afin de permettre l'évaluation sur leterrain de la valeur réelle des biens domaniaux fonciers ou immobiliers et empêcher ainsitoute sous-estimation éventuelle de cette valeur à l'occasion de la cession, de la location ou de l'échange de ces biens.

Ces préalables réglementaires nécessaires à l'implémentation de la réforme patrimoniale doivent être couronnés par l'adoption d'outils modernes de gestion du patrimoinecommunal.

---

[461] Pour plus de détails sur cette commission, voir M. Boujida, *La commission d'expertise du domaine de l'État, des collectivités locales et de leurs groupements*, Al Morchid al Idari, 1995, publié en arabe.

Section II. Mise en place d'outils modernes de gestion du patrimoine communal

Le patrimoine communal est en partie issu de l'histoire administrative marocaine : découpage en communes, en provinces et préfectures et puis en régions, lesquelles ont progressivement constitué un patrimoine propre : équipements sportifs, administratifs, culturels, ou scolaires… Cette histoire est largement marquée par les lois de décentralisation de 1960, 1963, 1976, 1997, 2002 et, plus récemment encore, par la loi de 2009 consacrant l'intercommunalité[462].

Ce patrimoine recouvre tous les biens dont une commune est propriétaire ou occupanteou encore bénéficiaire au titre d'une mise à disposition par une autre collectivité. Il recouvre également tous les biens mobiliers, même si le texte sur le patrimoine communal ne consacre pas cette catégorie de biens parmi les biens communaux, et les biens pris en location.

Le parc immobilier des communes comporte d'impressionnantes quantités de biens : bâtiments scolaires, équipements sportifs, équipements culturels, bâtiments sociaux, marchés, logements, bâtiments administratifs, réserves foncières, logements de fonction. À cela s'ajoutent les équipements d'infrastructures (la voirie, les réseaux d'eau et d'assainissement…), les équipements nécessaires aux services publics (stations d'épuration, traitement des ordures ménagères), les espaces publics (places, espaces verts), les parkings… En 2006, les superficies des acquisitions immobilières au niveau régional ont atteint 140 042 162 mètres carrés[463].

Ces quantités impressionnantes donnent la mesure des enjeux économiques du patrimoine communal et donc des enjeux de l'optimisation de sa gestion. Ce chiffre peut nous renseigner sur l'intérêt stratégique d'une gestion efficace du patrimoine communal. L'adoption des outils modernes pour la gestion de ce parc immobilier et mobilier s'impose. De ce fait, la gestion du patrimoine des communes doit être perçue non comme une contrainte mais plutôt comme une opportunité. C'est l'occasion pour elles de faire leur bilan, de mieux connaître les quantités en jeu ou encore d'optimiser leur mode de financement.

La nécessité d'introduire de nouvelles méthodes de gestion et la mise à niveau de l'administration communale pour qu'elle soit à la hauteur des changements entrepris constituent, à côté de la reconsidération du cadre juridique régissant le patrimoine communal, les principaux piliers de cette gestion rationnelle.

---

[462] Heinrich Böll Stiftung, *L'expérience communale au Maroc, de la Jemaa à la libre administration*, ÉditionsHeinrich Böll Stiftung Afrique du Nord, Rabat, 2015.

[463] *Collectivités locales en chiffres*, DGCI, ministère de l'Intérieur, 2009, p. 13.

§1. Introduction de nouvelles méthodes de gestion

Malgré la diversité et la richesse du patrimoine communal, sa consistance matérielle etles coûts générés par sa gestion restent souvent mal connus.

En effet, les méthodes de gestion utilisées par les communes jusqu'à présent sont caduques, ignorant l'évolution des outils modernes de gestion patrimoniale. Ce constat résulte soit de la méconnaissance de ces méthodes de gestion, soit des pratiques malsaines qui refusent toute tentative de renforcer la transparence[464].

L'inventorisation périodique permettant une tenue précise et synthétique des sommiers de consistance constitue une action primordiale garantissant une gestion rationnelle du patrimoine communal. Les renseignements qui y seront portés serviront de base à la prise de décision en matière de gestion du patrimoine immobilier et mobilier communal.

La connaissance matérielle de ces biens doit être complétée par la connaissance de leur coût de gestion[465]. Or, les principes comptables prévus, jusqu'à présent, par la réglementation en vigueur se préoccupent davantage de l'exécution des autorisations budgétaires, à savoir la consommation des crédits et l'encaissement des recettes plutôt que de la production d'informations financières ciblées à même de permettre l'appréciation des résultats, la mesure des performances et la pertinence de la décision. Cette optique réductrice ne permet pas non plus de donner une image fidèle et exhaustive de la situation patrimoniale de la commune.

L'entrée en vigueur du nouveau plan comptable prévu par le décret portant règlement général de la comptabilité publique des collectivités locales et de leurs groupements apportera, en plus d'une politique de mise à niveau des capacités de gestion de l'administration communale et un système d'information fiables, des outils de gestion à même de répondre à ces exigences.

A. La nécessité des outils pour la consistance patrimoniale

Toute opération visant à améliorer la qualité de gestion du patrimoine communal doit nécessairement passer, avant tout, par la connaissance de sa consistance à travers son inventaire annuel. L'évaluation de ces biens constitue la trame de fond de l'opération de recensement du patrimoine de la commune dans sa globalité.

---

[464] Bellaoui Ahmed, « L'organisation régionale au Maroc : vers une plus grande artificialisation de l'espace géographique », in *Les territoires à l'épreuve des normes : référents et innovations : contributions croisées sud-africaines et marocaines*, LERMA et *Montagnes méditerranéennes*, 2009, p. 80.

[465] François Hugues, Hirczak Maud, Senil Nicolas, « Territoire et patrimoine : la co-construction d'une dynamique et de ses ressources », *Revue d'économie régionale et urbaine*, n° 5, 2006, p. 683-700.

a. L'inventaire, outil pour la consistance matérielle du patrimoine

Comme nous l'avons évoqué dans les développements antérieurs, les communes ne tiennent pas leurs sommiers de consistance en dépit des obligations législatives en la matière et ne procèdent pas également à l'inventaire de leurs biens. L'inventaire permettra à la commune de recueillir toutes les informations sur le patrimoine de la commune pour mieux le gérer. Comment opérer une gestion rationnelle, alors même que les données essentielles sur sa consistance ne sont pas disponibles ?

La réalisation de l'inventaire permettra, d'abord, la détermination des situations juridiques à régulariser : les biens gérés par la commune se trouvent souvent dans des situations juridiques complexes résultant de la complexité du régime foncier marocain[466]. La parfaite définition du statut juridique apparaît comme une condition essentielle pour la définition des droits et responsabilités de la commune sur tel ou tel bien[467]. L'inventaire sera donc l'occasion d'assainir les statuts juridiques des biens fonciers et immobiliers.

Cette opération d'inventaire permettra également l'identification précise des responsabilités de gestion incombant à la commune pour chaque bien composant son patrimoine. En effet, la commune, en tant que propriétaire, ne dispose pas des mêmes droits et obligations que lorsqu'elle a le statut d'occupant. Les implications peuvent être importantes en termes de charges d'exploitation ou encore de travaux de maintenance.

Les conséquences juridiques peuvent également être considérables dans la mesure où l'inventaire, en permettant de déterminer précisément le statut juridique de chaque bien, est l'occasion d'une remise à plat des obligations de la commune sur son patrimoine[468].

Face à la diversité de leur patrimoine et à l'éclatement de leur gestion, les communes ont souvent des difficultés dans la maîtrise de l'utilisation de leurs locaux : occupations sans titre… La réalisation de l'inventaire peut conduire à connaître les utilisateurs du patrimoine : cette démarche systématique peut être mise à profit pour identifier les situations anormales de gestion en matière d'occupation des locaux[469]. Dans certains cas, la commune découvre, à l'occasion de la réalisation de l'inventaire, qu'elle

---

466 L'apurement juridique de la situation du patrimoine foncier à travers son immatriculation et son enregistrement était l'une des recommandations récurrentes de la Commission foncière lors des différents colloques nationaux sur les collectivités locales.

467 Gellereau Michèle, Loustau Casemajor Nathalie, « Dispositifs de transmission et valorisation du patrimoine : l'exemple de la photographie comme médiation et objet de médiation », in Actes du colloque international des sciences de l'information et de la communication, « Interagir et transmettre, informer et communiquer : quelles valeurs, quelle valorisation ? », Tunis, 17-19 avril 2008, p. 3-11.

468 Beauregard-Berthier David, *Droit administratif des biens*, Éditions Gualino, Paris, 12e édition, 2016, p. 254.

469 Dantonel-Cor Nadine, *Droit des collectivités territoriales*, Éditions Lexifac Droit, 5e édition, 2014, p. 323.

n'est pas propriétaire du bâtiment qui vient de bénéficier d'importants travaux de rénovation.

Ces informations permettent alors de mettre en évidence des failles dans les procédures de gestion locative, d'établissement d'état des lieux de sortie, d'affectation des biens. Vu les avantages et les vertus de l'opération d'inventaire, il est urgent de procéder à un recensement périodique des biens et de tenir les sommiers de consistance.

La réalisation de cette opération pourra être réalisée à travers les documents existants. Or, les informations contenues dans ces documents sont souvent parcellaires et rarement fiables. Un registre provisoire peut alors être établi à partir des éléments existants. Ses lacunes permettront d'identifier les données complémentaires à collecter. La recherche des informations juridiques (sur la base des actes, titres, contrats…) représente la partie essentiellede ces investigations complémentaires.

L'organisation d'un recensement sur le terrain permettra également de parfaire le travail d'inventaire pour pouvoir compléter les informations manquantes. La réalisation de l'inventaire physique n'est pas suffisante à elle seule pour assurer une gestion rationnelle. L'évaluation des biens recensés est impérative.

b. L'évaluation du patrimoine communal : outils de détermination de la richesse

La mise en œuvre du nouveau plan comptable des collectivités locales, prévu par le décret n° 2-09-441 du 3 janvier 2010 portant règlement de la comptabilité publique des collectivités locales[470] et de leurs groupements, permettra à la commune d'étendre aux collectivités territoriales la logique de la patrimonialité retenue pour l'État et d'améliorer la transparence des comptes locaux. Elle permettra, également, de retracer avec plus de précisionl'activité de la collectivité et d'opérer ainsi une lecture transparente et plus aisée de ses comptes[471].

La nouvelle comptabilité des collectivités territoriales permettra, de ce fait, non seulement de dégager ce que ces entités ont dans leurs caisses mais d'apprécier ce que sont leurs richesses, leurs dettes et les engagements qu'elles peuvent être amenées à honorer afin de mieux appréhender les résultats engagés et la situation financière à moyen et à long terme[472].

---

[470] Modifié et complété par le décret n° 2.17.449 du 23 novembre 2017 relatif à la comptabilité publique des régions et de leurs groupements.

[471] Amghar Rachid, « La réforme comptable des collectivités locales », revue *Al Khazina*, n° 8, 2011, p. 29.

[472] Les nouvelles formes de gouvernance doivent donc être un instrument d'amélioration des procédés de gouvernement et non une alternative au politique, sinon le risque serait grand de démobiliser les élus ou de les pousser à des dérives populistes. Pour que la gouvernance contribue à élargir la légitimité démocratique de la décision collective et non à la diluer, il faut la réintégrer, au moins partiellement, dans les procédures institutionnelles formalisées,

L'implémentation de cette réforme requiert, tout d'abord, la réalisation des opérations de recensement et, ensuite, la réalisation des opérations d'évaluation permettant de restituer une image fidèle de la situation financière et patrimoniale de la commune[473].

Dans le cadre de la mise en place du plan comptable de l'État, une circulaire du Premier ministre datée du 7 juillet 2008 avait invité l'ensemble des départements ministériels à se mobiliser pour recenser et évaluer les immobilisations corporelles et incorporelles afin de déterminer la valeur du parc immobilier en leur possession. Des commissions locales d'évaluation ont été créées. Elles sont composées des directeurs régionaux et des chefs des circonscriptions domaniales, des responsables locaux de la Direction générale des impôts et des trésoriers préfectoraux et provinciaux.

Les commissions locales d'expertise pourront jouer, également, à côté des commissions locales d'évaluation un rôle primordial quant à l'évaluation du parc immobilier des collectivités territoriales. Ceci est d'autant plus vrai que ce sont, justement, ces commissions qui fixent la mise à prix à l'occasion des aliénations portant sur ces biens. Le recours à ces commissions par les conseils communaux et l'adoption des prix fixés par cette entité devraient être obligatoires pour toutes les opérations immobilières effectuées par ces derniers.

Le rôle de ces commissions ne devrait pas être limité à la fixation de la valeur réelle des terrains et des prix correspondants, il doit être élargi pour se prononcer sur l'opportunité des terrains objet de l'évaluation, avec les projets d'investissement que la commune compte réaliser sur ces terrains. Il serait souhaitable que ces commissions jouent également un rôle important en matière de recensement et de description détaillée de la consistance des biens relevant de la commune.

Cette opération sera indispensable pour l'établissement d'un inventaire fiable de la propriété immobilière et mobilière communale.

L'évaluation de ce parc immobilier communal peut être effectuée conformément aux méthodes habituellement utilisées par les commissions d'expertise, à savoir :

– Pour les terrains nus : la valeur à déterminer correspond à la valeur actuelle du bien ;

– Pour les constructions, lorsque l'information nécessaire est disponible (mètre, date deconstruction, coût de construction…), il y a lieu de retenir la

---

comme l'a fait en France la loi Voynet avec la création des conseils de développement des agglomérations ou des pays.

473 Zergout Saïd, « Les démarches stratégiques des collectivités territoriales : une vue d'ensemble », *REMALD*, n° 75, juillet-août 2007. Voir aussi Michel Casteigts, « Le design organisationnel territorial, le territoire comme organisation : biens collectifs, économies externes et compétitivité », 3e colloque : La métamorphose des organisations, GREFIGE, Nancy 2, Vittel, 23-25 octobre 2002.

valeur actuelle du mètre carré intégré, en tenant compte de l'état de conservation du bien ;

– Pour les constructions dont les informations requises ne sont pas disponibles, seule la valeur actuelle du terrain est à retenir en attendant de disposer des informations nécessaires sur la construction édifiée.

Le principe de prudence retenu dans le domaine de la comptabilité générale exige que la valeur à retenir lors de cette évaluation corresponde à la valeur actuelle du bien. Elle ne renseigne pas donc sur la valeur économique ou marchande du bien.

L'évaluation du parc immobilier permettra, par conséquent, la tenue de l'état de l'actif, état qui permettra de retracer l'évolution de la valeur comptable du parc immobilier de la commune. Le sommier de consistance et l'état de l'actif constituent les principaux documents nécessaires à la détermination du patrimoine communal, en ce sens que le sommier de consistance retrace l'évolution physique réelle du patrimoine et l'état de l'actif permet de retracer l'évolution dans les comptes.

Un ajustement permanent entre ces deux documents, actif et inventaire, est nécessaire.

L'objectif est de s'assurer que l'actif est le reflet du patrimoine communal.

Cela nécessite donc l'organisation d'une collaboration étroite entre le comptable et l'ordonnateur afin que les immobilisations apparaissant en comptabilité reflètent fidèlement la situation patrimoniale de la commune. La détermination des biens communaux doit être exploitée à des fins de gestion et de suivi de la richesse patrimoniale[474].

B. L'introduction de nouveaux outils pour le suivi de la gestion patrimoniale

L'inventaire du patrimoine communal ainsi que son évaluation ne sont pas une fin en soi. Ces outils doivent être exploités à des fins de gestion et de suivi de la richesse patrimoniale. De ce fait, l'introduction de nouveaux outils pour assurer le suivi de la gestion de cette richesse est importante.

L'exploitation des états comptables résultant de la tenue de la comptabilité générale pourra être d'une grande utilité. Mais avant d'exploiter ces états, l'engagement, en amont d'une stratégie patrimoniale, permettra d'éclairer la commune sur les objectifs à atteindre sur le moyen et le long terme. Ceci lui permettra certainement de gérer avec davantage de rationalité, de clarté et de visibilité[475].

---

[474] Bourjol Maurice, *Les biens communaux, voyage au centre de la propriété collective*, LGDJ, Coll. « Décentralisation et développement local », Paris, 1989, p. 452.

[475] Sorbara Jean-Gabriel, « Les biens communaux : réminiscences actuelles d'une propriété collective de l'AncienRégime », *RDP*, 2008, p. 1023. « Le domaine public mobilier au regard du Code général de la propriété des personnes publiques », *AJDA*, 2007, p. 619.

a. La nécessité d'engager une réflexion stratégique sur la gestion de la richesse patrimoniale

Généralement, l'approche du patrimoine adoptée par les communes est souvent très ponctuelle, circonstancielle et hâtive. La mise en place d'une nouvelle réflexion stratégique organisée sur le patrimoine vise à le gérer avec plus de rationalité. Les décisions méritent d'être prises objectivement, en tenant compte des conséquences de la décision sur la durée, et avec une approche globale du patrimoine de la commune dans son ensemble.

La stratégie doit chercher à répondre à une question qui, souvent oubliée, doit être posée la première : pourquoi la commune consacre-t-elle une partie de son budget à laréalisation, à l'acquisition, à la maintenance ou encore à la gestion de son patrimoine ?

Les communes disposent d'un patrimoine au coût important. Les obligations de service public les conduisent à dépasser le simple raisonnement économique basé sur la notion de rentabilité. Cependant, elles doivent s'interroger sur l'adéquation entre des dépenses importantes et la politique poursuivie[476]. Cet éclaircissement sur les objectifs de la politique patrimoniale aide la commune dans sa prise de décision au moment de s'engager dans des projets d'acquisition, de modernisation, de construction ou de cession.

La stratégie patrimoniale est la définition d'une meilleure adéquation entre le patrimoine et les besoins de la commune. Elle doit porter sur l'ensemble de son patrimoine et doit se fixer pour objectifs :

– la recherche de marges de manœuvre financières ;

– la mise en adéquation du patrimoine avec les missions de la commune ;

– l'évolution d'un axe stratégique particulier (le développement économique, le logement social…).

Les communes doivent donc élaborer un plan stratégique de gestion et d'exploitation de leurs biens immobiliers et fonciers leur permettant une prise de décision en temps opportunen fonction des informations disponibles et des objectifs escomptés. Le décret n° 2-09-441 du 3 janvier 2010 portant règlement général de la comptabilité publique des collectivités locales et de leurs groupements[477] a d'ailleurs obligé les ordonnateurs à produire, à l'appui du compte administratif de la collectivité, un état de l'actif et l'annexe à l'état de l'actif (article 149).

Ces états devront permettre de porter une appréciation sur la politique immobilière menée par la collectivité. Ils devront porter sur l'ensemble des

---

[476] Michel Franck, « Patrimoine, tourisme, environnement et développement durable », *Études caribéennes*, 17 décembre 2010. Voir aussi Dominique Lapointe et Christiane Gagnon, « Conservation et écotourisme : une lecture par la justice environnementale du cas des communautés voisines du Parc national de la Guadeloupe », *Études caribéennes*, n° 12, avril 2009.

[477] Modifié et complété par le décret n° 2.17.449 du 23 novembre 2017 relatif à la comptabilité publique des régions et de leurs groupements.

opérations immobilières réalisées sur le territoire de chaque collectivité, par la collectivité ou par une personnepublique ou privée agissant dans le cadre d'une convention conclue avec cette collectivité[478].

Compte tenu de leur objet, ces états, qui devront être précis, complets et comporter tout élément d'information ou d'analyse utile à la compréhension de la politique immobilière de la collectivité, devraient normalement donner lieu à une explication de l'action de la collectivité et de sa politique immobilière, allant jusqu'à une appréciation des résultats de cette politique et une mise en perspective de celle-ci.

b. L'exigence d'assurer le suivi de la gestion patrimoniale

Le patrimoine représente un coût important pour la commune (achats, travaux, consommations, personnels, consommations d'énergie, charges diverses…). Ce coût est mal connu, tant en grande masse qu'au niveau d'un bien particulier. Pourtant, les coûts apparaissent comme un critère essentiel dans l'élaboration de stratégies patrimoniales. C'est pourquoi leur connaissance précise est fréquemment recherchée.

La comptabilité analytique permettra de renseigner sur ces coûts. C'est un mode de traitement des données dont les objectifs essentiels sont de connaître les coûts des biens et desproduits acquis, créés ou distribués par la commune, de déterminer les résultats analytiques par groupes de produits ou par branches d'activités et d'expliquer les résultats par secteur d'activité en calculant les coûts complets des biens et des produits pour les comparer à leur prix de vente[479]. Elle permettra également de déterminer les bases d'évaluation de certains éléments de l'actif de la commune, d'établir les prévisions qui, comparées aux réalisations, mettront en évidence les écarts significatifs et de fournir tous les éléments nécessaires à la gestion du patrimoine de nature à éclairer les prises de décision.

L'amortissement, pour sa part, est un outil permettant de constater comptablement la perte irrémédiable de la valeur subie par un bien, du fait de son usure normale au cours du temps (usage, usure, obsolescence…). La sincérité du bilan et du compte de résultat exige que cette dépréciation soit constatée. Il consiste en un étalement de la valeur des biens amortissables sur leur durée de vie probable, sous la forme d'un plan d'amortissement

---

[478] Louis Dupont, « Le statut politique des petits territoires insulaires à vocation touristique a-t-il une influence sur leur performance économique et sociale ? Approche comparative ». *Études caribéennes*, n° 16, août 2010. Voir aussi Jean-Marie Breton, « Aires protégées, gestion participative des ressources environnementales et développement touristique durable et viable dans les régions ultrapériphériques », *Études caribéennes*, n° 12, avril 2009.

[479] Casteigts Michel, « La gouvernance environnementale, entre management des organisations et management des territoires », 3e rencontres Ville-Management, *in* Le Duff R. et Rigal J. J. (dir.), 2000, *Maire et environnements, menaces ou opportunités ?*, Paris, Dalloz, 1999. Voir aussi Danielle Bégot, « L'inventaire face aux nouvelles politiques patrimoniales », *Bulletin de la Société d'histoire de la Guadeloupe*, n° 130, 01-10-2001, p. 87.

adopté par la commune au moment de la mise en service du bien. L'amortissement a aussi pour but non négligeable de préparer le renouvellement des immobilisations.

L'amortissement, de ce fait, n'impliquant aucune sortie de fonds, constitue une charge interne qui a pour effet de dégager des disponibilités de trésorerie susceptibles d'être utilisées pour le financement des charges résultant du renouvellement de son patrimoine et pour les nouveaux investissements.

L'introduction du contrôle de gestion permettra également aux communes, à travers les outils qu'il préconise, de mieux appréhender les coûts, les conséquences ou les risques liés à leur patrimoine.

Les collectivités territoriales sont généralement soumises à un contrôle externe de leurs actions : comptable public, Cours régionales des comptes. Le contrôle de gestion interne permet de mieux maîtriser les risques divers. Il s'agit de se mettre à l'abri des sanctions du contrôle externe[480].

Le tableau de bord de la gestion patrimoniale, en tant qu'outil préconisé par le contrôle de gestion, donnera une vision synthétique d'un certain nombre d'informations sur le patrimoine. Ces informations seront sélectionnées en fonction des objectifs donnés au tableau de bord.

Ces objectifs peuvent être variés : mieux connaître les centres de coûts, déterminer le coût des bâtiments utilisateur par utilisateur, suivre l'évolution des dépenses de maintenance, connaître les désordres les plus fréquents, suivre la mise aux normes réglementaires d'un parc immobilier, déterminer les bâtiments les plus coûteux à l'exploitation… La mise à niveau de l'administration locale constitue le deuxième volet de cette politique visant la rationalisationde la gestion patrimoniale.

§2. La mise à niveau de l'administration communale : un levier pour une gestion rationnelle du patrimoine communal

Malgré l'évolution qu'a connue la décentralisation et le rôle dévolu aux communes, il est paradoxal de constater que ce processus d'évolution n'a pas impacté le mode de fonctionnement de l'administration communale.

En effet, les structures administratives communales ne s'adaptent guère au nouveau rôle dévolu aux communes et ne répondent pas non plus aux attentes des usagers qui veulent des services publics de proximité plus efficaces, plus économes en temps et en coût et plus accessibles en termes d'accueil, de procédure et de *relationship*[481].

---

[480] Casteigts Michel, « Le design organisationnel territorial, le territoire comme organisation : biens collectifs, économies externes et compétitivité », 3e colloque : La métamorphose des organisations, GREFIGE, Nancy 2, Vittel, 23-25 octobre 2002.

[481] Foulquier Norbert, *Droit administratif des biens*, Éditions Lexis-Nexis, 2015, p. 825.

L'administration communale est encore gérée selon des méthodes classiques[482] qui se traduisent par l'existence de moyens d'action inadaptés aux nouveaux enjeux communaux et de ressources humaines sous-qualifiées et sous-encadrées, au moment où la gestion communale se complexifie et devient plus techniciste et où les charges se multiplient et requièrent des qualités managériales solides et bien rodées.

Pour une bonne mise à niveau de l'administration communale, il est devenu nécessaire de moderniser les moyens d'action de l'administration communale en ce sens qu'il faut recentrer l'organisation communale sur les nouvelles missions prioritaires de la commune et doter ses structures des outils et des systèmes d'information capables de les éclairer et de les assister dans la prise de décision et de faciliter ainsi leur décloisonnement. Il est primordial, également, de qualifier les ressources humaines pour leur permettre de tenir un langage moderne, d'améliorer leurs comportements, de maximiser la productivité et de fournir des prestations de qualité.

A. La modernisation des moyens d'action

Pour permettre une bonne répartition des tâches et une meilleure organisation du travail, il est nécessaire de mettre en place une organisation administrative, où les missions de chaque service sont clairement définies, et qui soit mieux dotée en moyens d'action, notamment par la consécration de la mission patrimoniale dans l'organisation administrative.

À ce niveau, la priorité réside dans l'informatisation de ces services pour assurer la mise à jour et la précision du stockage et de l'exploitation de l'information afin de réduire les risques de retard et d'erreur[483].

a. La consécration de la mission patrimoniale dans l'organisation administrative

Les problèmes que connaît actuellement la gestion du patrimoine communal sont liés en grande partie aux insuffisances des organisations administratives en place. Lesorganigrammes des communes sont inadéquats par rapport à leurs missions patrimoniales[484].

En effet, les services du ministère de l'Intérieur, pour pallier cette insuffisance, ont établi des organigrammes-types reflétant les différentes missions et fonctions que pourrait exercer chaque service au sein de la commune, y compris le service dédié en principe à la gestion du patrimoine

---

482 Foulquier Norbert, *idem*, p. 827.

483 Breton Jean-Michel, « De la conservation conflictuelle à l'aménagement durable : le paysage et la biodiversitésaisis par le droit », colloque Paysages et biodiversité de la Caraïbe et des Guyanes. De la connaissance et de la représentation des paysages à leur aménagement durable, Fort-de-France, décembre 2010.

484 Breton Jean-Marie, « Entre protection et valorisation : le patrimoine saisi par le droit », *Études caribéennes*, n° 20, décembre 2011.

communal[485]. Or, un examen des organigrammes des différentes communes montre que chaque commune dispose d'un organigramme spécifique. Aucune règle générale concernant l'organisation ne peut être formulée.

La plupart des communes ne disposent pas de services dédiés à la gestion du patrimoine communal malgré l'importance que revêt ce service dans cette gestion. Ces difficultés d'organisation se traduisent souvent par l'éclatement de la gestion patrimoniale entre les services de la commune. La recherche d'informations exhaustives et précises sur un bien particulier se révèle souvent être un long parcours d'obstacles[486]. Les différents gestionnaires interviennent ainsi de façon autonome et non coordonnée sur les mêmes biens.

Cet éclatement dans la gestion est source de risques qui nuisent à la mobilisation optimale des ressources patrimoniales de la commune. Les régies de recettes sont également des services au sein des communes qui exercent simultanément les tâches de recensement, d'assiette, de liquidation et de recouvrement[487].

Le cumul de toutes ces attributions au niveau d'un seul service est source de problèmes qui impactent négativement le rendement des ressources et produits locaux. Cette organisation va à l'encontre des dispositions de la nouvelle loi sur la fiscalité locale[488] qui a réorganisé le service fiscal de la commune autour du service de l'assiette, service du recouvrement : la régie, et le service du contrôle.

L'absence d'une organisation administrative adéquate garantissant une division rationnelle des tâches entre les différentes cellules de la commune influence sérieusement le rendement des recettes patrimoniales et des finances locales.

Une organisation alternative s'impose donc pour tenir compte des défaillances caractérisant l'actuelle structure de la commune. Elle doit se baser sur les mécanismes de contrôle interne, la spécialisation et la coordination. L'occasion peut être saisie pour revoir toute l'organisation de la commune de façon à mettre l'entité chargée de la gestion du patrimoine en harmonie avec l'ensemble des services de la commune.

La nouvelle structure de la commune doit également tenir compte de son environnement. Pour ce qui concerne l'aspect patrimonial de l'action

---

485 Circulaire n° 66 du 24 février 1983, circulaire n° 261 du 24 décembre 1987 et circulaire du 22 juillet 1992, in « Les biens des collectivités locales et de leurs groupements », *REMALD*, n° 5 bis.

486 Malwé Claire, « L'image du patrimoine culturel public : usages et appropriations d'un "outil" de mise en valeur touristique », *in* Jean-Marie Breton (dir.), *Patrimoine, tourisme, environnement et développement durable (Europe-Afrique-Caraïbe-Amériques-Asie-Océanie)*, série « Îles et pays d'Outre-mer », Paris, Karthala-Crejeta, vol. n° 6, 2009, p. 13-41.

487 Breton Jean-Marie, *op. cit.*, p. 25.

488 La loi 07.20 modifiant et complétant la loi n° 47.06 relative à la fiscalité des collectivités locales, *B.O.* n° 6948 du 31 décembre 2020.

communale, il y a lieu decréer des liens avec les différents services relevant des différentes administrations, Service des domaines, Direction générale des collectivités locales, Trésorerie générale du Royaume, Conservation foncière et du cadastre, Services de l'enregistrement… À côté de la réorganisation de l'administration communale, son informatisation est impérative pour assurerune mise à jour et une précision dans le stockage et l'exploitation de l'information.

b. La mise en place d'un système d'information fiable

La mise en place de l'outil informatique constitue un important stimulateur pour l'évolution et l'optimisation de la gestion patrimoniale[489]. En effet, la réalisation de l'inventaire et la tenue de la comptabilité patrimoniale exigent la mise en place d'un système d'informationfiable.

Pour répondre à ces exigences, il est nécessaire de concevoir et de mettre en œuvre un système d'information (SI) unifié et commun à l'ensemble des acteurs visant la rationalisation de la gestion du patrimoine communal et l'optimisation de la comptabilité patrimoniale.

L'objectif est de disposer d'un SI agile, fiable, performant en termes d'efficacité, de convivialité, de sécurité, d'ouverture et de communication et en mesure d'accompagner les réformes engagées en matière de gestion communale.

Ce système d'information intégré doit tenir compte :

– des attentes et besoins des différents acteurs : DGCL, DCL, TGR… ;

– des contraintes de la gestion intégrée des tâches liées à la gestion du patrimoine tout en sauvegardant les principes du contrôle interne pour chaque acteur ;

– de l'environnement informatique des différents acteurs : un travail de cartographie d'interfaçage doit être mené.

La Trésorerie générale du Royaume, en tant qu'institution gestionnaire des budgets des collectivités territoriales, a développé plusieurs systèmes destinés à l'amélioration de la gestion des finances locales : la GIR (Gestion intégrée de la recette) ; le système de la paie du personnel communal Aujour… Pour compléter et enrichir cette architecture informatique, la TGR est en train de mettre au point un plan comptable des collectivités territoriales.

La mise en place de ce système permettra aux communes de disposer d'une information financière et budgétaire fiable et d'appréhender avec précision la situation patrimoniale de la commune. Il permettra également d'informer les partenaires de manière objective et fidèle sur la situation

---

489 Dertouzos Michael, *Demain : comment les nouvelles technologies vont changer notre vie*, Paris, Calmann-Lévy, 1997, p. 300. Voir aussi Philippe Aigrain, « La réinvention des communs physiques et des biens publics sociaux à l'ère de l'information », in *Multitudes* n° 41, 2010, p. 42-49.

financière de la commune et de donner aux décideurs publics des outils de pilotage performants permettant de mesurer, de suivre et d'évaluer leurs actions.

La mise à niveau informatique des communes doit être menée (modernisation et renforcement du parc informatique et formation des utilisateurs) pour répondre aux besoins nés de la nouvelle organisation. Ces investissements sont à amortir dans de brefs délais grâce aux gains réalisés par la nouvelle gestion patrimoniale au niveau local.

Dans ce cadre, le FEC, en tant qu'institution de financement des collectivités territoriales, doit entreprendre toutes les mesures nécessaires afin de doter les communes des moyens TIC[490] suffisants.

Il faut également doter ces entités des moyens matériels suffisants pour pouvoir accomplir convenablement leurs missions en matière de gestion du patrimoine communal. En effet, ces entités souffrent d'un manque d'équipements, de locaux ou même de mesures de sécurité. Certaines communes ne disposent même pas de coffre-fort, de casiers en métal garantissant la sécurité des documents ou des registres tenus par ces services. En plus, ces communes manquent d'équipements élémentaires comme des chaises, des tables, des machines de calcul… sans parler des voitures ou motocyclettes indispensables aux déplacements pour effectuer les différentes opérations de recensement programmées sur le terrain.

La commune est appelée ainsi à opérer une métamorphose en rompant définitivement avec cette image d'une structure amorphe, pour devenir un véritable pôle de développement local.

B. Les performances des ressources humaines communales

Parmi les motifs invoqués pour expliquer la non-consécration dans l'organisation administrative des services dédiés à la gestion du patrimoine communal figure le manque de personnel qualifié et spécialisé.

L'expérience a clairement démontré que les dysfonctionnements qui affectent aujourd'hui la gestion du patrimoine communal sont dus en partie à l'absence d'un personnel qualifié. L'élément humain est la pierre angulaire de toute politique de développement[491].

Toute gestion rationnelle des biens communaux doit être assurée par des ressources humaines qualifiées. Les communes doivent avoir des fonctionnaires spécialisés ayant la capacité vérifiée de pouvoir suivre l'évolution des différentes théories et innovations provenant des autres pays, notamment les pays développés.

---

490 Zergout Saïd, « Les démarches stratégiques des collectivités territoriales », *op. cit.*, p. 59.

491 Bruneteaux Jean-Bernard, *Gestion des ressources humaines et communication*, Presses de l'UCAC, 2007.

Elles doivent avoir également des élus ayant des soucis de gestion loin des considérations politiques et des cycles électoraux[492]. La qualification des ressources humaines communales passe nécessairement par l'amélioration des conditions d'accès à la fonction publique locale et le renforcement de la formation continue et la sensibilisation à la nécessité du changement.

a. L'amélioration des conditions d'accès à la fonction publique locale

Par « fonction publique locale », on entend l'ensemble du personnel contribuant à la gestion des affaires locales, sans distinction entre le personnel communal nommé et celui élu par la population. De ce fait, l'amélioration des conditions d'accès à la fonction publique locale concerne aussi bien le personnel communal nommé que le personnel communal élu.

1. Pour ce qui est du personnel communal élu : l'accès à l'exercice du mandat public communal n'est assorti dans la loi électorale marocaine[493] d'aucune condition de qualification, ce qui risque de confier la gestion des affaires communales, y compris celles relatives à la gestion du patrimoine communal, à des personnes non préparées et parfois à des analphabètes[494].

Par conséquent, la physionomie de la population élue est souvent dominée par un niveau d'alphabétisation bas, voire médiocre, laissant le soin de gérer les affaires de la commune aux représentants du pouvoir central au niveau local, ce qui paraît inconcevable eu égard à la technicité des charges et des responsabilités personnelles de l'élu communal[495]. Or, la gestion des affaires locales, en général, et des biens communaux, en particulier, nécessite des responsables élus ayant des capacités managériales et des compétences de gestion énormes. Elle exige des élus une connaissance parfaite de leur rôle, de leurs droits et de leurs obligations. Elle exige également une parfaite connaissance des lois et des règlements régissant le fonctionnement de la commune et son environnement.

Les élus locaux doivent être capables d'apprécier les besoins, de hiérarchiser les priorités et d'effectuer les choix économiques adéquats. Ils doivent être également capables de maîtriser l'ensemble des aspects institutionnels, juridiques, techniques, économiques et financiers de la gestion du patrimoine communal. Un élu doit savoir en effet lire un plan d'urbanisme, apprécier un schéma directeur d'assainissement, comprendre

---

492 Lacono Geneviève, *Gestion des ressources humaines*, Édition Gualino 2003, p. 10-25.

493 *B.O.* n° 5696 du 1er janvier 2009.

494 L'éligibilité au Conseil communal est liée seulement à trois conditions : être marocain et régulièrement inscrit sur une liste électorale, être âgé de 21 au moins à la date du scrutin et avoir une attache avec la commune. Pourle cas du président du Conseil communal, la loi a exigé uniquement la condition d'un niveau de la cinquième année des études primaires au moins.

495 Voir *Les Collectivités locales en chiffres*, DGCL, ministère de l'Intérieur, 2009.

les choix techniques de réseaux urbains, apprécier les risques pour l'environnement de tel ou de tel mode de gestion.

La réforme de la loi électorale, pour tenir compte des exigences dans l'accès au mandat communal, s'impose d'autant plus que les règles et les modes de gestion du patrimoinecommunal sont appelés à se développer.

2. S'agissant du personnel nommé, malgré la consécration de la fonction publique communale par le législateur, à l'instar de la fonction publique de l'État, les communes urbaines et rurales continuent de souffrir d'un manque de personnel qualifié et encadré dans le domaine de la gestion du patrimoine communal et des affaires locales en général[496].

D'après *Les Collectivités locales en chiffres*, la majorité du personnel communal est constituée de cadres moyens ou de simples journaliers. La proportion des cadres supérieurs qualifiés pour la gestion communale est insuffisante[497]. Le taux des cadres supérieurs par rapport aux emplois des collectivités territoriales ne dépasse pas 10 %[498].

L'expérience a démontré que la politique de recrutement au niveau des collectivités territoriales ne vise pas à combler le besoin en ressources humaines et à pourvoir les compétences nécessaires. Certes, l'accès à la fonction publique communale est tributaire de l'organisation des concours ou des nominations effectuées par le président de la commune. Mais ces procédés ne sont pas un gage sûr contre l'incompétence et le népotisme.

De surcroît, le régime de la fonction publique communale[499] n'est pas attractif pour les cadres supérieurs car il n'offre pas les garanties nécessaires en raison de l'aléa politique qui s'yrattache.

La réforme du statut particulier de la fonction publique locale est un élément essentiel pour la qualification du personnel communal. Elle doit tenir compte de :

– la modernisation du système de recrutement[500] en vue de l'adapter aux besoins réels de la commune ;

---

[496] Le décret du 27 septembre 1977 formant statut particulier de la fonction communale.

[497] Structure du personnel des collectivités locales : cadres supérieurs : 10,33 % ; cadres moyens : 19,54 % ;agents d'exécution : 21,64 % ; main-d'œuvre : 48,3 % ; autres : 0,15 %, in *Les Collectivités locales en chiffres.*

[498] *Collectivités locales en chiffres*, ministère de l'Intérieur, Direction générale des collectivités locales, édition2009, p. 150.

[499] Le décret du 27 septembre 1977 formant statut particulier de la fonction communale.

[500] Le recours au recrutement par voie de concours doit constituer la règle générale. Mais vu le caractère coûteux des concours, ces derniers peuvent être organisés en étroite collaboration avec les communes voisines désirant aussi effectuer des recrutements. Cette organisation commune des concours se traduirait certainement par une économie en termes de procédures, de coûts et de temps.

– Le renforcement du recours au recrutement par contrat pour permettre à la commune de bénéficier des services plus spécifiques tout en cherchant le profil adéquat.

– Les recrutements effectués par les ordonnateurs des communes pour des considérations politiques ou électorales devront être écartés. Seules les considérations de

– l'adoption d'une gestion prévisionnelle des ressources humaines communales à l'instar de celle adoptée au niveau de l'État ;

– l'externalisation de certaines activités qui peuvent faire l'objet d'une gestion déléguée ; cette mesure se traduirait par une réduction des effectifs et des charges de personnel.

L'adoption d'un nouveau système d'évaluation du rendement et de la promotion[501] doit être focalisée sur les compétences professionnelles du fonctionnaire et ses capacités à remplir sa mission eu égard aux fonctions qui lui sont assignées et les moyens mis à sa disposition, et ce, dans le cadre des objectifs définis pour l'entité à laquelle il est affecté[502].

Le renforcement de la mobilité communale doit pallier les difficultés de recrutement par les communes et le manque d'attractivité de la fonction publique locale.

L'objectif est de réaliser l'adéquation entre les capacités requises et les capacités existantes[503]. La qualification des ressources humaines nécessite également le renforcement des actions de formation et de sensibilisation au changement.

b. Le renforcement de la formation pour le développement des compétences

Le degré d'intégration de la formation dans le système de gestion des ressources humaines communales est quasiment absent et très faible par rapport à ce qui se pratique dans d'autres pays[504]. Aucune politique et aucun mécanisme de financement n'ont été mis en placeà ce sujet.

Les centres de formation mis en place sont insuffisants pour les personnels des communes au nombre de 149 541 (soit 25,4 % dans l'ensemble de l'emploi public[505]). Les centres de formation mis en place (centres de formation CFA et centres de formation des cadres techniques

---

l'intérêt communal devant prévaloir, une large adhésion des ordonnateurs et leurs collaborateurs à cette réforme s'imposent.

[501] Cette évaluation doit être réalisée sous forme d'entretien d'appréciation permettant de mesurer les écarts entre les objectifs et les résultats obtenus compte tenu des moyens disponibles. L'évaluation doit englober même les chargés de mission au niveau de la commune. Elle doit porter également sur les missions et les tâches accomplies dans le cadre des programmes fixés, préalablement, par la commune.

[502] Fikri Mostapha, « La bonne gouvernance administrative au Maroc : mission possible », Les Éditions Espaces art et culture, 2005, p. 448.

[503] Fikri Mostapha, « La bonne gouvernance administrative au Maroc : mission possible », *op. cit.*, p. 450.

[504] En France, le Code général des collectivités locales reconnaît aux élus locaux le droit à une formation adaptéeà leurs fonctions. Les frais de formation constituent une dépense obligatoire pour la collectivité territoriale concernée, qui a expressément délibéré sur le montant de la ligne budgétaire y afférente.

[505] *Les Collectivités locales en chiffres*, ministère de l'Intérieur, Direction générale des collectivités locales, Édition 2009, p. 143.

CFCTA) ne sont pas régis par un statut réglementaire. À cela s'ajoute leur mauvaise répartition sur le territoire national.

En plus, les programmes de formation du personnel communal sont plus ou moins inadéquats. La majorité de ces programmes se focalisent davantage sur des domaines très classiques de la gestion locale, sans tenir compte des nouvelles responsabilités dévolues aux communes.

Enfin, l'action de la formation en termes de financement est encore assurée par les services centraux du ministère de l'Intérieur. L'autofinancement de la commune dans les actions de formation est insuffisant. Au titre de l'année budgétaire 2010, les crédits alloués au personnel se montent à 9 747 millions de dirhams dont 17 millions destinés à la rubrique formation des élus et du personnel communal, soit un taux de 0,17 %[506].

Pour ce faire, il est donc nécessaire de :

– prévoir un texte juridique pour la formation des fonctionnaires des collectivités territoriales[507] ;

– élaborer un schéma directeur au niveau de la commune définissant les grands axes de la stratégie de formation (tenant compte des nouveaux domaines d'intervention de la commune en matière de gestion des biens communaux, de planification stratégique du développement urbain, d'aménagement et d'urbanisme..., les principes, les procédures, les moyens...) ;

– augmenter les crédits budgétaires réservés à la formation au niveau des budgets communaux, cette rubrique pourra être fixée sur la base de la masse salariale ;

– dynamiser l'encadrement pédagogique en faisant appel aux experts nationaux et étrangers dans un cadre partenarial et motiver les fonctionnaires justifiant des compétences académiques pour encadrer les activités de formation.

La formation assure à la commune l'opportunité de s'adapter à un environnement en constante évolution : l'évolution du marché immobilier et le marché financier et ses composantes, l'évolution des moyens financiers et même des besoins de la population...

Le personnel censé avoir une compétence ou un professionnalisme en matière de gestion des biens communaux doit disposer des connaissances et des technicités, en l'occurrence, les nouvelles méthodes de gestion des biens communaux, les meilleures voies de recensement et d'actualisation des sommiers de consistance, l'établissement de la comptabilité patrimoniale.

---

[506] Sol Source, Trésorerie générale du Royaume, *Bulletin mensuel des finances locales*, décembre 2010.

[507] Un décret sur la formation des fonctionnaires de l'État et des collectivités locales déjà soumis à approbation.

Garantir une large adhésion des élus locaux et des fonctionnaires à la nécessité d'entamer un changement dans la gestion des biens communaux constitue un impératif. Ces derniers doivent avoir la conviction de l'utilité d'une telle démarche. Prendre conscience de la nécessité de l'implication du facteur humain dans le processus de la réforme et de l'innovation des affaires communales, cela constitue un premier pas vers le changement et la promotion dudéveloppement communal[508].

La vulgarisation des textes juridiques régissant la gestion locale, le renforcement de l'organisation des colloques nationaux des collectivités locales, l'organisation des séminaires, la création des forums de discussion... sont autant de facteurs qui favorisent l'adhésion et l'implication de tous les acteurs locaux dans ce processus de sensibilisation.

L'objectif de cette mobilisation est d'évaluer les enjeux liés à une gestion rationnelle du patrimoine local. Les différentes parties concernées sont le ministère de l'Intérieur, la Trésorerie générale du Royaume, la Direction des domaines, la Direction générale des impôts, la Cour des comptes, les Cours régionales des comptes, l'Association nationale des collectivités locales. Elles doivent être impliquées dans ce processus de sensibilisation.

En somme, une évaluation globale et objective de la gestion du patrimoine des collectivités territoriales, de son rendement et des schémas de son développement est indispensable pour qu'il remplisse son rôle en tant qu'outil de concrétisation des politiques locales, de promotion du développement économique et social.

Conclusion de la deuxième partie

Une gestion rationnelle du parc mobilier et immobilier des collectivités territoriales suppose, on l'a vu dans les développements antérieurs, un arsenal juridique adéquat et au diapason de la réalité actuelle et qui fasse appel aux règles de rendement et de performance. L'esprit et les préoccupations qui président à son élaboration doivent aller en accompagnement de cette réalité[509].

Des méthodes et des outils modernes de gestion feront du patrimoine une source indéniable de financement des politiques locales. Elles devront se traduire par l'introduction des techniques managériales qui permettront de mettre en évidence les objectifs et les marges de choix, d'améliorer la rentabilité et la qualité du service rendu, et, de façon générale, de gérer avec davantage de célérité, de transparence et de rationalité.

---

[508] Zniber Meryem, Kharoufi Mostapha, « Gouvernance et développement participatif, Rapport thématique »,consulté sur http://www.rdh50.ma

[509] Sabine Planel, « Transformations de l'État et politiques territoriales dans le Maroc contemporain », *L'Espace politique*, n° 7, 2009, *op. cit.*, p. 33.

Ces techniques consistent, d'abord, à fixer des objectifs et à formuler des stratégies globales selon une vision claire, projetée dans le court et moyen terme. L'entrée en vigueur dunouveau plan comptable, avec l'application de toutes les normes comptables qui en découlent, constituera une opportunité à saisir pour réaliser ce pari[510]. La concrétisation de ces techniques suppose aussi une administration bien structurée autour de services bien définis et disposant de moyens d'action adéquats pour assumer efficacement leurs tâches.

La qualification et la responsabilisation des ressources humaines, dont l'inertie et les résistances au changement sont souvent assez fortes et dénoncées, sont également nécessaires.

Une gestion performante et rentable du patrimoine des collectivités territoriales exige du talent, de l'expertise, de la compétence et du dévouement. La gestion du patrimoinecommunal est sujette à de nombreuses critiques allant du manque de transparence à l'inefficience. Elle a clairement montré ses limites et semble plus archaïque et essoufflée que jamais.

Or, les contraintes pesant aujourd'hui sur les communes et les autres collectivités publiques restent généralement les mêmes et se rapportent aussi bien à des contraintes budgétaires liées à la raréfaction des ressources financières grevant de plus en plus l'investissement qu'à des contraintes résultant des missions de service public et de développement local qui leur sont attribuées[511].

Les développements de cette deuxième partie nous ont permis de constater la nécessité d'opérer des réformes et des adaptations du cadre général régissant la gestion et l'exploitation du patrimoine communal. Ces réformes devront également satisfaire les nécessités d'encouragement des initiatives privées et les nouveaux besoins résultant de la pressionurbaine et démographique.

La gestion du patrimoine des collectivités territoriales, particulièrement les communes, doit aussi s'organiser autour d'une gestion par objectifs et moyens sur la base d'indicateurs prédéterminés pour rendre possibles les appréciations et les comparaisons utiles. La gestion rationnelle du patrimoine communal peut ainsi servir plusieurs finalités et concourir de diverses manières à la promotion du développement local[512].

---

510 Chakor A., « Le Marketing territorial au service de la bonne gouvernance locale », in *Du gouvernement à la gouvernance : les leçons marocaines*, Actes du colloque national organisé par l'Université Abdelmalek Essaâdi, Faculté des Sciences Juridiques, Économiques et Sociales, les 21 et 22 mars 2003 à Tanger, Rabat, Publications de la *Revue marocaine d'audit et de développement*, série « Management stratégique », *op. cit.*, p. 202.

511 Bourjol Maurice, *Les Biens communaux : voyage au centre de la propriété collective*, LGDJ, Coll. « Décentralisation et développement local », Paris, 1989, p. 452. Voir aussi Robert Fouchet, « Les Finances locales », *La Documentation française*, Paris, 2009, p. 189.

512 Casteigts Michel, « La gouvernance environnementale, entre management des organisations et management des territoires », 3e rencontres Ville-Management, *in* Le Duff R.

En effet, « l'épanouissement d'une commune est souvent évalué par l'étendue de son patrimoine immobilier [...] aux mesures que cette commune préconise quant à sa gestion, sa protection, son développement et sa capacité de contribuer efficacement à son essor économique et social[513]. »

---

et Rigal J.-J. (dir.), 2000, *Maire et environnement, menaces ou opportunités ?* Paris, Dalloz, 1999, *op. cit.*

513 Harsi Abdallah, « Décentralisation et déconcentration administrative : instruments de la proximité administrative », *REMALD*, Coll. « Thèmes actuels », n° 53, 2006. Voir aussi *La Décentralisation en Europe* : actes, dir. Ch. Debbasch, Colloque sur les compétences du pouvoir local, 1980, Aix-en-Provence, Éd. du CNRS, Paris, 1981, p. 304.

Conclusion générale

La gestion du patrimoine communal est sujette à de nombreuses critiques allant du manque de transparence à l'inefficience. Elle a clairement montré ses limites et semble plus archaïque et essoufflée que jamais[514].

« Faire plus avec moins » résume parfaitement l'objectif et les contraintes actuelles de la gestion du patrimoine communal à la veille de l'élaboration de la loi organique des CT et dupassage à un nouveau schéma comptable de ces collectivités[515].

Malgré la consécration, dans les textes légaux et réglementaires régissant les finances et la comptabilité des collectivités territoriales, de la nouvelle logique de gestion axée sur les résultats, la performance, l'efficacité et l'efficience, force est de constater que, dans la pratique, les méthodes de gestion du patrimoine communal telles qu'elles sont mises en œuvre, jusqu'à présent, restent tournées beaucoup plus vers une logique de moyens. Les soucis de rentabilité et d'évaluation restent relégués à l'arrière-plan.

En effet, l'absence d'une véritable politique de développement de la productivité patrimoniale, conjuguée au caractère obsolète et complexe du cadre juridique en vigueur en lamatière, fait que la gestion du patrimoine communal se focalise plutôt sur la régularité procédurale que sur la valorisation économique.

Tout au long des développements de cette recherche, il a été établi, à travers l'analyse des statistiques d'exécution des budgets des différentes communes urbaines et rurales durant les trois dernières années, que la contribution des ressources patrimoniales au financement du développement local reste marginale en regard du rôle qu'elle peut potentiellement jouer à ce niveau. Les ressources patrimoniales ne financent les budgets locaux que dans une proportion insignifiante au vu du potentiel existant.

Le diagnostic relevé par plusieurs rapports des Cours régionales des comptes relatifs au contrôle de la gestion des biens des collectivités territoriales fait état des différentes insuffisances traitées tout au long de la

514 Muller Sara, LE Bihan Gérard, Gestion du patrimoine urbain et revitalisation des quartiers anciens :l'éclairage de l'expérience française, in savoir, n° 26/2014.

515 Basri Driss, « La décentralisation au Maroc : De la commune à la région », éditions Nathan, Paris, 1994, p.10.

présente étude. En l'absence d'une maîtrise de la consistance de leur patrimoine et d'outils modernes pour sa gestion, les redevances et les produits de son exploitation restent sous-évalués.

En plus du poids de la dimension politique qui influence souvent l'action communale pour des raisons électorales, les rapports des Cours régionales des comptes relèvent également des insuffisances en matière de capacité de gestion de l'administration communale de manière générale.

L'absence de programmes de formation initiale et continue dûment établis par les collectivités territoriales au profit des fonctionnaires en charge de la gestion des ressources financières fait que ces derniers sont, en fait, livrés à un apprentissage sur le tas, sans perspectives de maîtrise des techniques modernes de mobilisation du potentiel fiscal et du patrimonial local.

Or, aujourd'hui, dans certains pays, les financements tirés des biens fonciers constituent une composante importante du financement de l'infrastructure urbaine. À titre d'exemple, l'office national des transports, Transnet, en Afrique du Sud a procédé en 2006 à la vente de terrains au « Victoria and Alfred Waterfront » pour un montant de 1 milliard de dollars, qui servira à le recapitaliser et à appuyer ses investissements dans les infrastructures de transport essentielles au niveau national[516]. Le produit de la vente était supérieur aux dépensesd'équipement totales de Transnet durant l'exercice 2006 ; il équivaut à 17 % du plan d'investissement quinquennal dans les transports élaboré en 2006.

Le financement basé sur l'exploitation des biens fonciers constitue, aujourd'hui, un instrument susceptible de contribuer au financement des investissements en infrastructures urbaines et, surtout, au développement de la productivité des ressources propres des communes, ce qui ne peut que renforcer leur autonomie financière.

Il a été permis de prouver également que, pour favoriser la mobilisation des recettes patrimoniales, il convient d'agir sur un ensemble de facteurs : mettre en place un cadre juridique adéquat, un mode d'administration pertinent et engager des actions pour promouvoir un environnement plus favorable à cette mobilisation.

D'ailleurs, le *Rapport sur la régionalisation*, dont les principales conclusions ont été largement évoquées dans ce travail, a particulièrement encouragé les conseils communaux à renforcer les capacités de gestion de leurs services financiers grâce à la mutualisation des moyens avec les services déconcentrés de l'État. La contractualisation avec les services du ministère des Finances pour la gestion des recettes fiscales ou parafiscales

---

[516] Skounti Ahmed, « La notion de patrimoine culturel immatériel : cas de la Place Jemaâ El Fna de Marrakech », Journées d'étude organisées dans le cadre du projet : Préservation, revitalisation et promotion de la place Jemaâ El Fna, Association Place Jemaâ El Fna, Patrimoine oral de l'Humanité, Marrakech, 11-12 octobre 2004.

des collectivités territoriales ou encore avec d'autres départements tels que le ministère de l'Équipement pourla gestion des projets d'infrastructures a été fortement recommandée.

Aussi, les opportunités offertes par la rénovation du processus du cadre d'exécution des finances locales seront une occasion d'assainir la situation actuelle du patrimoine communal.

L'entrée en vigueur du nouveau plan comptable sera l'occasion d'améliorer et de renforcer les règles de bonne gouvernance et de transparence[517].

Ceci permettra aux communes de disposer d'une information fiable sur leurs actifs, enrichie grâce au recensement à l'évaluation des immobilisations corporelles, incorporelles et financières et grâce à la prise en considération des stocks, aspects totalement absents du système actuel.

La réforme attendue de la décentralisation et de la régionalisation avancée telle qu'elle est annoncée par la nouvelle Constitution devrait marquer le début d'une nouvelle ère de modernisation de la gestion locale avec des garanties suffisantes en matière de transparence et de bonne gouvernance[518]. Il serait opportun de voir dans quelle mesure la loi organique des collectivités territoriales prévue par l'article 146 de la Constitution répondra à ces exigences.

Désormais, le patrimoine est reconnu comme une ressource possible pour le développement. Mais pour qu'il en soit effectivement ainsi, de nombreuses conditions doivent être remplies. Tout processus de développement économique et social d'un territoire doit être fondé sur ses caractéristiques propres issues de sa nature et de son histoire et ne saurait répondre à un modèle général importé. De même, pour être un facteur de développement, le patrimoine doit être pleinement reconnu par sa population et non seulement identifié comme tel de l'extérieur. Mais cette condition nécessaire n'est pas suffisante.

Encore faut-il, dans un contexte de ressources rares, que l'apport attendu de sa valorisation soit jugé égal ou supérieur à celui d'autres projets économiques et sociaux. Confrontés à la concurrence de ces derniers pour leur financement, les porteurs de projets patrimoniaux doivent démontrer une valeur supérieure. Malgré ses difficultés et ses limites, le calcul économique de cette valeur joue donc un rôle essentiel. Mais, vu la diversité des situations concrètes, aucune méthode ne saurait s'imposer *a priori*. Seule une grille générale d'analyse peut être légitimement proposée pour servir de guide dans chaque cas particulier.

---

517 Skounti Ahmed, « Le miroir brisé : essai sur le patrimoine culturel marocain », in *Prologues, Revue maghrébine du livre*, Casablanca, n° double 29-30, 2004, p. 37-46.

518 Basri Driss *et al.*, *Droit administratif marocain*, 5e édition, Imprimerie royale, Rabat, 1992, p. 102-105.

Bibliographie

I. Ouvrages

Amougou Emmanuel, *La Question patrimoniale : de « la patrimonialisation » à l'examende situations concrètes*, Paris, L'Harmattan, 2004.

Andrieux Jean-Yves, *Patrimoine et histoire*, Éditions Belin, Paris, 1997.

Andrieux Jean-Yves, Seitz Frédéric, *Pratiques architecturales et enjeux politiques, France1945-1995*, Paris, Picard éditeur, 1998.

Audrerie Dominique, *La Notion et la protection du patrimoine*, Presses universitaires deFrance, Coll. « Que sais-je ? », Paris, 1997.

Audrerie Dominique, *La Protection du patrimoine culturel dans les pays francophones*,Éditions Estem, Paris, 2000.

Audrerie Dominique, *Questions sur le patrimoine*, Éditions Confluences, Bordeaux, 2003.

Audrerie Dominique, *Petit vocabulaire du patrimoine culturel et naturel*, ÉditionsConfluences, Bordeaux, 2003.

Audrerie Dominique, Souchier Raphaël, Vilar Luc, *Le Patrimoine mondial*, PUF, Coll. « Que sais-je ? » n° 3436, 1re édition, Paris, 1998.

Augé Marc, *Le Patrimoine contre la mort*, Éditions du Rouergue, 1991.

Aubry François-Xavier, *La Décentralisation contre l'État (l'État semi-centralisé), LGDJ*, 1992.

Babelon Jean-Pierre, André Chastel *et al.*, *La Notion de patrimoine*, Éditions Liana Levi,Paris, 2000.

Baguenard Jacques et Becet J.M., *La Démocratie locale*, PUF, 1995.

Basri Driss *et al.*, *Droit administratif marocain*, 5e édition, Imprimerie royale, Rabat, 1992.

Basri Driss *et al.*, *L'Administration territoriale : l'expérience marocaine*, Bordas, Paris,1990.

Basri Driss *et al.*, *La Décentralisation au Maroc : de la commune à la région*, Éditions Nathan, Paris, 1994.

Ben Béchir Saïd, *L'Administration locale du Maroc*, Imprimerie Royale, Casablanca, 1969.

Benhayoun Gilbert, Gaussier Nathalie, Planque B., *L'Ancrage territorial du développement durable : de nouvelles perspectives*, Paris, L'Harmattan, 1999.

Benjelloun Abdelaziz, *Cours de droit administratif : l'organisation administrative*,Librairie Al Maârif, Rabat, 1re édition, 1978.

Bernié-Boissard Catherine, Chastagner Claude, Crozat Dominique, Fournier Laurent Sébastien (dir.), *Patrimoine et valorisation des territoires*, L'Harmattan, 2012.
Billaudot Bernard, *Régulation et croissance, une macroéconomie historique et institutionnelle*, L'Harmattan, Paris, 2001.
Boufous Mohamed, *L'Expropriation pour cause d'utilité publique au Maroc : conditionset règles de procédures*, Éditions Bouregreg, Rabat, 2004.
Boudahrain Abdellah, *Le Droit de la consommation au Maroc*, imprimerie Almadaris, Casablanca, 1999.
Boumaza Nadir, « Le patrimoine bâti, ressource pour une alternative », *in* Mechta Karim, *Maghreb : architecture, urbanisme : patrimoine, tradition et modernité*, Éditions Publisud, Paris, 1991.
Bœuf Jean-Luc, *La France et ses territoires, 150 ans d'histoire : guide*, Éditions Nathan 2017.
Bourdin Alain, *Le Patrimoine réinventé*, PUF, Paris, 1984.
Bujadoux de Jean-Félix, *Les Réformes territoriales*, PUF, 2015.
Cefaï Daniel, *L'Enquête de terrain*, La Découverte/Mauss, 2003.
Chastel André, *La notion du patrimoine*, Éditions La Nation, tome II, Paris, Gallimard.1993.
Chemillier-Gendreau Monique, *Humanité et souveraineté : essai sur la fonction du droitinternational*, Paris, La Découverte, 1987.
Chevalier Jacques, *Le Service public*, PUF, Coll. « Que sais-je ? », 2010.
Choay Françoise, *L'Allégorie du patrimoine*, Paris, Seuil, 1992.
Constantin François (dir.), *Les Biens publics mondiaux : un mythe légitimateur pourl'action collective*, Paris, L'Harmattan, 2002.
De Laubadere André, *Les réformes administratives des pouvoirs publics au Maroc*, Paris, LGDJ, 1949.
Eddahbi Abdelfattah, *Les Biens publics en droit marocain*, Éditions Afrique Orient, 1991.
El Cheddadi Abdellatif, « La gouvernance territoriale à la lumière de la nouvelle charte communale », *REMALD*, série « Thèmes actuels », 2013.
El Arafi Hassane, *Gestions des finances de l'État : budget, comptabilité, trésor*, Rabat, Édition Relais des études juridiques, jurisprudentielles, économiques et sociales, 1re édition,2006, Coll. « Finances publiques marocaines ».
Fikri Mostapha, « La bonne gouvernance administrative au Maroc : mission possible », Librairie Mohammedia, 2005.
Frier Pierre-Laurent, « Patrimoine et décentralisation », *AJDA*, 2003.
Giddens Anthony, *Les Conséquences de la modernité*, Paris, L'Harmattan, 1994.
Godfrin Philippe, *Droit administratif des biens*, Éditions Armand Colin, 2005.
Grillet Albert, *Les Alignements en droit marocain*, Librairie du Recueil Sirey, 1936.
Greffex Xavier, *La Valeur économique du patrimoine*, Éditions Anthropos, Paris, 1990.
Gorge Anne-Sophie, *Le Principe d'égalité entre les collectivités territoriales*, ÉditionsDalloz, 2011.
Guillaume Marc, *La Politique du patrimoine*, Éditions Galilée, Coll. « L'espace critique », Paris, 1980.
Guillot Philippe, *Droit du patrimoine culturel et naturel*, Éditions Ellipses, 2006.

Guillot Philippe, *Droit du patrimoine culturel et naturel*, Éditions Ellipses, Coll. « Mise au point », Paris, 2006.
Hauriou Maurice, *Précis de droit administratif et de droit public*, Éditions Sirey, 12e édition, 1933.
Koubi Geneviève, *La Gratuité : une question de droit ?* L'Harmattan, 2003.
Lazarev Grigori, *Les Concessions foncières au Maroc, études sociologiques sur le Maroc*, publication BESM, Rabat, 1971.
Lesage Denis, « Médina de Tunis, Le patrimoine en examen : Dar Haddad et Dar Khraief, valeur, nécessité et urgence », in *Architecture méditerranéenne*, Tunisie, Éditions RK, Marseille, 1999.
Peiser Gustave, *Droit administratif des biens*, Éditions Dalloz, 2010.
Rousset Michel, Garagnon Jean, *Droit administratif marocain*, Éditions La Porte, Rabat, 6e édition, 2003.
Sedjari Ali, *État et développement administratif au Maroc : tradition ou modernité ?*, Les Éditions Guessous, Rabat, 1993.
Sidi Boumedine Rachid, « Patrimoine, patrimoines : vers une problématique de la patrimonialité. Le cas de l'Algérie », *in* Mechta Karim, *Maghreb : architecture, urbanisme : patrimoine, tradition et modernité*, Paris, Publisud, 1991.
Vallat Jean-Pierre, *Mémoires de patrimoines*, Paris, L'Harmattan, 2008.
Vernières Michel, *Patrimoine et développement*, Paris, Karthala, 2011.

Revues et périodiques

Aguuilar Yves, « La chartreuse de Mirande : le monument historique, produit d'un classement de classe », Actes de la recherche en sciences sociales, n° 42, avril 1982.
Aldhuy Julien, « Au-delà du territoire, la territorialité ? », *Géodoc*, n° 55, 2008.
Andrieux Jean-Yves, « Les nouveaux champs de la mémoire : le patrimoine du travail et de l'industrie à la fin du XXe siècle en France », in *Patrimoine et société*, Rennes, Presses universitaires de Rennes, 1998.
Andrieux Jean-Yves, « Les politiques du patrimoine industriel en France (1972-2000) : bilan et perspectives », *in* Poirrier P., Vadelorge L. (dir.), *Pour une histoire des politiques du patrimoine*, Paris, 2003.
Aubertin Catherine, Boisvert V., Vivien F. D., « La construction sociale de la question de labiodiversité », *Nature Sciences Sociétés*, n° 6, 1998.
Aubin Gérard, « La ville face à son patrimoine enfoui », *in* Neyret. R. (dir.), *Le Patrimoine : atout du développement*, Centre Jacques Cartier, Lyon, Presses universitaires de Lyon, 1992.
Auby Jean-Bernard, 1985, « Les enjeux, la portée et les limites de la décentralisation en matière de gestion et de protection du patrimoine », *in* Jegouzo Y. (dir.), *Droit du patrimoine culturel immobilier*, Economica, Paris, 1985.
Audrerie Dominique, « Le champ de visibilité des monuments historiques et la jurisprudence », *Droit et ville*, n° 40, 1995.
Audrerie Dominique, « Les critères de protection : la loi de 1913 complétée par les conventions européennes et la convention sur le patrimoine mondial », in CRIDEAU-CNRS, *Les Monuments historiques : un nouvel enjeu ?* vol. I, L'Harmattan, Paris, 2004.

Avenir du patrimoine (association), « Patrimoine et décentralisation : pour une nouvelle politique du patrimoine », Patrimoine et cadre de vie, *Les Cahiers de la Ligue urbaine et rurale*, n° 155, 2002.

Babelon Jean-Pierre, « Démolition à Paris de 1965 à 1975 », *Revue de l'art*, n° 29, 1975.

Babelon Jean-Pierre, Chastel André, « La notion de patrimoine », *Revue de l'art*, n° 49,1980.

Bachelier Christian, « La notion de patrimoine », *Bulletin de l'Institut d'histoire du tempsprésent*, n° 43, 1991.

Bachelier Gilles, « L'architecte des bâtiments de France et le juge administratif », *Gazettedu Palais*, 1er semestre, 1987.

Baleynaud Patrick, « Le rôle des collectivités locales : l'exemple de la ville de Tours », *in*

Jegouzo Y. (dir.), *Droit du patrimoine culturel immobilier*, Economica, Paris, 1985.

Baleynaud Patrick, « La culture : l'oubliée de la décentralisation », *RDP*, 1992.

Balle Catherine, « La ville et son patrimoine : l'exemple d'Avignon », *in* Grange D., Poulot D. (dir.), *L'Esprit des lieux/le patrimoine et la cité*, Grenoble, Presses universitaires de Grenoble, 1997.

Ballet Pascale, « Héritages égyptiens : de Chéops à Mubarak », *in* Andrieux J. Y. (dir.), *Patrimoine et société*, Rennes, Presses universitaires de Rennes, Coll. « Art et société », 1998.

Balsamo Isabelle, « "Comme le coq du clocher..." André Chastel et l'inventaire général », *Revue de l'art*, n° 93, 1991.

Balsamo Isabelle, « André Chastel et "l'aventure" de l'Inventaire », *in* Nora P. (dir.), *Science et conscience du patrimoine*, Actes des entretiens du patrimoine, Fayard/Éditions du Patrimoine, Paris, 1997.

Balsamo Isabelle, « Les enjeux politiques de la création de l'inventaire général », *in*

Poirrier P., Vadelorge L. (dir.), *Pour une histoire des politiques du patrimoine*, Paris, 2003.

Balsamo Isabelle, « 30 ans de patrimoine industriel au ministère de la Culture : bilan etquestions », *L'Archéologie industrielle en France*, n° 45, 2004.

Balsamo Isabelle, « Maturité et mutations de l'inventaire général », *Patrimoines*, revue del'Institut national du patrimoine, n° 2, 2006.

Barraque Bernard, « La source du Lizon ou les limites historiques du droit del'environnement en France », *Sites et monuments*, n° 138, 1992.

Barthélemy Jean, « L'esthétique urbaine et la réforme de l'architecture et de l'urbanisme », *AJDA*, avril 1977.

Baudoui Rémi, « André Malraux et l'invention du patrimoine sous la Ve République », *in*

Grange D., Poulot D. (dir.), *L'esprit des lieux : le patrimoine et la cité*, 1997.

Barrère Christian, « Un processus évolutionnaire de création institutionnelle, d'une convention de qualité : l'histoire exemplaire de la création d'un produit de luxe, le champagne », *Économie appliquée*, t. LVI, n° 3, 2003.

Bourdin Alain, « Patrimoine et demande sociale », in *Le Patrimoine, atout du développement*, Lyon, Presses universitaires de Lyon, 1992.

Brahimi Mohamed : « La commune marocaine : un siècle d'histoire de la veille du Protectorat à 2009 », in *REMALD*, série « Thèmes actuels », n° 65, 2010.

Baldous André, « La réforme communale au Maroc (dahir du 30 septembre 1976) », *AAN*, 1977.

Billaudot Bernard, « Patrimoines productifs, secteurs et territoires », in *Géographie, Économie, Société*, n° 4, 2002.

Billaudot Bernard, « À propos de deux questions concernant le concept de patrimoine : de quels éléments se compose un patrimoine et quels en sont les titulaires possibles », in *Géographie, Économie, Société*, n° 3, juillet-septembre, Lavoisier, 2004a.

Billaudot Bernard, « Quelle gouvernance économique mondiale ? », in *Critique économique*, n° 13, 2004b.

Brahimi Mohamed, « La déconcentration et la décentralisation au Maroc : réalités, cohabitation synergique ou conflictuelle », *RMFPÉ*, n° 8, 1992.

Boudes Philippe et Catherine Darrot, « Biens publics : construction économique et registres sociaux », *Revue de la régulation*, n° 19, 2016.

Colletis Gabriel, Gilly Jean-Pierre *et al.*, « Construction territoriale et dynamiques économiques », in *Sciences de la société*, n° 48, 1999.

Chehhari Karim, « Le financement de la coopération et du partenariat des collectivités territoriales à la lumière de la nouvelle Constitution marocaine de 2011 », revue *Al Manara pour les études juridiques et administratives*, n° 10, juillet 2015.

Choisy Stéphanie, « L'avenir des notions de biens publics et de patrimoine commun de l'humanité face à la marchandisation des connaissances », *Cahiers Droit, Sciences et Technologies*, n° 3, 2010.

Clais Anne-Marie, « Patrimoine et comportement des marques : actualité d'un paradoxe ? », *Revue française du marketing*, n° 187, 2002.

Coëffé Vincent et Jean-René Morice, « Patrimoine et création dans la fabrique territoriale : l'estuaire ligérien ou la construction d'un territoire métropolitain », in *Norois*, n° 228, 2013.

Da Vallon J., « Comment se fabrique le patrimoine ? », in *Sciences humaines*, hors-série, n° 36, mars-avril-mai 2002.

D'aquino Patrick, « Le territoire entre espace et pouvoir : pour une planification territorialeascendante », in *L'Espace géographique*, 2002.

De Montgolfier Natalie, *Le Patrimoine du futur : approches pour une gestion patrimonialedes ressources naturelles*, Economica, Paris, 1987.

Di Méo Guy, « Patrimoine et territoire, une parenté conceptuelle », *Espaces et Sociétés*,n° 78, 1995.

Ducros Hélène, « Un label patrimonial pour des valeurs environnementales en Francerurale : vers un capital environnemental ? », in *Norois*, n° 243, 2017.

De Gaudemar Hervé, *L'inaliénabilité du domaine public, une nouvelle lecture*, dossier « Le patrimoine des personnes publiques », in LamyLine *Droit et patrimoine*, n° 179, 2009.

El Mouchtaray Mohammed, « Le rôle des collectivités locales dans le développement économique et social au Maroc », in *REMALD*, Coll. « Thèmes actuels », n° 24, 2000.

Estebe Philippe, « La politique de la ville : de la discrimination positive à la cohésion territoriale », *Les Cahiers du CRDSU*, n°s 29-30, 2001.

Elissalde Bernard, « Une géographie des territoires », in *L'Information géographique*, vol. 66, n° 3, 2002.

El Yaagoubi Mohamed, « L'élargissement des attributions économiques et sociales du Conseil communal à la lumière du projet et révision du dahir de 1976 », in *Revue de droitet d'économie*, n° 17, 1999.

Ennaciri Khalid, « Les soubassements du modèle marocain de régionalisation : du pouvoir sur les régions au pouvoir des régions », in *REMALD*, n°s 129-130, 2016.

Fagnoni Édith, « "Faire patrimoine" et "Faire territoire" : l'exemple du Bassin minier uni/UNESCO », *in* Gravari-Barbas Maria, Jacquot S. (dir.), *Patrimoine mondial et développement : au défi du tourisme durable*, Presses de l'Université du Québec, 2014.

Fikri Mostapha, « La bonne gouvernance administrative au Maroc : mission possible »,

Espace Art et Culture, 2005.

Foulquier Norbert, « Domanialité publique et Convention européenne des droits de l'homme : de nouvelles remises en cause », in *Revue de droit immobilier*, 2008.

Gravari-Barbas Maria, « Le "sang" et le "sol", le patrimoine, facteur d'appartenance à un territoire urbain », *Géographie et cultures*, n° 20, 1996.

Guérin Jean-Pierre, « Patrimoine, patrimonialisation, enjeux géographiques », *in* Fournier J. M., *Faire la géographie sociale aujourd'hui*, Caen, Presses universitaires, Les documents de la Maison de la recherche en sciences humaines de Caen, n° 14, 2001.

Gaudin Jean-Pierre, « XVII, La contractualisation des rapports entre l'État et les collectivités territoriales », in *Annuaire des collectivités locales*, t. 24, Réforme de la décentralisation, réforme de l'État. Régions et villes en Europe. 2004.

Gaudin Jean-Pierre, « Pouvoirs locaux et territoires : une approche des espaces politiques », *Études rurales*, 101-102, 1986.

Gaudin Jean-Pierre, « La genèse de l'urbanisme de plan et la question de la modernisation politique », *Revue française de science politique*, vol. 39, n° 3, juin 1989.

Gilly Jean-Pierre, Leroux Isabel, « Vers une approche institutionnaliste de la dynamique des territoires », *Revue d'économie régionale et urbaine*, n° 1, 1999.

Guerraoui Driss, « Le financement du développement local », in *REMALD*, série « Thèmes actuels », 1995.

Gumuchian Hervé, « De l'espace au territoire : représentations spatiales et aménagement », *Grenoble Sciences*, n° 19, 1988.

Hardy Jacques, « Le service public en question », *Politiques et management public*, n° 3, 1996.

Harsi Abdallah, « Décentralisation et déconcentration administrative : instruments de la proximité administrative », in *REMALD*, Coll. « Thèmes actuels », n° 53, 2006.

Hugues François, Maud Hirczak, Nicolas Senil, « Territoire et patrimoine : la co-construction d'une dynamique et de ses ressources », *Revue d'économie régionale et urbaine*, n° 5, 2006.

Jayet Hubert, « Territoires et concurrence territoriale », in *Revue d'économie régionale et urbaine*, n° 1, 1993.

Jebbour Mohammed, « Les accords de la coopération décentralisée signés par les collectivités territoriales africaines », in *REMALD*, n° 141, 2018.

Landel Pierre-Antoine, Nicolas Senil, « Patrimoine et territoire, les nouvelles ressources du développement », in Développement durable et territoires, n° 12, 2009.

Lataste François-Gaël, Aurélie Trouvé, Marielle Berriet-Solliec, Janet Dwyer, « La notion de “biens publics” au secours de la politique agricole commune ? », *Développementdurable et territoires*, n° 1, 2015.

Lempereur Françoise, « La transmission du patrimoine culturel immatériel : réflexion sur l'importance d'une médiation culturelle », *Revue des questions scientifiques*, n° 182, 2011.

Leniaud Jean-Michel, « Le patrimoine dans quinze ans : l'affaire de tous », *Revue administrative*, n° 301, 1998.

Luchaire Yves, *Réforme territoriale : des métropoles aux grandes régions*, Economica, 2016.

Matsuura Koïchiro, « Le patrimoine, un enjeu existentiel pour l'humanité », Presse parlementaire : UNESCO-France : 60e anniversaire : Le patrimoine mondial en France, octobre 2006.

Matteo Colette (dir.), « L'inspecteur des monuments historiques », *in* Nora P. (dir.), *Science et conscience du patrimoine : actes des entretiens du patrimoine*, Fayard/Éditions duPatrimoine, Paris, 1997.

Melot Michel, « La culture : quelle(s) acception(s) ? Les nouveaux habits du patrimoine », *Cahiers français*, janvier-février 2009, n° 348, 2009.

Mesnard André-Hubert, « Pour de nouvelles formes de relations entre les collectivités publiques et les associations privées d'intérêt général », *Droit social*, n° 3, 1972.

Mesnard André-Hubert, « Les associations et le service public culturel : la multiplication des recours à la forme associative dans le domaine culturel et le désordre qui en résulte », *AJDA*, 20 mars 1980.

Mesnard André-Hubert, « La démocratisation de la protection et de la gestion du patrimoine culturel immobilier en France », *in* Jegouzo Y. (dir.), *Droit du patrimoine culturel immobilier*, Paris, Economica, 1985 et R. D. P., 1986.

Mesnard André-Hubert, « Anciens et nouveaux lieux de concertation en matière d'abords des monuments historiques, de sites et de patrimoine », *Revue juridique de l'environnement*, 1989, 1.

Mesnard André-Hubert, « Politique du patrimoine et décentralisation : quelle juste place pour les acteurs locaux ? », *Les Petites affiches*, n° 77, 1994.

Mesnard André-Hubert, « Les pouvoirs et la règle : quels outils ? Quels appuis pour les défenseurs du patrimoine ? », *La Pierre d'angle*, n° 19, 1996.

Mesnard André-Hubert, « L'harmonisation des politiques culturelles », *AJDA*, n° spécial, 20 septembre 2000.

Meurisse Jack, « L'organisation de l'archéologie en France », in *L'Archéologie dans les collectivités territoriales en France, Actes des rencontres européennes de l'archéologie, L'organisation territoriale de l'archéologie en Europe*, Montpellier, 22-24 mai 1991, Paris, Éditions du CNFPT, 1993.

Micoud André, « Le bien commun des patrimoines », in *Patrimoine culturel, patrimoine naturel*, Paris, *La Documentation française*/École nationale du patrimoine, 1995.

Morand-Deviller Jacqueline, « Les procédures spécifiques de protection du patrimoine culturel », *in* Jegouzo Y. (dir.), *Droit du patrimoine culturel immobilier*, Paris, Economica,1985.
Morand-Deviller Jacqueline, « Esthétique et droit de l'urbanisme », *in* Mélanges offerts à René Chapus, Montchrestien, Paris, 1992.
Morand-Deviller Jacqueline, « L'esthétique décrétée », *Droit et ville*, n° 33, 1992.
Morand-Deviller Jacqueline, « Esthétique et patrimoine », *AJDA*, 20 mai 1993.
Morand-Deviller Jacqueline, « Protection du patrimoine architectural : le débat esthétique n'aura pas lieu », *RFDA*, mars-avril 1994.
Morand-Deviller Jacqueline, « Le patrimoine architectural et l'"ingénierie culturelle" », *Les Petites affiches*, n° 50, 1994.
Morand-Deviller Jacqueline, « Environnement et paysage », *AJDA*, 20 septembre 1994.
Morand-Deviller Jacqueline, « Le pouvoir des architectes des Bâtiments de France à l'égard des autorisations d'urbanisme : "tact et mesure" d'une réforme », *Annuaire français du droit de l'urbanisme et de l'habitat*, n° 3, 1999.
Morand-Deviller Jacqueline, « L'espace surinvesti : la prolifération des instruments de planification », *in* Cornu M., Ferault M. A. (Actes réunis par), *Patrimoine architectural,*
urbain et paysager : enjeux juridiques et dynamiques territoriales, L'Harmattan, Paris, 2002.
Morand-Deviller Jacqueline, « Le patrimoine monumental, patrimoine de la nation ? », *in* Mezghanin., Cornu M. (dir.), *Intérêt culturel et mondialisation*, Paris, t. I, L'Harmattan, 2004.
Morand-Deviller Jacqueline, « Les secteurs sauvegardés : acte II », *BJDU*, n° 6, 2005.
Morand-Deviller Jacqueline, « Cent ans de protection des sites : l'identification des sites protégés », *AJDA*, 30 octobre 2006.
Morand-Deviller Jacqueline, « L'actualité des secteurs sauvegardés », Gridauh, *Droit de l'aménagement, de l'urbanisme et de l'habitat*, Éd. Le Moniteur, Paris, 2006.
Moulinir Pierre, « Les associations, bras séculier ou infanterie de l'action culturelle publique ? », *in* Moulinier P. (dir.), *Les Associations dans la vie et la politique culturelle. Regards croisés*, ministère de la Culture et de la Communication, Département Études prospectives et statistiques, Paris, 2001, Coll. « Les travaux du DEP ».
Moulinir Pierre, « Les associations patrimoniales : une "armée" mal utilisée ? », *Pouvoirs locaux*, Les cahiers de la décentralisation, n° 63, 2004.
Moure Noël, « Fiscalité des monuments historiques et décentralisation : une mise au point nécessaire », in Crideau-CNRS, *Les Monuments historiques : un nouvel enjeu ?* Paris, L'Harmattan, vol. I, 2004.
Moure Noël, « La Lolf : un nouveau cadre budgétaire pour le patrimoine », *Sites et monuments*, 2005.
Moure Noël, « Le patrimoine, un malade sous perfusion budgétaire ! Jusqu'où ? Quand la LOLF s'invite rue de Valois », *Les Annonces de la Seine*, septembre 2005, supplément au n° 57, 2005.
Moure Noël, « Loi de finances pour 2007 : le compte est-il bon ? », revue *Vieilles maisons françaises*, n° 216, 2007.

Mussat André, « Politique régionale et inventaire », in *Actes du colloque sur les inventaires des biens culturels en Europe*, Centre d'études du Bischenberg-Obernai Bishoffsheim (Bas-Rhin), 27 au 30 octobre 1980, Paris, Nouvelles éditions latines, 1984.

Nachbar Philippe, « Agir pour éviter la dispersion du patrimoine français », *Demeure historique*, n° 164, 2007.

Naurois Louis, « Affectation cultuelle et affectation culturelle des églises "classées" propriété de la commune », *Les Petites affiches*, n° 102, 1994.

Navez-Bouchanine Françoise, « La médina au Maroc : élites et habitants : des projets pour l'espace dans des temps différents », in *Les Annales de la recherche urbaine*, n° 72, 1996.

Negri Vincent, « Protection et étude du patrimoine archéologique : l'exemple del'aménagement du Haut-Rhône », *RJE*, 1990.

Negri Vincent, « Les fouilles archéologiques : chronique d'une législation », *Actualité législative*, Dalloz, 15e cahier, 1991.

Liste des tableaux

Structures éditoriales du groupe L'Harmattan

L'Harmattan Italie
Via degli Artisti, 15
10124 Torino
harmattan.italia@gmail.com

L'Harmattan Hongrie
Kossuth l. u. 14-16.
1053 Budapest
harmattan@harmattan.hu

L'Harmattan Sénégal
10 VDN en face Mermoz
BP 45034 Dakar-Fann
senharmattan@gmail.com

L'Harmattan Cameroun
TSINGA/FECAFOOT
BP 11486 Yaoundé
inkoukam@gmail.com

L'Harmattan Burkina Faso
Achille Somé – tengnule@hotmail.fr

L'Harmattan Guinée
Almamya, rue KA 028 OKB Agency
BP 3470 Conakry
harmattanguinee@yahoo.fr

L'Harmattan RDC
185, avenue Nyangwe
Commune de Lingwala – Kinshasa
matangilamusadila@yahoo.fr

L'Harmattan Congo
219, avenue Nelson Mandela
BP 2874 Brazzaville
harmattan.congo@yahoo.fr

L'Harmattan Mali
ACI 2000 - Immeuble Mgr Jean Marie Cisse
Bureau 10
BP 145 Bamako-Mali
mali@harmattan.fr

L'Harmattan Togo
Djidjole – Lomé
Maison Amela
face EPP BATOME
ddamela@aol.com

L'Harmattan Côte d'Ivoire
Résidence Karl – Cité des Arts
Abidjan-Cocody
03 BP 1588 Abidjan
espace_harmattan.ci@hotmail.fr

Nos librairies en France

Librairie internationale
16, rue des Écoles
75005 Paris
librairie.internationale@harmattan.fr
01 40 46 79 11
www.librairieharmattan.com

Librairie des savoirs
21, rue des Écoles
75005 Paris
librairie.sh@harmattan.fr
01 46 34 13 71
www.librairieharmattansh.com

Librairie Le Lucernaire
53, rue Notre-Dame-des-Champs
75006 Paris
librairie@lucernaire.fr
01 42 22 67 13

www.ingramcontent.com/pod-product-compliance
Lightning Source LLC
LaVergne TN
LVHW010952061026
849535LV00006B/1685